인간의 성숙과 그리스도인의 성숙

성인 발달과 기독교신앙

이 도서의 국립중앙도서관 출판예정도서목록(CIP)은
서지정보유통지원시스템 홈페이지(http://seoji.nl.go.kr)와
국가자료공동목록시스템(http://www.nl.go.kr/kolisnet)에서
이용하실 수 있습니다. (CIP제어번호 : CIP2018019053)

Becoming Adult, Becoming Christian:
Adult Development and Christian Faith
by Fowler, James W.
Copyright©2000 by John Wiley & Sons, Inc. All right reserved.
Korean translation copyright©2018 by Yakhin co., Seoul,
Republic of Korea
All rights reserved. This translation published under license
by arrangement with John Wiley & Sons, Inc.
이 책의 한국어판 저작권은 John Wiley & Sons社와의 독점계약으로
알맹2를 통해서 계약되어, (주)야킨에 있습니다.
신 저작권법에 의해 한국 내에서 보호를 받는 저작물이므로
무단전제와 복제를 금합니다.

BECOMING ADULT, BECOMING CHRISTIAN
Adult Development and Christian Faith

인간의 성숙과 그리스도인의 성숙
성인 발달과 기독교 신앙

제임스 W. 파울러 지음 · 장윤석 옮김

To

James Luther Adams

and

Carlyle Marney

Mentors and Exemplars in Vocation

소명의 모범과 멘토가 되어준
제임스 루터 아담스와 칼라일 마니에게 바친다.

추천의 글

　최근 한국 사회에서 진행되는 다양한 갈등과 대립의 상황은 기독교인들이 "공공영역 혹은 공론의 장에서 기독교인이라는 정체성을 지니고 무엇을 이야기할 수 있는가"에 대한 고민을 불러왔다. 그동안 한국교회와 기독교인들은 개인의 신앙심, 개교회의 쟁점, 교계 내부에 대한 관심이 컸으나, 공적 기관과 공적 영역에 대해 그리 높은 관심을 보이지 않았다. 최근 들어 교회에는 출석하지 않지만 기독교인이라는 정체성을 가진 인구가 크게 급증하고 있는 현상도 이와 무관하지 않다고 분석되고 있다.
　그러나 기독교의 역사가 상대적으로 길고, 기독교 정신이 문화적으로 자리 잡은 서구 세계에서도 이에 대한 깊은 고민과 성찰 그리고 전문적인 연구가 진행되어왔다. 제임스 파울러(James W. Folwer, 1940-2015)의 *Becoming Adult, Becoming Christian*은 그러한 맥락과 배경 가운데 출판되었던 연구들 중 하나다. 그의 최초의 연구서는 1970년대 중반에 출판된 리차드 니버(H.

Richard Niebuhr)와 하나님 나라에 관한 것이었고, 이미 그때부터 기독교 신앙과 보편적-공적 영역의 관계에 대한 관심이 그에게 자리 잡고 있었다. 이후 그는 하버드 대학교에서 도덕 발달이론으로 유명한 로렌스 콜버그(Lawrence Kohlberg)를 만났고, 심리학적 연구와 신학적 성찰에 관한 학제 간 연구를 수행하면서 *Life Maps*라는 공저를 1970년대 후반에 그리고 그의 주 저서로 알려진 *Stages of Faith*을 1990년대 초반에 출간하였다. *Becoming Adult, Becoming Christian*은 그보다 몇 년 후에 출판되었으며, 전작인 *Stages of Faith*가 인생의 전반기에 관심을 두었다면, 본서에서는 성인기의 신앙과 성숙에 초점을 맞추었다.

이러한 파울러의 관점은 "기독교교육학"을 접하는 사람들에게 새로운 통찰을 제공하고 있다. 일반적으로 기술되는 "교육"이라는 용어는 그 대상을 아동과 청소년으로 무의식적으로 전제하거나 자동적으로 한정하는 경향을 보인다. 그러나 인간의 삶 전체를 놓고 보면, 성인 이전 단계의 시기는 18년에서 20년에 불과하며, 그나마 선거 제한 연령이 낮은 국가에서는 이마저도 더욱 짧다. 인간의 평균 수명이 더욱 길어지고 있는 현시대에서, 기독교교육학자들은 성인교육이라는 과업을 고민할 수밖에 없으며, 성인이라는 시기와 개념 역시 적극적으로 연구되고 고찰할 필요가 있다.

그러나 한국의 실정은 여전히 성인교육을 직업 재교육 혹은 자격증 획득을 위한 평생교육의 맥락에서 이해하는 수준을 넘어서지 못하고 있다. 특히 한국교회의 현장에서 성인은 무언가를 배우고자 하는 존재로 이해되는 경우가 극히 드물며, 교회에서의 성인교육은 부부학교, 부모학교 등 생활에 필요한 부가적인 프로그램을 제공하는 수준에 머물러 있다.

*Becoming Adult, Becoming Christian*에서 파울러는 인간의 성숙과 발달 그리고 종교적 소명을 중심으로 하는 삶에 대한 포괄적이고 윤리적인 통찰이 필요하다는 점을 지적하고 있다. 성인기에 접어들었다 할지라도 인간으로서의 성숙과 발달은 여전히 진행 중이며, 기독교인으로서의 소명을 중심으로 한 지속적인 성찰이 필요하다는 것이 본서의 주요 골자라고 볼 수 있다.

한국의 사회적 환경은 파울러가 강조한 대로 기독교적 성숙과 소명을 통해 조망하기에 매우 어려운 상황에 놓여 있다. 또한 본서가 출판된 1980년대보다 기대 수명이 더욱 길어져서 노년기에 관련된 서술이 다소 부족한 평가를 이끌어 낼 수도 있다. 그러나 기독교교육에 대한 이해의 척도가 여전히 미진한 한국 기독교의 현실을 생각해 볼 때, 이와 같은 관점과 목소리는 여전히 필요하며 성인의 성숙과 발달 역시 계속적으로 요청되어야 하는 과제임이 틀림없다. 파울러는 1990년대에 공공영역에서 교회의 역할과 포스트모던 세계에서의 신앙 문제 등 보다 확대된 관심사들을 연구 결과로 출간했는데, 연구자들에게 있어 본서는 그의 연구들을 시기별로 이해하는데 중요한 참고 자료가 될 것이다.

이 같은 관점에서 볼 때, 파울러의 중요한 저서가 그동안 번역되지 않은 점은 아쉬움으로 남았었다. 위에서 제시한 파울러의 다양한 저서를 연구하는 과정에서, 장윤석 목사는 한국 교육 현장에서 간과되어 온 성인학습자의 중요성과 성년기 신앙에 대한 새로운 관점을 제공해 온 파울러의 본서를 엄밀하고도 성실하게 번역 작업을 시도하였다. 학문적 관심과 실천적 현장에서의 중요성을 함께 연계시킨 장윤석 목사의 유려한 번역이 한국 신학계와 교회의 영역에서 크게 공헌할 수 있을 것으로 기대한다. 더 나아가 본 저서가 대립과 갈등의 어려운 사회적 상황 속에서 기독교인으로서의 정체성을 형성하는데 중요한 길잡이가 될 수 있을 것으로 기대한다.

연세대학교에서 2018년 6월
김현숙

감사의 글

　이 책의 1장에서 4장에 포함된 내용들은 많은 회중을 대상으로 한 강의를 비롯하여 다양한 형태로 사용된 것들이다. 이 내용을 프린스턴 신학대학과 보스턴 칼리지, 키르크릿지, 링 래이크 랜치와 캔들러 신학교에서의 강의들을 통해 가르치고 함께 토론하고 비평할 기회가 있었음에 감사한다. 처음 네 장은 맥코믹 세미너리에서의 세실 라우어 강연과, 오클라호마 시립대학에서의 윌슨 강연, 남 침례신학교에서의 노튼 강연, 루터란 남부 신학교에서의 모건 강연, 브라이트 신학교에서의 맥파든 강연, 하이 포인트 칼리지에서의 핀치 강연, 사우스이스턴 침례 신학교에서의 봄 강의, 그리고 영국 버밍햄의 뉴만 대학에서의 여름 종교 강연 시리즈의 교수직을 할 때 얻은 것들이다. 5장과 6장에 있는 내용들은 노스웨스트 기독교 대학과, 남부 대학에서의 애링턴 강연, 베다니 신학 대학원에서의 위엔드 강연에서 사용한 것이다. 각각의 내용을 만들어내는 과정에 호의를 보이고 자극이 되어 준 동료들을 놓치지 않게 된

데 대해 감사드린다.

　이 책을 두 명의 위대한 멘토들이자 친구들에게 바치고자 한다. 하버드 신학교의 종교 윤리학 (명예)교수인 제임스 루터 아담스 James Luther Adams는 나의 종교와 사회 박사연구의 주임교수였다. "기독교의 소명 교리The Christian Doctrine of Vocation"는 이 책에서 논의되는 주제들을 연구하는 데에 첫 자극이 되었고, 그의 삶은 신적인 프락시스와의 완전하고 결실있는 동료관계의 탁월한 모범이 된다. 내가 17세 때부터 1978년에 그가 세상을 떠날 때까지 나에게 더할 나위 없이 특별했던 칼라일 마니Carlyle Marney는 비상한 창조성과 은혜로 이 주제들에 관해 글을 썼고, 가르쳤으며, 설교했고, 그렇게 살았다.

　이 책이 형태를 갖추어가던 3년간, 신앙발달 센터도 형태를 잡아갔다. 나는 공동책임자이자 친구인 롬니 모셀리Romney Moseley에게 깊은 은혜를 입었다. 센터의 세미나에서 보여준 그의 리더십은 풍부한 지적 자극을 주었고, 책임자로 활동한 그의 봉사는 나에게 저술할 수 있는 자유를 주었다. 우리 직원인 리차드 아스머Richard Osmer는 세미나에서 우리가 해석학과 데이빗 트레이시David Tracy의 연구를 공부할 때 그의 교사들을 잘 가르쳐주었다. 필립스 대학의 스튜어트 맥린Stuart McLean은 이 글을 쓰던 대부분의 기간동안 센터의 연구원으로 함께 했다. 이 주제들에 대한 그의 토의와, 신앙발달 이론의 연관성 증명과, 대부분의 원고를 읽어준 것에 감사드린다. 직원이었던 데이빗 자비스David Jarvis와 센터의 연구원이었던 앤 매이요Anne Mayeaux는 모두 보편적 신앙의 단계를 다시 기술하려는 나의 노력에, 나의 친구이자 강의 조교였던 로리 스큐러

Lory Skwerer의 도움 만큼이나 돋보이는 기여를 했다. 우리 직원 매리 루 맥 클래리Mary Lou McCrary는 전체 교정과 편집적인 제안에 큰 도움을 주었고, 또 나를 전화로부터 지켜준 공이 있다.

수많은 삶의 단계들을 함께 살아준 나의 아내 루어린Lurline은 나의 인생에 풍성한 선물들을 가져다주었다. 그녀를 향한 그리고 그녀를 위한 나의 감사는 영원할 것이다.

이 책을 더 많은 독자가 접할 수 있도록 출판본으로 내준 조시-배스Jossey-Bass의 발행인들에게 감사한다. 부디 이 책이 당신의 인생과 신앙의 여정에 진정한 동반자가 될 수 있기를 기원한다.

조지아 아틀란타에서 1999년 9월에

제임스 파울러

저자소개

제임스 파울러James W. Fowler는 아틀란타에 소재한 에모리 대학의 공공 정책 연구소를 운영하면서 전문 교수로 가르쳤다. 그는 하버드 대학과 보스턴 대학에서 강의했다. 그는 에모리에 도덕과 신앙 발달 연구소를 설립하고 운영했다. 그의 11권의 저술 가운데 가장 잘 알려진 *신앙의 발달단계: 인간 발달의 심리학과 의미의 탐색Stages of Faith: The Psychology of Human Development and the Quest for Meaning*은 33쇄에 들어갔다. 가장 최근에 나온 변화하는 신앙: 후기 현대사회의 개인적 공적 도전들은 1996년에 출판되었다.

1994년에 파울러는 미 정신의학 협회로부터 "종교와 정신의학 간의 상호적 이해에 대한 눈부신 기여를 인정받아" 오스카 피스터 상Oskar Pfister Award을 수상했고, 미 심리학회로부터 "종교 심리학에 대한 독보적으로 지속되는 공헌을 인정받아" 윌리엄 제임스 상William James Award를 수상했다.

조시-배스에서 새롭게 재출판한 *인간의 성숙과 그리스도인의 성숙Becoming Adult, Becoming Christian*은 새로운 세대의 독자들에게 영성과 신앙의 발달에 관해 출판본으로 쉽게 접할 수 있는, 짐 파울러Jim Fowler의 가장 소장할 만한 책이다.

차 례

추천의 글   6
감사의 글   10
저자소개   13
서문   16

chapter 1   성인 발달이론들과 소명의 위기   18

chapter 2   철학자와 대부모로서의 발달이론가들   40

chapter 3   신앙 발달이론과 인간의 소명   80

chapter 4   성인기, 소명, 그리고 기독교 이야기   123

chapter 5   기독교 공동체와 성인기   167

chapter 6   인간의 성숙과 그리스도인의 성숙   197

역자후기   228

Becoming Adult
Becoming Christian

일러두기

내용에 포함된 성서의 표기와 인용은 『새번역』(대한성서공회, 2004)를 따르되, 경우에 따라 맥락을 고려하여 저자가 인용한 원문을 직역하였습니다.

서 문

　우리가 살고 있는 시대는 서로 다른 문화들이 혼합되고, 인간의 삶의 형식이 확장되며, 적어도 서구사회에서는 많은 개인과 집단들이 종교적인 관습과 전통들로부터 자신들의 삶을 독립적으로 형성할 수 있는 자유를 추구하는 시대다. 새로운 천년에 들어서려는 시기임에도 여전히, 종교적 관습들의 다양한 영적인 형태들은 인구가 증가하는 삶 속에서 살아남을 자리를 찾고 있다.
　이 책은 이제까지 우리가 삶으로써 살아온 신이라고 부르는 신적 타자와의 관계로서의 신앙에 주목한다. 여기서 영성은 발달심리, 신학, 그리고 실천윤리에 기초한다. 이 책은 신앙과 자아의 발달단계들에 대한 관점을 제공한다. 이는 신앙을 공유한 공동체들에 속한 사람들이 자기 자신으로서 형성되고, 영적 신앙적 존재가 되어가는 일에 그 신앙 공동체가 어떠한 도움과 돌봄을 제공할 수 있는지에 대한 이해를 돕는다. 이 연구의 목적은 소명을 찾고 추구하는 것의 의미가 무엇인지 탐구하도록 초대하는 것이다. 여기서 말하는 소명은 한 개인의 일이나 기능으로써의 직업보다 크고, 전문성 혹은 삶의 업적보다 심오하다. 소명은 하나님의 목적의 한 부분인 개인의 삶의 목적을 찾는 것을 의미한다.

이 책에서 당신은 인생의 시기를 이해하는 방법을 발견할 것이고, 당신의 신앙과 가치들을 형성하고 재형성하는 방법을 발견하게 될 것이다. 이 책의 접근법은 많은 사람을 해방시키며 신앙과 가치에 집중하게 했다. 이는 주요한 신앙의 역설들을 조명한다.

- 어떻게 우리는 신앙에 깊이 헌신하면서도 궁극적인 자유를 얻을 수 있을까?
- 우리는 어떻게 신앙 전통과 그 관습에 기초를 두는 동시에 다른 방법들과의 심오한 관계에 대해 개방적일 수 있을까?
- 우리의 삶에서 신에 대한 헌신을 발견하는 것이 어떻게 창조의 신비에 대한 우리의 감사와 사랑을 축소시키지 않고 오히려 깊어지게 할 수 있을까?
- 신앙은 우리의 정의를 위한 봉사에 어떻게 기초를 세우고, 인도해갈까?
- 신앙은 인간과 자연적 생명의 무한히 다양한 형태들을 향한 우리의 사랑에 어떻게 깊이를 더하게 될까?

이 책은 당신에게 소명의 영성을 요청할 것이다.

chapter 1

성인 발달이론들과 소명의 위기
ADULT DEVELOPMENT THEORIES AND THE CRISIS OF VOCATION

소명적 이상의 위기

웨스트민스터 소요리문답은 "인간의 제 일 목적은 무엇인가?"라는 질문으로 시작된다. 20세대에 걸쳐 존 칼빈John Calvin의 신학을 이어온 사람들에 의해 학습된, 이 질문에 대한 대답은 "인간의 제 일의 목적은 하나님께 영광을 돌리고 하나님을 영원토록 즐거워하는 것"이다1). 넓은 의미에서 보면, 이것은 *소명적인vocational* 질문이다. 이 질문은 "인간이 여기에 존재하는 이유는 무엇인가? 인간 존재는 어떤 덕성이나 탁월성을 지니고 있는가?"를 묻는다. 이런 인간의 부르심에 대한 전망에서 형성된 모든 문화에는 자녀양육과 학교교육, 윤리적 규범들, 그리고 가장 가치 있는 직업이나 봉사가 어떤 것인지에 대한 분명한 개념들과 관습들이 포함되어 있을 것이다.

어떤 사회를 이해하려고 할 때 필수적인 열쇠는, 그 사회가 인식하고 있는 소명적 이상과 그 사회가 구성원들을 양육할 때 지향하는 소명적 이상의 범위 안에서 찾을 수 있다. 칼빈의 제네바(또는 수백 년간 웨스트민스터 교리를 교육해왔던 스코틀랜드의 마을들)와 같이 정교하게 맞춰진 사회들에는, 한 가지의 중심적인 소명적 이상이면 충분할 수 있다. 이는 칼빈의 신앙과 같이, 통치자이면서 은혜로우신 하나님에 대한 믿음에 깊이 참여하고 있는 사람들에게는 틀림없는 사실이다. 하지만 다른 사회들과 지역들에서 나오는 몇 가지 다른 문화의 소명적 이상형도 생각해보자.

아리스토텔레스의 *니코마키안 윤리Nichomachean Ethics*에서, 우리는 *메갈롭시코스megalopsycos* 즉 "고귀한 정신을 가진 사람"의 이상을 만난다. "고귀한 정신을 가진 사람"이란 친구 관계와 공적 생활에서 드러나는 덕성, 습관적 취향, 그리고 예술성 등이 그를 진정으로 존경할만하고, 따르고 싶게 하는 사람이다. 스토아학파가 제기하는 합리적인 사람은 우주의 중심에 있다고 믿어지는 합리적인 구조로 자신의 이성을 조정함으로써, 열정의 과도함을 방지하는 사람이다. 초기 기독교는 사도와 *에클레시아*(교회)의 구성원 모델-남성들과 마찬가지로 여성들도 포함한-을 제공하였고, 결국에는 수도원, 순교자, 그리고 성자의 모델들을 제공했다.

왕권신수설이 유럽에서 왕족의 권위에 대한 근거로써 새로운 활기를 얻었을 때, 기독교인인 왕의 소명적 이상이 함께 나타났다(17세기에 이 모델은 기독교인인 여왕도 마찬가지로 포함하기 시작했다). 십자군의 성전기사단 사이에서는, "군인-성자"의 모델이 활기를 얻었고, 이 모델은 서양 국가들에서 다양한 모습으로 자주

반복해서 모습을 드러내 왔다. 마찬가지로, 동양 사회들에서는 다양한 형태의 소명적 이상으로, 현자와 수도승, 그리고 관료주의적 정치가의 소명적 이상들을 만난다. 일본에는 군인-성자의 동양판인 사무라이가 있다.

그런 소명적인 이상은 그러한 역할들을 수행했던 사람들의 삶만을 형성했던 것은 아니다. 그에 더해 그 이상들은 사회에서 다양한 역할들을 수행하는 사람들의 삶이 그 문화에서 지배적인 인간 삶의 목적과 덕에 대한 이미지들에 따른 삶의 형태와 일관성과 책임을 부여받게 하는, 어느 정도 계급적인 형식들도 생겨나게 했다.

현대사회에서, 우리는 어디에서든 소명적 이상들이 확산되고 세속화되어가는 것을 본다. 정해진 역할과 특권을 지닌 전통적 전문직(종교, 의료, 법, 교육, 그리고 정치)의 발생으로부터, 우리는 삶의 모델들의 다양화와 평준화 모두를 보게 된다. 우리 사회와 유사한 사회들에서, 소명적 이상의 도덕적이고 종교적인 함축적 의미는 대체로 세속화되고 상대화되어왔다. 한 가지 분명한 변화가 일어났다. 예전 사람들은 자신이 속한 사회에서 그 사회에 기여하는 덕성과 유용성을 지니고 있다는 이유로, 소명적인 모델로 주목과 존경을 받기도 했다. 지금은 외부로 보이는 모습이나 성공과 부의 실제, 또는 권력을 갖고 행사하는 매력, 그리고 명성 혹은 악명이 따라오는 유명세와 인지도를 갖게 되는 것에서 존경에 대한 영감을 얻는다. 사회적 인식과 보상에 대한 이와 같은 초점의 변화와 함께, 가치체계들, 역할들, 그리고 존경과 흥미를 얻는 전형적인 모습들도 눈에 띄게 변하고 있다. 이런 이유로 우리 사회에서는 유명 가수나 유명 영화배우, 유명 운동선수, 괴짜 갑부 탐험가, 그리고 가끔은 영적인 권위자나 안내자 등의 소명적인 모델들에게 (일시적일지라도) 강력한 매력과 보상을 부여한다.

동요하는 좋은 남성과 좋은 여성의 이미지들

우리가 소명적 이상의 사회적인 위기를 경험하고 있다는 말은, 좋은 여성이나 좋은 남성이 된다는 것이 무엇을 의미하는지에 관한 우리의 규범적인 모델들이 심하게 동요하고 있다는 주장과 같다. 이에 관한 주요한 원인들을 생각해보자. 지구상의 많은 지역에 걸쳐서, 오늘날의 사람들은 한 세기 전에 살았던 사람들보다 훨씬 더 오래 살 수 있다고 확신할 수 있다. 1900년대 미국 남성의 평균 기대수명은 47세, 여성의 기대수명은 남성의 경우보다 조금 높은 50세였다. 당시 미국의 1인당 한 부모 가정의 수는 오늘날과 비슷했다. 하지만, 한 부모 가정이 발생하는 이유로 볼 때, 오늘날은 별거와 이혼이 대부분의 원인이지만, 당시에는 오히려 배우자 중의 한 사람의 죽음이 대부분이었다[2].

식품과학과 의료기술에서 이루어 낸 놀라운 돌파구와 짝을 이루며 더 커진 기대수명으로 인해서, 오늘날 부유한 나라들의 대다수의 국민들은 인간의 수명이 이전 시대보다는 덜 위태롭다고 느끼고 있다. 어느 정도 부유하게 사는 사람들에게, 장수와 건강한 삶은 이제 권리인 것처럼 생각되고 있다. 이러한 분위기는 긴 수명이 유복한 삶을 묘사하는 "세속적인" 표준이 되게 하는 결정적인 전환으로 이어진다.

영생의 소망이나 개인적인 영원성에 대한 갈망이 개인에게 용기의 근거나 윤리적이고 종교적인 진지함의 동기로서 작용하는 것이 어느 정도로 약화 되었는지를 알기는 어렵다. 하지만, 새로운 천년이 열리면서, 많은 사람이 여전히 길고 완전한 삶을 살고 싶다는 소망과 기대를 지니고 있다는 것이 확실해 보였다. 이전의 세기들에 비교해서, 이러한 삶에 대한 기대는, 개인적이고 문화적인 측면 모두에서, 인생의 "계절들"에서 시간과 시기에 대한 개념을 수정했다. 이 기대는 또 우리가 가진 좋은 삶이나 잘 사는 삶에 대한 성찰의 틀을 잡아주는 가치관과 가능성의 지평까지도 변화시켰다.

좋은 남성/좋은 여성에 대한 우리의 문화적인 이미지들에 대한 생각이 동요하게 된 두 번째 요인은 이동성에 기인한다. 물리적인 이동성은 국가의 시작에서부터 이민자들의 나라인 미국이 지닌 특징이었다. 기차와 배의 증기기관 발달에서부터 1950년대에 시작된 주와 주를 연결하는 고속도로의 건설까지 진행되어 오면서, 이 나라는 여행자들과 이주민들의 나라가 되어갔다. 게다가, 2차 세계대전 이후, 전 세계에 걸친 군대의 주둔과 사업과 상업에서의 세계화로 미국의 남성들과 여성들은 정말 모든 대륙을 돌아다니면서 근무하고 있다. 지난 4반세기 동안, 미국의 단과대학들과 종합대학들에 속한 미국인 학생들과 교수들에게는 외국에서 공부하고 가르칠 기회들이 급증하고 있고, 다른 사회의 문학과 종교전통들도 손쉽게 이용할 수 있을 만큼 저렴한 가격에 잘 번역되어있다.

하지만, 변화된 관점들과 경험들을 더 많이 연상시키는 것은 전자분야와 통신 분야에서의 발달이었다. 대부분 가정은 여러 대의 TV를 갖고 있고, 그 대부분이 글자 그대로 수백 개의 지역과 다양한 국가들의 채널에 접속할 수 있게 하는 케이블이나 위성에 연결되어 있다. 70개 채널 중에 4~5가지는, 국내외의 다양한 숙박지들을 모아놓은 전문 채널들로서, 여행지를 선택할 수 있게 하는 방법을 제공한다. MTV와 CNN 같은 채널들은 24시간 동안 시청이 가능하고, 창조적인 상품들과 프로그램들을 종합편성하여, 뉴스와 예능 프로그램 간의 전통적인 구분을 흐려지게 했다.

최근에, 직장이나 가정, 도서관과 학교에서의 개인 컴퓨터 이용은 다양한 가상현실의 영역으로 들어가는 다중적인 길을 열었다. 인터넷은 놀라울 정도로 다양한 사이버공간 속에서의 역할들을 제공한다. 사이버공간 안에서 사람들은 가상의 인격들을 창조할 수 있고, 가상의 게임들과 모험을 하면서, 마음속에 있는 가장 숭고하고 야망이 있는 상상들이나 파괴적인 상상들을 생생한 삶으로 가져올 수 있다. 이렇게 창조된 공간들에 타인들-극히 소수의 개인적인 사람들 정도에서 수백만 명에 이르기까지-이 접속할 수 있게 만들면서, 의식을 재형성할 수도 있고 평범함의 형태를 재구성할 수도 있는 헤아릴 수 없는 상호작용을 일으키는 가상적인 만남의 장소들이 제공되기도 한다3).

좋은 여성/남성상에 대한 신기술의 충격을 인식하게 된 것과 마찬가지로, 우리는 또 자아에 관한 의도적인 연구에 새로운 컨텍스트들과 방법들을 제공했던 지난 20세기의 절반 동안 이루어진 발달들도 재고해야만 한다. 다니엘 얀켈로비치Daniel Yankelovich는 1981년에 나온 그의 책 "*새로운 규칙들: 상하구조가 전복된 세계 속에서의 자기실현을 추구하며*New Rules: Searching for Self-Fulfillment in a World Turned Upside Down4)"에서, 문화적인 변환,

곧 제2차 세계대전의 종전을 지나면서 미국 사회의 특징이 된 자기부정의 윤리로부터 50년대가 시작되면서 지배적으로 나타난 자기실현의 윤리로의 전환에 관한 내용을 다뤘다. 대공황의 압박에서 회복된 사람들과, 제2차 세계대전에서 진정으로 세계적인 규모의 위협을 전례 없는 영웅적인 방법으로 물리치는 데에 동원되었던 사람들은 모두 결혼이나 가정을 이루는 일, 공부를 계속하거나 마치는 일, 그리고 인생의 만족과 행복을 추구하는 일들을 감당해가기 위한 의미와 시간과 공간을 찾기 시작했다. 그리고 이것들을 추구하는 과정에서, 사람들은 자신의 내면의 삶 속에서 오랜 기간 미루어졌던 과업들과 도전들에 익숙해지기 시작했다.

60년대와 70년대에 미국인들이 사용할 수 있는 자기반성과 성장의 기술들이 홍수처럼 넘쳐나게 되었던 것을 돌이켜보면, 새로운 친밀함의 차원들을 위한 사회적인 준비가 깊이 스며들어 있었다는 것을 알게 된다. 감성훈련과 치료기간, 대면집단, 그리고 인문학적 심리학에서 영감을 얻은 다양한 기술들은 자기 성찰과 즉각적인 자기 공개, 그리고 자신에 대해 나누는 새로운 정신문화를 창조했다. 철저히 내성적인 경험들과 마라톤처럼 길고 지루한 일들의 저변에는 유·무언적 약속이 깔려있었는데, 이 약속은 변화를 통한 새로운 자기발견의 차원들, 타인들과의 관계에서 정직함의 새로운 깊이, 그리고 새로운 감성과 진실성에 대한 약속이었다. 거기에는 틀에 박힌 인생들과 인습적인 가치들과 삶의 양식들에 싫증이 난 인생들을 위한 새로운 풍성함의 약속이 있었다.

같은 시기에, 건강보험 정책에 의해 점차 정신 의료지원금이 지급되면서, 미국의 중산층도 쉽게 다양한 형태의 개인 치료를 받을 수 있게 되었다. 이 시대에는, 신학 세미너리들이, 급증하는 임상 목회교육 영역과 공동으로 목회상담에 중점을 둔 교육과정을 만들었다. 이는 목회영역에서의 새로운 전문성 개발에 공헌했을 뿐만 아니라, 교회와 목회상담 센터들을 통해, 교회가 인정하는 인격적인 성장과 변화를 위한 새로운 컨텍스트를 열어놓았다. 조직적이면서도 개인적인 발달과정을 통해서, 산업에서는 우리가 인간의 잠재능력 회복 운동이라고 부르게 된 새로운 기술들과 가치 조직들을 폭넓게 받아들여 가르쳤다.

좋은 남성/여성의 전통적인 이미지는 감수성이 예민한 사람들과 대면집단들 사이에서 "폐기"되었다. 더 깊은 자아 또는 "진정한" 자아의 발견에 대한 자발적인 관심을 가지면서, 사람들은 전통적 모델들과 역할들에서 물려받은 자아의 이미지를 유지하는 것으로부터 자유로워졌다. 목표는 자신의 "필요"를 인식하고 요구하는 법을 배우는 것, 또는 상투적인 표현이지만, "자신의 필요를 충족시키는 법"을 배우는 것이었다. 사람들은 자신의 관계들을 그들의 몸으로 바꾸도록 고안된 경험들과, 그들의 감성적이고 직관적인 반응의 범위를 자신과 타인들에게까지 확장시키도록 디자인된 경험들을 했다. 이 경험들은 성적 취향에 대해서, 그리고 책임과 생활양식의 주제들에 대해서 노골적이고 개방적인 실험적 접근을 가능하게 했다.

좋은 여성/남성의 소명적 이상과 이미지들을 고려하면서, 현재의 위기 경험들에 이바지한 배경이 된 운동들을 열거한 것과 마찬가지로, 우리는 성적, 인종적, 성 역할적, 정치적, 그리고 종교적인 관계들의 오랜 형식들을 완전히 변화시킨 자유주의 운동들의 잇따른(그리고 동시적인) 파장들을 포함 시켜야 한다. 개별적으로나 전체로써 취급되는 소수자들, 여성, 그리고 게이들과 레즈비언들을 위한 수용과 정의를 위한 운동들은 이 사회의 이전까지 합의되었던 아름다움, 탁월함, 그리고 좋은 여성/남성의 덕목을 근본적으로 변형시켰고, 풍성하게 만들었다.

마지막으로, 예비적인 차원에서 나는 이상의 최고의 이미지들에 대한 종교적 권위의 역할 변화에 관해 이야기하려 한다. 이 글에서 역사적 논의로 언급된 모든 사실의 상호 작용은 복잡하게 그려진다. 그 복잡성은 종교와 영성의 영역들에서 가장 분명하게 드러난다. 이 영역에서의 변화들을 그려보기 위한 출발점과 가장 가시적인 상징은 분명 로마 가톨릭교회의 제2차 바티칸 공의회였다. 프로테스탄트, 개혁교회, 그리고 보수적인 유대인들도 동등한 변화를 경험했지만, 로마 가톨릭보다 제도상 더 다원적이었기 때문에, 그들의 경험은 그리 가시적이지 못했다. 반면 제2차 바티칸 공의회에서 우리는 세계적인 신앙 공동체가 스스로 자기 인식과 권위의 구조들을 근본적으로 변화시키는 괴로운 과정을 진지하고도 공식적으로 이루어내는 실로 놀라운 광경을 보았다. 계급적으로 정의된 교회, 그리고 성서와 전통에 대한 교회의 권위적인 통제에서부터, 우리는 "하나님의 백성들"로서 정의되는 교회를 향한 움직임을 보았다. 계속 이의가 제기되고 있는 가운데, "그 하나님의 백성"은 성서와 전통에 접근하게 되었고, 인식된 다원적 세계 속에서 신앙생활과 제도를 형성하는 과정에서의 계급에 따른 개인적 책임성을 요구받았다. 많은 가톨릭 신자들이 혼란스러워하고, 다른 많은 이들이 자유와 활기를 얻어가는 동안에, 교회가 장려한 그리스도인의 성인기의 규범적인 이미지들은 더욱 다원화되었다. 개인으로서의 가톨릭 신자들과 지역 단위의 회중들은 확실히 재정립된 교리적이고 사회 윤리적인 교회의 가르침들에 대한 책임으로부터 자유를 얻음과 동시에 부담도 떠안게 되었다. 이 경험은 대부분의 사람에게 일종의 "상대적 어지러움"을 일으킨다. 많은 비전문가가 다루듯이, "만일 교회가 금요일에는 고기를 금하는 규칙과 미사에서 라틴어를 말하는 규칙을 바꿀 수 있다면, 무엇인들 바꿀 수 *없겠는가?*" 많은 독실한 가톨릭 가정들이, 세대 간에 2차 바티칸 이전과 이후로 나뉘는 두 개의 다른 교회들을 섬기고 있다는 것을 알게 되었다. 교황 요한 바오로 2세는 취임 이후 지속적이고 효과적으로 교회 내의 교리와 관습들에 대한 전통적이고 중앙집권적인 권위를 회복시키기 위해 노력했다. 중앙집권적인 권위와 남성 지배적인 교회를 유지시키는 데에서 일부 성공을 거두기는 했지만, 이는 개별적-성찰적 신앙이나 그 이상으로 발달된 신앙을 가진 전 세계 수백만의 사려 깊고 신앙이 깊은 가톨릭 신자들을 소외시키지 않고서는 이룰 수 없는 일이었다5).

나는 가톨릭의 경험을 모든 교회와 회당들에서 일어나는 보다 광범위한 움직임을 묘사하는 데에 사용했다. 이 모든 공동체에 속한 엄청난 수의 지지자들은 자신이 참여한 전통들을 선택해야 할 개인적인 책임을 요구받았고, 자신의 삶에 종교적인 가르침들을 통합시킬 방법에 대한 권한을 갖게 되었다. 그들은 자신의 신앙적 입장의 기반을 상당 부분 성찰적 판단과 경험에 두었다. 개인적인 종교성 혹은 신앙의 성향을 묘사하는 형용사로 많이 사용되는 "*영적*"이라는 단어가 최근에 등장하게 된 것은, 자신의 종교적이고 윤리적인 성향과 실천에 대한 권위의 탈인습적 주장의 이상으로의 참여를 반영한다.

분명히, 이러한 발달들은 권위자로서의 목회자들과 신학자들의 역할을 변화시켰다. 이 변화들은 종교 공동체들 안에서 좋은 여성/남성의 덕목들과 특성들의 규범적 이미지를 어떻게 설정할지에 대한 고민의 길을 열었다.

"이데올로기적 테피"에서 프로테우스까지: 지속성과 변화

앞서 논의된 상호반응하는 사실들에 내가 기술하지 않은 다른 많은 것들을 추가하는 것은, 이 문화의 성인기에 대한 이미지들에 지난 반세기 동안 일어났던 근본적인 변화를 설명하는 데에 도움이 된다. 50세가 넘은 사람들은 대부분 자신의 어린 시절에 성인들의 모습이 거의 변하지 않는 상태인 것처럼 경험되던 환경-도시, 시골 또는 작은 마을 어디든-에서의 어린 시절을 기억할 수 있을 것이다. 몇 년 전 나의 멘토이자 친구인 칼라일 마니Carlyle Marney는 나이가 들수록 더 고정되어가는 성인상에 관한 도식화된 이미지를 제시했다. 그는 이것을 성인기의 "테피 모델"이라고 불렀다[6].

테피를 세울 때는, 먼저 많은 장대를 원형을 그리며 고정시키고, 장대들의 꼭대기가 서로 어긋맞도록 모은다. 장대들이 서로 만나는 지점에서 기둥들을 모아 단단하게 묶고, 나무 프레임을 가죽이나 천으로 팽팽하게 당겨 덮는다. 이 비유에서 텐트의 장대들은 한 사람이 성인이 되어가는 과정에서 수집한 일련의 이데올로기적인 책임들이나 가정들을 나타낸다.

대부분의 사람이 자신의 10대 후반 혹은 20대 초반의 시기부터, 가치와 삶의 양식을 고민하는 수많은 문제에 매달리기 시작했다. 그들은 자신의 경력이나 직업에 장대를 하나 놓을 것이다. 하나는 결혼과 주거지를 위해 세울 수도 있다. 그들은 특정한 이데올로기를 받아들였을 수도 있고, 또는 민주당원이나 공화당원, 동부의 백인이나 인디애나주 혹은 텍사스주의 주민이 되는 것과 관련된 의미와 충성심들을 자신의 성인기의 정체성과 통합시키는 특정 지역과 자기 자신을 동일시했을 수도 있다. 또 다른 장대는, 남성/여성이 되는 것의 의미와 관련된 명확한 가치들과 이미지들을 제공하는 과정에서 세워졌을 수도 있다. 천막에 들어가는 다른 장대들은 자신의 경제적, 교육적 상황들과 그 외의 여러 상황에서 비롯되었다. 특히 교회나 사찰에 가입하여 소속되는 것(혹은 거부하는 것)으로 눈에 보이게 세워지는 종교적인(또는 반종교적인) 장대도 있다. 또한, 사람들의 인종적이고 민족적인 신분들과 그에 수반되는 사회적인 의미들을 위한 장대들도 있다.

마니는 청소년이 이런 이데올로기적 테피의 장대들을 세울 때, 그/그녀는 종종 암묵적이거나 검증되지 않은 통일성으로 그 장대들을 함께 묶는다고 설명한다. 그다음 덮개로 그 구조물을 덮고, 그 어린 여성/남성은 다시는 밖으로 나올 필요가 없을 것처럼 이 이데올로기적 천막 속에서 살겠다고 들어가 버린다.

성인기에 대한 더 고정된 이미지를 갖게 되는 이 나이에는, 본질적인 구조가 20대 중후반까지는 제 자리를 잡게 될 것이라 기대한다. 만약 어떤 사람이 이 구조를 세우지 못한 채 서른이 되면,

사람들은 "그는 자기 자신을 찾지 못했어"(여기서 자신self은 발견되어 받아들여지기 위해 어둠 속 어딘가에서 기다리고 있는 플라톤적 이상의 형태와 유사함을 은연중에 드러내면서)라고 말할 것이다. 또는 만일 30대 후반이나 40대에, 이데올로기적 테피가, 마치 천막의 장대들이 덜거덕거리고 덮개가 펄럭거리는 것처럼, 인생의 변화들과 어려움에 뒤흔들리고 있다면, 사람들은 "그녀는 신경쇠약에 걸린 것처럼 보여"라고 말할 것이다. 이러한 성인의 관점에서 볼 때, 성격character은 일관성, 예측 가능성, 그리고 가치, 태도, 헌신, 생활양식의 안정감 등을 의미했다. 종종 성격은 사는 곳과 관계들 속에서의 지속성에 대한 기대를 의미하기도 했다.

물론, 테피 모델은 나이 든 사람을 너무 극단적으로 그리고 있고, 성인기를 더 고정적인 이미지로 그리고 있다. 하지만, 이 모델은 성인기의 규범적인 이미지들을 둘러싼 현재의 위기를 붙잡아 규정하려는 우리의 노력에 도움이 되는 이미지를 보여줄 수 있다. 생각해볼 만한 또 다른 것을 소개하자면, 성인에 대한 좀 더 현대적인 캐리커처로써, 이번에는 안정과 변화의 연속체에 정반대되는 지점에서 시작된다.

로버트 제이 리프튼Robert Jay Lifton은 대규모의 역사적 변화와 개인적인 적응양식 사이의 관계에 관한 연구로 정의되는 심리사 연구를 개척했다. 다양한 관심사 중에서도, 리프튼은 그의 초기 연구에서 비극적인 재앙에서의 생존자들을 연구했다. 리프튼은 지금은 익숙해진 개념인 '*생존자의 죄책감survival guilt*'이라는 말을 만들었다. 친구들, 사랑하는 사람들, 그리고 다른 사람들은 흔적도 없이 사라져버렸는데, 자신들만 남겨져 버린 끔찍한 사건들이 만들어낸 엄청난 양의 감정들을 지닌 생존자들만의 독특한 감정상의 복잡성을 설명하기 위해서 이 개념을 만들었다. 연구 초기에 상당한 시간을 동아시아지역에서 활동했던 리프튼은 60년대 초 거의 모든 시간을 일본에서 보냈다. 리프튼은 그곳에서 많은 시간을 들여, 어릴 때 히로시마와 나가사키 원폭투하로부터 살아남았던 청소년들을 인터뷰했다.

    리프튼은 일본의 생존자 중 젊은 성인들의 이야기들을 분석하면서, 그의 관심을 끈 생존자들의 삶에서 일어나는 헌신과 변화의 패턴에 주목하기 시작했다. 그는 10대와 성인 초기의 10대들이 일련의 근본적이고 관계적이며 이데올로기적인 헌신들을 매우 빠르게 형성하고 변경하고 있는 것을 반복적으로 목격했다. 그는 생존자들에게서 보이는 헌신의 강렬함에 놀랐고, 그다음에 생존자들이 보이는 갑작스러운 포기와 때로 180도로 돌아서는 태도에 놀랐다. 다른 생존자들, 세뇌와 제어실험의 희생자 중 홍콩으로 탈출한 중국인들과 미국의 60년대 격변의 시기를 따라잡아야 했던 학생들에 관한 연구를 추적하면서, 리프튼은 이러한 패턴이 일반화될 수 있음을 보기 시작했다. 이 패턴을 이름과 이미지에 연결하기 위해서, 리프튼은 그리스 신화를 가져왔다. 프로테우스는 바다의 신 포세이돈 신전의 하급 신이었다. 리프튼은 "프로테우스는 자신의 모습을 멧돼지에서 사자, 용, 불, 거센 물살까지 비교적 쉽게 바꿀 수 있었다. 하지만, 그가 어려워하는 일, 또 구속되거나 속박되지 않는 한 일어나지 않았을 일이 있었는데, 그것은 그 자신이 유일한 형태, 곧 가장 자기 자신다운 형태를 위해 헌신하여 자신의 예언자적 역할을 수행하는 일이었다"라고 말한다[7].

60년대, 리프튼을 포함한 일부 사회 해설가들은, 프로테우스와 유연하게 계속 변화하는 프로테안 스타일이 끊임없는 가속적 변화의 시기에 대한 적응방식의 요소들로써 일관성을 가질 수 있다고 주장하기 시작했다. 이 관점에 따르면, 도덕적인 태도란 유동적이고 가변적인 성격과, 근본적인 신념들과 이데올로기적 세계관들을 즉각적으로 바꿀 준비가 되어있는 것으로 정의된다. 리프튼은 프로테우스적 패턴의 등장에 두 가지 주요 역사적 사실들이 원인이 된다고 생각했다.

> 첫 번째는, 사람들의 문화적 전통에 생기를 더하고 자라게 하는 상징들-가족, 관념 제도, 종교, 그리고 보편적 생애순환을 둘러싼 상징들-로 오랫동안 느껴왔던 연결 개념이 파괴된, 세계적으로 통용되는 역사적인 단절의 개념이다. …… 두 번째로 큰 사적 동향은 대중매체 네트워크를 넘어서는 포스트모던 문화의 기이한 영향으로 만들어진 이미지화의 홍수다. 이러한 동향들로 인해 현시대의 개인들은 피상적인 메시지들과 소화되지 못한 문화적 요소들, 머리기사들, 그리고 삶의 모든 측면에서 끊이지 않는 부분적 선택의 여지들에 의해 압도당한다8).

1993년, 리프튼은 변화무쌍한 자아protean self와 포스트모던 사회에서의 프로테이니즘에 대한 더 장기적이고 조직적인 연구를 시작했다. 리프튼은 그의 책 '*변화무쌍한 자아*The Protean Self'에서, 히로시마와 나가사키 원폭투하의 생존자들과 중국 정부의 "사상개조"과정에서의 생존자들에 관해 연구해 온 30년간, 전 세계-개발된 사회와 개발 중인 사회 모두-의 수많은 상황에서 변화무쌍한 자아가 나타나고 있음을 이야기한다. 변화무쌍한 자아에는, 균형을 깨는 트라우마의 경험들 혹은 급진적인 변화와 단절의 상황들에 대해 탄력 있고 조정 가능한 대답들을 보여주는 몇 가지 특징들이 있다. 변화무쌍한 자아는 악 또는 "다름"과의 극단적인 대립 경험들에 대한 응답을 요청받을 수도 있다. 요소들마다 리프튼은 변화무쌍한 자아가 조정 가능하며, 사실상 "우리 시대의 쉼 없음과 끊임없는 변화에 적합하다"는 것을 인정하게 된다9). 하지만 그는 변화무쌍한 자아를 다가오는 시대의 규범적이면서 불가피한 것으로 받아들이려 하는 사람들에 대해 중요한 폭로를 한다.

> 그러나 나는, 포스트모던이나, 자아의 상실 혹은 자아의 다양한 요소들 사이에 일관성이 전혀 없음을 다양성과 유동성과 동일시하려는 관찰자들과 구별한다. 나는 그 반대 주장으로써, 프로테이니즘이 진실과 의미에 대한 탐구와 자아의 형태를 추구함을 포함한다는 입장이다. 복잡성과 애매함을 인식하는 것은 우리의 자아 개념에서 어느 정도의 성숙을 아주 잘 보여줄 수 있다. 프로테인 셀프는 유동적인 것과 단단한 기반에 있는 것 모두를 추구하지만, 그 조합은 연결이 매우 약하다. 계획에 있어 자동적인 것은 없고, "자아의 회복"도 없지만, 오히려 깔끔한 파괴가 없는 지속적인 노력이 있을 뿐이다. 따라서 프로테이니즘은 한편으로는 적절한 형태의 변화와, 또 다른 한편으로는 통합되고 일관성 있는 노력 사이에서 균형을 잡으려는 행동이다10).

이데올로기적인 테피의 이미지와 마찬가지로, 순수한 형태로써의 프로테인 셀프도 일종의 캐리커쳐다. 하지만 연속체의 극치로 선택된 두 개의 캐리커쳐들은 아마 우리들 대부분이 살아있는 동안에 겪을 변화와, 가변성과 불안정을 극단적으로 드러내는 사람에게 성인기의 이미지에 관해 제안하는 데에 도움을 줄 수 있을 것이다. 나는 테피와 프로테인 모델이 우리 각자의 심장에서, 그리고 우리가 속해 있는 문화 속에서 서로를 강하게 당기고 있는 두 가지의 갈망과 현실의 극단적인 긴장을 묘사하고 있다고 믿는다. 끈질긴 변화의 경험과 지속성과 안정성에 대한 이 갈망과 현실들은 우리의 사회적 문화적 삶의 저변에 깔린 채 변화되고 있는 구조상의 가치기반들과 강한 신념들 한가운데에서 집요하게 지속적으로 갈등하고 있다.

성인 발달에 관한 심리학 이론들이 현재 광범위하게 받아들여지는 주된 이유 중의 하나는, 이 이론들이 우리가 겪는 변화와 연속성에 대한 엄청난 경험들과 그에 수반되는 긴장들을 결합시키는 서술체계를 제공하기 때문이라고 확신한다. 이 방법과 함께 우리가 생각해야 할 또 다른 방법으로, 이 이론들은 성인기의 규범적이고 서술적인 이미지들을 제공한다. 이 이미지들은 오늘날 우리 사회에서의 소명적인 이상들에 대한 문화적 소동과 혼란의 상황에 대해서 독특하고도 강력한 이야기를 하고 있다.

철학자와 대부모로서의 성인발달이론가들

성인 발달이론가들은 한때 원시적이고 고전적인 문화들에서 활동했던 대부모들과 신화창조자들의 역할을 우리 사회에서 열심히 수행해왔다. 성인 발달이론가들은 철학자들과 신학자들이 19세기를 지나면서 열두 번째로 수행했던 기능 중 많은 것들을 받아들였다. 인간 소명의 이미지가 파괴되고 종교적 문화적 상징들이 조각난 우리 시대에, 일련의 철학적 심리학자들은 인간 생애의 과정에 대한 전체적인 이해를 얻는 데에 도움을 주었다. 발달에 대한 유기적 기원의 비유를 다양한 방법으로 사용함으로써, 이들의 연구와 이론들은 인간의 생애주기들에서 예측 가능한 유형들과 순환들에 대한 실증적인 목록을 제공했다. 17세기 개신교 신학자들은 자신들이 오르도 살루티스 *ordo salutis*라고 부르는 구원에 이르는 길과 단계들에 대해 저술하고 가르쳤다. 이들이 저술한 내용은 철학적 발달심리학자들이 형식적이고 주로 세속적인 형태로 현대판 *ordo salutis*를 제공하고 있다는 주장과 크게 다르지 않을 것이다. 이러한 비유는 라틴어에서 *salutis*(영어의 *salvation*)의 어근인 *salus*가 "전체" 혹은 "완성"을 의미함을 고려할 때 좀 더 명확하게 이해된다.

이들 철학적 성인 발달심리학자들의 공헌에 대해 좀 더 깊이 생각해보자. 이들은 우리가 경험한 많은 위기들을 발달유형에서 이해할 수 있다는 말로 위로하면서, 우리의 개인적인 변화의 경험들에 이름을 붙이고, 이를 도식화했다. 그들의 도움으로 우리는 병리학적 연구에서 나온 진단명과 분류에 대한 의존을 줄일 수 있게 되었다. 철학적 발달심리학자들은 우리의 불편함의 대부분을 "죽음에 이르는 아픔"으로 이해하기보다는, 발달적 변화인 "새로운 건강에 이르는 아픔"으로 이해할 수 있음을 알려주었다. 그들의 이론들은 우리가 인간의 생애과정 중 어디쯤 있는지를 결정할 수 있도록 하는 기준점들과 불빛들을 제공한다. 이 이론들은 다음 단계를 위한 방향과 도전들을 고려할 수 있는 안내와 용기를 제공한다.

2장과 3장에서는 네 명의 철학적 성인발달이론들의 관점을 함께 연구해볼 것이다. 2장에서는 에릭 에릭슨Erik Erikson, 다니엘 레빈슨Daniel Levinson, 캐롤 길리건Carol Gilligan의 이론에 주목할 것이다. 3장에서는, 나와 동료들이 비슷한 방법으로 이론화한 신앙발달이론을 다루게 될 것이다.

이 이론들에 관한 연구와 경험적 기초들에도 주목해야 하겠으나, 이 책의 목적을 위한 원칙적인 관심은 다른 곳에 맞춰져야 한다. 우리의 주된 관심은 각 이론이 보여주고 있는 인간 존재의 심리적 윤리적 성숙을 향해 씨름하는 인간의 이미지들-전체성과 완전함을 지향하는 인간 행위의 이미지들-을 확인하는 데 있다. 우리는 이 발달이론들을 인간의 성장과 발달의 질과 방향 모두에 대해 자세하게 말해주는 이야기 구조 혹은 성숙의 신화myths of becoming인 것으로 다루게 될 것이다.

현대의 신화들과 철학적 진술들처럼, 우리는 최근의 발달심리학 이론들에 주의를 기울이고 비판적으로 평가해야 할 것이다. 우리는 그 이론들의 서술적 타당성에 관한 주장을 평가해야 한다. 여기서 타당성이란, 그들의 주장이 과학적 연구결과여야 한다는 것이다. 그러나 이 특정한 주제에 대해서 어느 정도까지는 동등함 이상의 중요성을 가지고, 우리는 윤리적이고 신학적인 적절성의 규범들이 지닌 성숙의 신화들에도 관여해야만 한다. 다른 말로, 우리는 이 이론들을 유사-윤리학자, 유사-신학자로서 다뤄야 한다.

그런데, 나는 왜 나 자신을 포함한 성인 발달이론가들을 대부모들gossips이라고 주장하려는 걸까? 이런 말이 나오게 된 이유는, 이 저작들을 폭넓은 청중들에게 매력 있게 만드는 부분이, 성인 발달이론가들이 연구에서 나온 사례들을 흥미롭게 확장해서 사용하고 있다는 사실을 유머러스하게 인식하게 된 데에서 시작되었다. 일상적인 현대 생활에서, 우리는 공동체와 이웃과의 관계 속에서의 관계성과 여가를 놓치고 있다. 그 안에서의 여가와 관계성은 남에 대한 가벼운 이야기들gossips을 불확실한 형태의 즐거움뿐 아니라, 삶의 통찰과 지혜의 중요한 자원이 되게 만들기도 하는데 말이다. 어느 날, 나는 옥스포드 영어사전*Oxford English Dictionary*에서 *gossip*의 어원을 찾아보았다. 거기에서 나는 성인 발달이론가들을 대부모gossips들이라 언급한 것에 대한 더 심오한 이유를 발견했다. *gossip*이라는 단어는 *god*과 *sib* 두 개의 어근에서 왔는데, sib은 "akin(-과 유사한)" 혹은 "related(-과 연관된)"을 의미한다. 두 어근을 함께 놓으면, "세례식의 증인처럼 행동함으로써 다른 사람과 영적인 관계성을 약속해 온 사람"을 의미한다. 따라서, gossip은 원래 세례에서의 대부, 대모 혹은 세례를 받았다는 것에 대한 또 다른 증인이었다. 이 놀라운 16세기의 gossip에 대한 이해로부터, 그 단어는 오늘날의 보편적인 용도로 재생되었다. "가볍고 하찮은 성격의 사람, 특히 쓸데없는 이야기를 즐거워하는 사람, 소문을 퍼뜨리는 사람, 수다쟁이"를 의미하는 말이 되었다. *gossip*의 마지막 용도는 gossip을 중간 정도로 보게 한다. "쉬운, 특히 사람들이나 사회적인 사건들에 관한 통제되지 않은 말이나 글"로써 설명한다11).

성인 발달이론가들을 대부모들gossips로 표현한 것은 그 단어의 원래 의미를 되찾으려는 것이고, 대단히 중요한 통과의례에서의 증인으로서 역할을 감당하는 사람으로 표현하기 위한 것이다. 발달이론들의 서술체계들이 우리가 삶에서 통과해야 할 단계들에 대한 지원과 확인을 제공한다는 것을 시사하는 것이다. 또한, 우리가 우리의 동시대인들과 선대들의 삶에 대한 깊은 관찰로부터 인생에 관해 얻는 것이 많이 있음을 인정하는 것이다. 이 이론들을 특징짓는 연구결과를 조사하고 공부하는 훈련된 태도는 인생에 관한 연구가 지혜를 낳을 수 있다는 가능성을 극대화한다. 게다가, 성인 발달이론가들에 의해 사용된 연구 방법들은, 장기간의 인터뷰와 그들의 주제에 관한 협동연구의 관계를 포함하고 있는데, 이 방법들은 우리들의 인생을 살아가는 데에 필요한 통찰의 근거에 접근하는 독특하고 인도적인 태도를 제공한다.

---

1) James R. Boyd, *The Westminster Shorter Catechism*, 2nd ed. (New York: M. W. Dodd, 1856), with analysis, scriptural proofs, explanatory and practical inferences, and illustrative anecdotes.
2) Arlene Skolnik and Jerome Skolnik, eds., *Intimacy, Family and Society*(Boston: Little, Brown and Company, 1974), 15-16과 Tamara K. Harevan, "Family Time and Historical Time,"

Daedalus 106, no. 2 (Spring 1977): 62-63.을 보라.

3) the stimulating reflections on these matters offered by Tom Beaudoin in *Virtual Faith: The Irreverent Spiritual Quest of Generation X* (San Francisco: Jossy-Bass, 1998).을 보라.

4) Daniel Yankelovich, *New Rules: Searching for Self-Fulfillment in a World Turned Upside Down* (New York: Random House, 1981).

5) 개별적-반성적 신앙 단계에 대한 참조는 신앙 발달에 대한 이론과 연구를 설명하는 4장에서 언급될 것이다.

6) 나는 마니가 이 메타포를 1968년과 1969년의 N.C. Lake Junaluska의 Interpreters' House에서의 강연에서 구두로 사용했다고 들었다. 마니의 일생에 대해서는 John J. Carey, *Carlyle Marney: A Pilgrim's Progress* (MaconL Mercer University Press, 1980)을 보라.

7) Robert Jay Lifton, *History and Human Survival* (New York: Vintage Books, 1971), 319.

8) Ibid., 318.

9) Robert Jay Liften, *The Protean Self: Human Resilience in an Age of Fragmentation* (New York: Basic Books, 1993), 1.을 보라.

10) Ibid., 8-9.

11) *The Compact Edition of the Oxford English Dictionary*, vol. 1 (New York: Oxford University Press, 1971), 1179.

chapter 2

철학자와 대부모로서의 발달이론가들
DEVELOPMENTALISTS AS PHILOSOPHERS AND GOSSIPS

에릭 에릭슨: 생산적인 성인기를 향하여

성인 발달이론들의 언어와 개념들은 우리의 일상 대화 속에 깊이 들어와 있다. 그러나 우리가 *정체성, 친밀감, 중년의 위기* 혹은 *개별적 존재* 등의 개념들을 사용할 때를 생각하면, 정교하게 만들어진 생애 주기 이론들이 설명하는 그 개념들의 기원과 이론 안에서의 위치들을 고려하지 않을 때가 종종 있다. 이 연구에 착수하여 현대 철학적 심리학자들을 이러한 관점에서 조망하는 차후의 논의들을 진행하는 목적은 인간의 생애에 대한 그들의 발달적 관점들을 전체적으로 개괄하여 효율적으로 제시하고자 하는 것이다. 이 글에서 나는 성인 발달이론가들이 "단계들"과 "변화들"에 관해 이미 상세하게 말해온 것들을 길게 반복하기보다는, 오히려 그들이 인간의 운명과 전체성에 관해 우리에게 가르쳐준 것이 무엇인지에 초점을 맞추려고 한다. 나는 독자들이 에릭 에릭슨, 다니엘 레빈슨, 캐롤 길리건의 연구들이 생명력을 불어넣은 인간 성숙의 비전을 볼 수 있도록 돕고자 한다. 어떤 인간 발달이론에서든 가장 흥미로운 측면은 마지막 단계의 성격이다. 어떠한 완성의 비전, 완전한 존재의 비전, 그리고 성숙의 비전이 발달의 단계나 시기에 관한 연구와 정의들에 영향을 미칠까?

따라서 나는 에릭슨, 레빈슨, 그리고 길리건을 윤리학자면서 동시에 철학자로서 접근해야 한다고 제안하는 것이다. 내가 여기에서 제공하는 단계들과 시기들에 대한 상세한 설명은 이 연구자들의 착한 남성/여성상을 규명하려는 우리의 노력에 보조적인 작업이 될 것이다.

에릭 에릭슨은 '*아동기와 사회Childhood and Society* [1]'를 출판한 1950년 이후로, 우리 사회에서 전문가의 역할을 맡게 되었다. 대학의 인격이론 과정에 있는 학생들과 대학원의 심리학, 사회복지학, 신학 과정에 있는 학생들에게, 에릭슨의 유명한 "생애 주기의 8단계" 이론은 자신과 타인에 관한 유익한 이해의 길을 열어주었다. 분명 에릭슨은 생애 주기 연구의 선구자다. 그는 아동 심리분석가로 활동하면서, 아동에 관한 통찰력있는 저술을 했다(그는 안나 프로이트Anna Freud의 초기 정신분석 대상자였다. 안나 프로이트는 아동 심리분석을 함께 연구하기 위해서 에릭슨을 선택했다. 에릭슨이 몬테소리 교사로 훈련을 받았기 때문이다. 또, 에릭슨은 지그문트 프로이트Sigmund Freud의 영어권 환자들의 자녀들을 위한 작은 학교에서 아동들과의 작업에 그의 예술적인 배경을 창조적으로 사용함으로써 안나 프로이트에게 깊은 인상을 남겼다). 에릭슨이 미국으로 간 후 얼마 되지 않아, 그는 두 개의 미주 인디언 부족들에서의 아동 양육의 실제와 사회적인 기관들에 관한 인류학적 연구에 참가했다. 이후에 에릭슨은 특권계층 가정과 철강 노동자와 소작농 가정 모두에서의 문제 청소년들에 대한 전문 연구가와 치료자로 일했다. 그의 후기 경력 중에서, 에릭슨은 청소년과 성인들을 대상으로 한 치료사로서 계속해 온 일을 작가와 교사로서 성장하는 자신의 집중력과 통합시켰다. 그의 저작에서, 에릭슨은 젊은 마틴 루터, 토마스 제퍼슨, 마하트마 간디, 그리고 다른 이들에 관한 연구에 열중함으로써, 역사 심리학의 간학문적 영역의 기초를 놓는 데에 도움을 주었다2).

인간의 성장과 인간사회의 윤리적인 차원에 관한 에릭슨의 관심은 그의 연구에 주제와 논점을 성장시켰다. 그는 지속적으로 "건강한 인격의 성장과 위기들"3)에 관해 관심 있게 연구했다. 그는 사회들이 성장하는 과정에서 도덕적/비도덕적 덕목에 필수적인 강점들이 발달하는 개인들에 대한 지원을 어떻게 아동 양육과 가정 생활과 제도적 조정을 통해 제공할 수 있고 또 제공하고 있는지에 대한 연구에 이 관심을 연결시켰다.

에릭슨은 생애 주기에서 나이와 시기를 자신이 후생적 스케줄이라 부른 가능성과 도전들의 출현의 측면에서 본다. 스케줄에 따르는 신체의 성숙은 정신적이고 감정적인 발달에 대한 도전과 관련 있다. 동시에, 성장하는 개인은 사회 집단들과 기관들로부터 새로운 역할과 책임에 대한 지원과 요청을 함께 받게 된다. 에릭슨은 치료자로서의 연구 작업과, 이 연구와 다른 사회들에서의 연구자로서의 관찰들을 통해서, 발달하는 자아가 마주해야만 하는 도전들과 위기들이 끊임없이 새롭게 나타나 이어지는 것을 보게 되었다(에릭슨에게 있어서 *에고*ego는 적응, 조합, 그리고 감정과 인격 성장의 기조를 이루는 의미의 형성에 대한 폭넓은 무의식적 심리 활동들을 나타낸다). 에릭슨은 *위기*가 곧 "전환점turning point"과 관련된다는 것을 우리에게 남김으로써, 새롭게 발생하는 성격 발달의 위기들이 개인 인격의 종합적인 능력의 위태로운 시기를 나타냄을 알게 해 주었다. 각각의 갑작스러운 위기는 에고의 힘과 덕목이 새로운 차원을 갖게 될 가능성을 포함하면서, 동시에 인간성이 종합적으로 약화될 가능성도 포함한다.

에릭슨의 생애 주기에서 위기의 단계들을 잠시 살펴보면서, 그 위험성과 사람의 능력에 이바지할 가능성에 대해 생각해보자[4]. 첫 번째는 물론 유아기다. 여기서, 유아와 그가 최초로 관계하는 환경이 반드시 다루어야 하는 기본적 위기는 일관된 신뢰감의 형성과, 반대적 측면에서 영속적으로 깔려있는 불안과 기본적 불신감이 함께 수행되어야 한다. 이 최초의 단계에서의 *신뢰*와 *불신*은 모두 자아, 타인들, 그리고 환경과 함께 작용해야 한다. 아직 자아 개념이 명확하게 발달되지 않았다고 하더라도, "기질disposition"이라는 개념을 형성하게 된다. 여기서 기질이란, 한 사람이 속하게 된 세계에 대한, 그리고 그 세계를 이루며 환영해주는 사람들에 관한, 그리고 유아가 천천히 자아self로서 자각하기 시작하는 모든 감정과 진행 과정의 중심에 관한 깊고 영속적인 감정을 말한다. 돌봄과 일관성, 그리고 유아의 유기적인 "동물적 신앙"이 절대 제거되지 않는 기본적 불신의 존재를 극복하여 순조로운 신뢰의 균형을 갖게 될 때, (에고의 능력인) *희망*의 덕목은 자라나는 아동이 다음과 그 다음 단계들로 지니고 가는 영속적인 재능이 된다.

에릭슨은 2세 무렵의 유아기적인 에고가 수 개월간 새롭게 나타나는 *자율성*의 위기 대 *수치심*과 (자기) *의심*을 다루는 법과 씨름하고 있음을 알려주었다. 여기서 아동의 감정적이고 정신적인 성장을 지배하는 중요한 주제들은 최초의 타인들로부터 구별되는 과정을 수행해야 한다는 것이다. 문자적, 비유적으로 볼 때 유아는 "자신의 두 발로 일어서는 법"을 배우고 있는 아이를 말한다. 이 아이는 취약성과 의존성도 새롭게 깨닫게 되고, 첫 번째 종류의 자의식 안에서 보이는 것을 마음에 두게 된다. *수치심*은 자신의 부족함이 드러나는 것을 두려워할 때 드러나는 감정이다. *의심*은 "측정"할 수 있으나 절대 측정하지는 않을 기관 감각이다. 두 살짜리 아이가 무대에 올라선 이 드라마의 성패는 "공간"을 요구하는 개인의 능력이 성장하는 것과 타인들에게 그녀의 존재를 알아주고, 그녀를 향한 주의와 관심의 요구를 존중해달라는 요청을 할 수 있는 능력이 성장하는 것에 달려있다. 자주성의 측면에서 순조로운 균형은 아동의 행동에서-이후 성인의 주장하는 능력에서 처럼-*의지*의 덕목이나 능력을 통해서 나타난다.

 에릭슨은 조금 더 성장한 유치원 아동에게 증가하는 위기가 *양심*의 발달에 가깝게 초점이 맞춰지고 있음을 발견한다. 가족의 범위를 넘어선 인생을 준비하기 시작한 아동은 복잡한 내면화의 과정에서, 부모(그리고 초기에 중요한 사람들, 예를 들면 조부모)에 의해 갖게 된 기대감들과 이상적 열망들을 자신을 안내하는 체계와 자기표현구조를 지휘하는 부분으로 삼는다. 이 열망들이 지나치게 눈을 뗄 수 없을 정도로 가치 있는 조건들로써 제공되는 경우, 혹은 부모의 기대들과 행동이 서로 일치하지 않을 경우, 아동은 가족의 일원이 될 자격을 충족시키는 것은 불가능하다는 조건들을 마주하며 스스로 지나치게 위축될 수도 있다. 에릭슨은 오래전에 이 위기를 *주도성* 대 *죄책감*의 씨름으로 묘사했다. 주도성을 향한 순조로운 균형은 아동에게 자신의 열망들과 기대감들을 신뢰할 수 있는 권한을 주며, 또한 아동 *자신의* 열망들과 기대감들이 자신이 사랑하는 이들의 요구와 열망 사이에서 균형을 잡을 수 있게 한다. 경쟁과 투쟁은 자기 질책을 마비시키지 않아도 시작될 수 있다. 에릭슨은 이 성과의 강점을 구별하고, "목적"의 덕목으로서의 이후 발달 단계를 제시했다.

학창시절의 위기들이 인격의 전반적인 능력을 형성한다는 것의 공헌점은 *열등감*과 경험에 동반된 *근면성* 사이의 씨름을 시작하게 한다는 것이다. 학교 교육과 모든 사회에서 그에 상응하는 것들은 형식적이건 비형식적이건 간에 모두 사회적인 제도다. 이 제도는 어린이들이 기술과 학문, 그리고 사회적 협동의 방식들을 학습할 수 있도록 돕기 위한 돌봄을 말한다. 이러한 학습들은 나중에 어린이들이 사회의 유지와 재건의 드라마 속에서 어른으로서 효과적인 역할을 감당하는 사람이 될 수 있게 한다. 때로 이 일은 사회에 의해 부정적으로 진행되기도 한다. 때로는 어린이의 취학 전 경험이 감정적 혹은 다른 방식으로 학교생활에 대해 준비가 되어있지 않을 경우도 있다. 때로는 이사, 가족 안의 위기나 또 다른 분열된 상태들이, 기술의 발달과 그러한 발달이 가져오는 사회적인 인정을 확보하는 데에 요구되는 안정성을 가로막기도 한다. 그런 실패가 발생하면 어린이는 흔히 그 실패에서 느낀 열등감의 잔여물에 머무르게 된다. 이런 운영이 작용하면, 희망, 의지, 그리고 목적이라는 이전의 덕목들에 추가로 능숙함의 능력이 나타나게 된다. 여기서 *능숙함*은 이미 배워서 알고 있을 뿐만 아니라, 혁신과 변화를 요구하는 상황들 속에서 학습하는 *방법*까지도 알고 있다는 가벼운 자신감을 의미한다.

청소년기는 에릭슨에게 특별한 매력을 지닌 것 같다. 에릭슨의 자전적인 글에는, 자신의 청소년기가 자신의 인생에서 특별히 문제가 많았던 시기였다는 사실을 암시하고 있다. 에릭슨은 자신이 청소년기에 어디에도 속하지 못했다는 느낌으로 인해 고통스러웠던 경험을 진술한다. 그는 독일의 칼스루에시에 있는 그의 의붓아버지인 닥터 홈버거의 집에서 살 때, 반유대주의인 비유대인들로부터 유대인 취급을 받았다고 말한다. 홈버거의 회당에서는 푸른 눈과 북유럽 인종의 외모로 인해 유대인으로부터 "이교도" 딱지를 얻었었다. 독일어권 애국주의자에게 에릭슨은 억양 때문에 덴마크 사람으로 취급당했다. 에릭슨은 그의 의붓아버지가 자신에게 독일인들이 말하는 "긴 여행Wanderjahre"을 1~2년간 지원해 준 것에 지속적으로 감사했다. 이 여행은 혼자서나 친한 친구와 함께 긴 여행을 떠나면서, 먼 거리를 걷기도 하고, 독서를 하고, 예술과 문학, 정치를 논하기도 하는 시간을 갖는 것이다. 이 여행을 통해 얻은 경험이 에릭슨을 치유한 것으로 보인다. 우리는 에릭슨이 이러한 경험들에 대해 감사하는 마음을 청소년의 인생의 시기에 대해 *모라토리움*이라는 새로운 단어를 만든 것에서 볼 수 있다. 모라토리움이란, 가치 탐색과 계속되는 세계관에 대한 헌신으로 일시적이기는 하지만 폭력적인 시기를 보냄으로써, 너무 이른 시기에 경험하는 인생의 방향에 대한 지나친 속박으로부터 피할 수 있는 청소년기의 한 시기를 묘사하는 표현이다. 에릭슨은 청소년기에 나타나는 위기를 *정체성*을 추구하는 씨름으로 묘사했다. 이 씨름은 에릭슨이 말한 "*정체성 혼란*"의 상태로, 청소년이 자신이 재능, 잠재적인 역할들, 그리고 자아상의 종합적인 통합을 세우는 데에 있어서의 무력함에 저항하는 것이다. 일부 타인들에 대한 신의와 자신의 헌신의 이유들을 발견함으로써, 한 사람이 정체성의 통합과 자기인식을 경험하기 시작할 때, 그 사람은 이 단계에서 나타나는 덕목인 *충성*을 약속하고 실천할 준비가 된다.

젊은 성인의 주된 감정적 위기를 논의하기 위해서, 에릭슨은 *친밀감*의 개념을 주장했다. 친밀감의 개념을 통해 에릭슨은 "타인" 혹은 반대되는 사람들과의 밀접한 관계들 속에 있는 자아라는 위험에 대한 준비를 의미한다. 친밀감의 모형은 헌신하는 관계의 맥락에서의 성적인 사랑이다. 아주 본질적으로, 친밀감은 외적으로 표현된 헌신과 나눔의 요소를 요구한다. 그러나 에릭슨은 친밀감을 혼돈과 투쟁의 상황들, 지적이고 영적인 교제의 상황들, 그리고 다른 종교 혹은 문화적 배경을 가진 개인들이 자신들의 전통들의 진리를 깊이가 있으면서도 위협적이지 않게 함께 만나고 나누게 되는 상황들을 규정하는 것으로도 보고 있다. 젊은 성인의 이러한 차원을 비판적이게 만드는 친밀감의 반대개념은 *고립감*의 위험이다. 고립감 속에서 개인은 잠재적인 친밀감의 상황들을 통제하거나, 그러한 상황들로부터 도피하게 될 것이다. 친밀감의 더 역설적인 실패는 융합이다. 융합으로 육체적 또는 영적 친근함이 있을 수는 있으나, 이러한 친근함은 경계들을 모호하게 하고 구분을 깨뜨림으로써(또는 경계와 구분의 발달을 막음으로써), 진정한 친밀감을 이루는 일종의 교감을 먼저 방해한다. 친밀감을 지향하며 균형 있게 드러나는 것은 *사랑*의 덕과 힘이다.

에릭슨은 *생산성* 대 *정체감*의 개념에서, 증가하는 도전들의 특징으로 우리의 적응할 수 있고 회복할 수 있는 능력들이 중년기에 강조되어야 한다는 점을 주목했다. 우리는 잠시 이 위기와 그것이 함축하는 완전한 성인의 모델을 자세히 들여다볼 것이다. 만일 정체감stagnation이 중년기를 보내는 동안에 일시적인 순간의 연속보다 더한 것이라는 것이 증명된다면, 주된 의미에서 정체감은 자아 위에 감정적으로 휘어져 들어오는 존재의 상태를 의미한다. 오토 케른버그Otto Kernbeg의 언어로, 정체감은 중년의 "건강하지 못한 나르시시즘"의 형태들로 묘사된다. 에릭슨이 말한 것처럼, 자기 자신을 자신이 사랑하는 아이로 만드는 것이다. 정체감에 있는 사람은 허위 친밀감을 갖고 관계상의 결손을 만회하려 시도하지만, 거기에는 진정으로 자기를 내어주는 것이나 타인을 수용하는 것이 없다. 생산성이 정체감보다 더 클 때, 사람들의 삶은 내가 좀 더 요약해서 말하려고 하는 돌봄의 힘과 덕을 보여준다.

에릭슨은 노년의 감정적이고 발달적인 위기를 일종의 *통합성* 대 *절망감*으로 정의한다. 통합성은 자아 수용과, 자신의 삶을 가치 있는 것으로 확신하기 위한 기초를 발견해 온 삶의 결실이다. 통합성은 인생 주기의 각각의 시기들에서 주어진 역할들을 감당하고, 도전들을 마주하면서 고려된 감정을 수반하는 것으로 보인다. 그것은 완전함을 의미하는 것은 아니며, 후회가 없다는 것을 의미하지도 않는다. 통합성은 계속되는 인생의 흐름을 돌보고, 희망적으로 강화하면서 자신의 인생을 계획하는 방법을 찾아낸 것을 의미한다.

에릭슨은 사람이 경험들로부터 모으고, 고통과 기쁨으로부터 누적한 덕목을 *지혜*라고 부른다.

에릭슨의 인생 주기 이론에 관한 이 짧은 개관에서, 나는 에릭슨의 연구에서 철학적이고 윤리적인 차원들을 강조했다. 나는 에릭슨이 제공한 일부 주된 개념들로부터 현대의 소명적 이상을 세우기 위해 고려할 수 있는 것들을 끌어낼 수 있는 요점의 기초를 마련하려 하고 있다. 우리의 관심은 선한 남성/여성에 대한 에릭슨의 생각을 분명하게 하는 것이다.

이 요약을 공식화하는 데에 있어, 나는 돈 브라우닝Don Browning의 책 "*생산적인 사람Generative Man*5)"의 에릭슨에 관한 두 개의 장에서 많은 도움을 받았다. 브라우닝의 도움으로 나는 먼저, 에릭슨의 윤리적 비전-에릭슨의 성숙한 인격에 관한 규범적인 이미지를 포함하는-이 앞선 위기들과 그 위기들에서 나타나는 덕목들이 성인의 생산성을 만들어내는 힘들의 누적되는 통합에 공헌하는 방법을 알아봄으로써만 완전히 파악될 수 있다는 점을 알게 되었다. 브라우닝의 책에서 인용해 온 표가 내가 설명하려는 요점에 관한 도식적인 이해를 얻는 데에 도움을 줄 것이다(표 2.1을 보라).

요약하면, 성숙한 인격에 대한 에릭슨의 모델은 후생적 일정에서 경험되는 위기들에서 성공에 가까운 협상의 열매를 거두어 온 인격을 마음속에 그린다. 그것은 다음과 같다.

1. 성인이란, 인생에 종교적인 신앙이나 의미가 포함된다는 철학적인 신념에 기초하여 표현되는 강한 기본적 신뢰의 기초를 형성하고 재형성하는 사람이다.
2. 이런 개인은 만일 필요하다면 원칙의 문제에 관해 홀로 설 수

있는 능력인 독립성의 감각을 가진 사람이다. 이 사람은 분명한 정체성의 영역들을 소유한다. 정체성의 영역들은 한편으로 지나치게 냉담하게 거리를 두거나 다른 한편으로 지나치게 순응하는 친밀성이 없이, 분명하게 예 또는 아니오를 말할 수 있게 한다.

3. 성숙한 성인은 자주성과 목적의 능력을 소유하고, 그에 더해 실존주의자들이 말하는 "계획을 지니는" 능력을 소유한다. 연구에 기반하며 가치와 원칙의 선택을 고려하는 성숙한 의식을 가짐으로써, 성숙한 성인은 어린 시절의 가혹한 양심을 도덕주의자에 연관시킨다.

표 2.1 에릭슨의 발달적 상호관계들

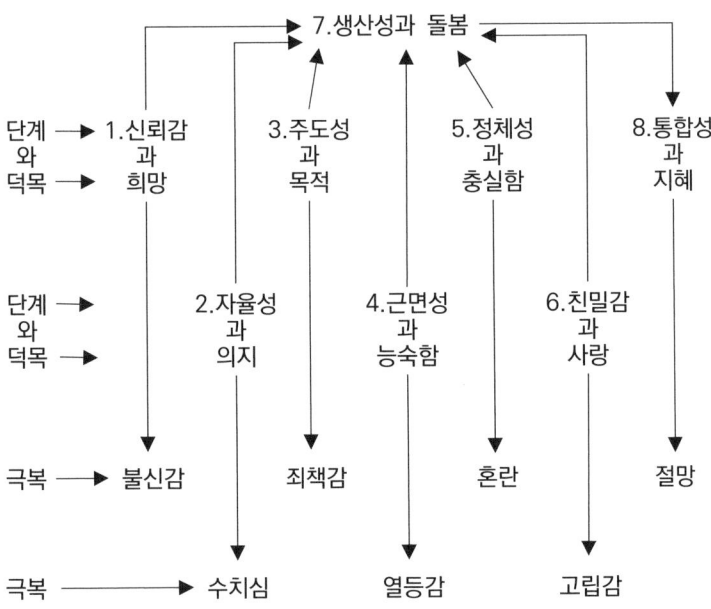

Don S. Browning, Generative Man: Psychoanalytic Perspective *(Philadelphia: Wstminster Press, 1972), 182. 허락하에 사용함.*

4. 생산적인 성인은 일할 수 있는 능력을 소유하고, 자신이 사회에 생산적인 공헌자로서 기능하며, 거기서 수반되는 역할들과 책임들을 효과적으로 감당할 수 있는 일련의 전문성 들을 발달시킨 사람이다.
5. 생산적인 사람에게 있어서, 성인의 정체성 개념은 종합적인 환경에 속하여, 개인적인 관계들, 역할들, 그리고 적성들뿐만 아니라 한계들까지를 포함하는 전 영역에서 협동할 수 있는 형태를 취한다. 이것을 브라우닝의 표현을 사용하면, "'너는 누구인가?'라는 질문에 대한 개인적으로 만족스럽고 공적으로 납득이 되는 대답을 소유하는 것"을 의미한다6).
6. 성숙한 사람이란, 자신을 상실하거나 타협하는 것에 대한 쓸데없는 두려움이 없이, 타인과의 밀접한 관계들에서 자신에게 주어질 수 있는 위협을 대할 수 있는 능력으로써, 확고한 정체감에 기반을 둔 친밀함과 준비성의 능력을 소유한 사람이다. 그에게는 친밀함의 상황으로부터 한 걸음 물러날 필요가 없을 뿐만 아니라, 지나치게 가까워지게 되는 것을 지배하거나 파괴할 필요도 없다. 일상적으로 표현한다면, 이것은 그러한 지속적인 친밀감이 수반하는 사랑과 헌신의 고급스러움의 구조를 유지하는 능력을 갖춘 성적 친밀감을 위해 준비된 상태를 소유하고 있다는 것을 의미한다(물론, 에릭슨이 전적으로 인식하고 있듯이, 사람은 이러한 능력을 연습하기 위해서가 아니라 직업적인 이유에 따라서 결정을 해야만 할 것이다). 이러한 친밀감을 위한 능력은 자신의 반대자로부터 도피하거나 파괴시킬 필요가 없는 갈등에 연루될 준비가 된 상태로 이어지며, 그것은 공유된 영감과 창조의 상황 속에서 그 사람을 견딜 수 있게 한다.

표 2.1에서 제안하는 것처럼, 브라우닝은 에릭슨이 생산성이라 명명한 성인의 특성을, 개인이 자아 발달과정에서 생성해내는 덕목이나 힘들의 정점과 통합으로 구성되는 것으로 이해했다. 에릭슨에

게 *생산성Generativity*은 분명히 창조성과 생산능력을 의미하지만, 동시에 그 이상을 의미하기도 한다. *세대generation*와 같은 어원에서 보면, 생산성generativity은 성인이 사랑과 일, 창조성과 돌봄을 통해서, 다가오는 세대들을 위해 그들의 개인적인 힘들을 각 단계에서 발달시킬 수 있게 하는 가능성들을 열어줄 조건들을 제공하는 방법들을 찾았다는 것을 의미한다. 에릭슨의 관점에서 보면, 정체감에 굴복한 사람들의 비극은, 그들의 삶의 초기에 상실했거나 획득한 적이 없는 것들을 바로잡거나 되찾으려는 노력에 그들의 주된 관심을 쏟는 과정에서 계속되는 세대의 순환을 강화시키는 일에 그들의 시간 내에 공헌자가 될 기회를 잃어버린다는 것이다.

만일 에릭 에릭슨에게 성숙한 성인이 되는 것이 무엇을 의미하는지를 묻는다면, 에릭슨은 중년과 그 이후 동안, 우리의 사랑과 일과 돌봄 속에서 인간 영혼의 힘을 유지하도록 공헌할 방법을 찾는 것을 의미하고, 다음 세대들에게 그들의 완전한 인간 능력의 발달을 위한 최선의 기회를 제공할 수 있는 사회생활의 조건들을 확장하는 방법을 찾는 것을 의미한다고 대답할 것이다. 에릭슨의 관점에서 보면, 그런 사람들은 죽음에 대한 슬픔과 두려움을 극복하거나 상쇄시키는 것으로써의 통합적 감각으로 노년과 다가오는 죽음을 마주할 수 있다. 비록 에릭슨은 이 관점에서 죽음 이후의 삶에 대한 믿음을 드러내고 있지는 않지만, 그는 분명히 의미와 헌신의 삶을 계속해야 한다는 믿음의 중요성과 필요성까지도 단언하고 있다.

에릭슨은 분명히 인간의 덕목과 능력의 발달에 대한 그의 관점이 사회 윤리와 상관관계를 갖는 것으로 보여야 한다고 생각한다.

에릭슨은 사회들이 사회 내의 각 구성원에게 생애주기의 각 단계에서의 덕목들을 발달시키기 위한 기회와 지원을 보장하기 위해서 만들고 있는-정부, 교육, 상업, 공업, 그리고 자발적인 연대들을 통해 만들고 있는-준비들을 비판적으로 측정해야 한다고 확신한다. 에릭슨은 이러한 능력들을 "덕목virtues"이라고 부르면서, 도덕적 덕목(정의, 공정성, 보편적 선에 대한 헌신, 착실함, 그리고 충성)의 가능성과 이들의 인간됨의 능력들 사이의 밀접한 상호의존에 주목한다.

 에릭슨의 사상계는 우리를 윤리적이고 규범적인 관점에서의 인간의 전체성의 방향으로 이끌어간다. 끝으로, 내가 말하는 것은, 현재와 미래의 세대들이 전 영역에서의 인간 덕목들을 발달시키게 하는 조건들을 다루는 것에서 삶의 실현을 이룰 있다고 분명히 제안하는 에릭슨의 관점은 예언적이고 종교적이라는 것이다.

다니엘 J. 레빈슨: 계절들과 지혜

 다니엘 레빈슨의 사상계로 돌아서면, 우리는 다른 공기를 마시게 된다. 에릭슨의 연구가 성경의 예언 문학에 조금 관련된다면, 레빈슨의 접근은 지혜 문학의 정신과 호흡을 함께 한다. 나는 레빈슨과 그 동료들의 '*남자가 겪는 인생의 사계절*The Seasons of a Man's Life'를 읽으면서, 전도서 3:1~8이 떠올랐다.

 모든 일에는 정해진 때가 있다. 그리고 천국 아래에서 일어나는 모든 일에는 때가 있다.

태어날 때, 그리고 죽을 때
심을 때와 심은 것을 거둘 때,
죽일 때와 치료할 때,
부숴버릴 때와 건설하여 세울 때,
눈물을 흘릴 때와 웃을 때,
슬퍼할 때와 춤을 출 때.
돌을 던질 때와, 돌들을 모을 때,
끌어안을 때와 안는 것을 피해야 할 때.
찾을 때와 잃어버린 것으로 포기할 때,
지키고 있을 때와, 던져버릴 때.
찢어버릴 때와 서로 꿰메어야 할 때,
침묵을 지킬 때와, 말해야 할 때.
사랑할 때와 미워할 때,
전쟁을 해야 할 때와 평화를 이루어야 할 때.

레빈슨은 생애주기의 어원과 이미지를 주의 깊게 살펴보았다. 그가 생애주기의 개념에서 찾아낸 두 개의 주요 요소들을 염두에 두고 그의 저술들을 살펴보면, "첫째, 시작지점(출생이나 기원)에서 종료지점(죽음이나 결론)을 향하는 과정 혹은 여정의 개념이 있다7)." (나는 에릭슨이 하버드에서의 생애 주기를 다루는 수업에서, 시작지점으로부터 종료지점까지의 이러한 운동에 대해 학생들이 농담 섞인 표현으로 한 말을 여기에 관련시켰던 것을 기억한다-학생들의 표현은 "자궁에서 무덤으로from womb to tomb," "흉상에서 먼지로from bust to dust," 혹은 "정자에서 세균으로from sperm to germ," 등 이었다.) 레빈슨은 이어서 말한다.

보편적인 인간의 생애주기를 말한다는 것은 출생에서 노년까지의 여정이 끝없는 문화적 개인적 다양성을 포함한 근본적이고 보편적인 패턴을 따라간다고 주장하는 것이다. 그 길에 동반되는 다양한 영향들이 이 여정의 본질이지만, 여정이 계속될수록 동일하고 기본적인 연속적 사건들을 따르게 된다.

둘째, *계절seasons*의 개념, 곧 생애주기 안에는 일련의 기간들 혹은 단계들이 있음을 의미하는 개념이 있다. 그 과정은 단편적이지 않고 계속해서 이어진다. 질적으로 다른 각 계절은 각각 고유의 독특한 특징을 갖고 있다. 모든 계절은 계절들이 갖는 공통점을 많이 포함하고 있다고 하더라도, 앞서거나 따라오는 계절과는 다르다. 계절들은 다양한 형태로 형상화된다. 1년 안에는 여러 계절이 있는데, 봄은 꽃이 피는 시기이고, 겨울은 죽음의 시기지만 또한 다시 태어남과 새로운 주기의 시작이기도 하다. 마찬가지로, 하루에도 각기 하루 동안의, 대기의, 그리고 심리적인 특성들을 지닌 계절들 -새벽, 정오, 황혼, 밤의 완전한 어두움-이 있다. 사랑하는 관계, 전쟁, 정치, 예술적 창조와 질병에도 계절들이 있다[8].

자신들의 연구에 기초하여, 레빈슨과 그의 팀은 우리의 인생을 각각 약 20년으로 나눠진 네 개의 큰 계절로 나눠서 보았다. 인생에서의 첫 번째 20년 정도의 나이는 아동기와 청소년기로 구성된다. 초기 성인기가 거의 두 번째 20년의 기간을 차지한다. 세 번째 20년은 중년을 이루고, 네 번째 20년 내외의 기간은 후기 성인기를 이룬다. 각각의 주요 계절들 사이에서 레빈슨은 약 5년 정도를 서로 중첩되는 과도기로 본다. 이 기간들은 우리가 말 그대로 한 계절에서 다른 계절로 이동해 가는 시기다. 이 시기들을 맞이하면서, 우리는 1월의 영어 이름이 유래된 로마의 신 야누스와 상당히 비슷해진다. 당신이 기억하는 것처럼, 야누스는 두 개의 얼굴을 갖고 있다. 하나는 과거를 향하고 있고, 다른 하나는 미래를 향하고 있다. 우리가 이 5년가량의 계절적인 과도기 중 하나에 이르는 시기에, 지난날을 보고 있는 얼굴은 우리의 관심이 끝나가는 시기의 과업들을 완성하고자 하는 곳을 향하고 있음을 상징한다. 앞날을 보고 있는 얼굴은 그 조각들을 다음 계절로 이동하기 위한 자리에 놓아야 하는 과업들에 대해 우리가 관련되고 있음을 보여준다.

레빈슨과 그의 팀은 그들의 연구의 초점이 되는 중요한 새로운 개념을 소개했다. 레빈슨은 이것을 "개별적 생애 구조"라고 불렀다. 적응할 수 있고 창조적인 해당 과업에 속한 개별적 자아ego에 주목했던 에릭슨을 따르는 대신에, 레빈슨은 진화해가는 생애 구조를 연구했다. 그가 이 개념으로 의미하고자 하는 것은 무엇일까? 우리 인생에서의 어떤 적절한 시점에서든, 당신의 *생애 구조* 또는 나의 생애 구조는 우리가 세상과 교류하는 역할들 그리고 일관된 관점들의 패턴과 같다. 생애 구조는 우리의 사랑하는 관계들, 가족 간의 연대들, 그리고 우리를 지탱해주는 친구 관계와 지인들의 네트워크 등을 포함한다. 이 구조는 우리의 여가활동과 시민으로서의 공적인 생활, 그리고 우리의 사적인 생활의 패턴들도 포함한다. 이 구조는 한편으로는 우리가 세계에 관계되는 모든 방식에 의해서, 다른 한편으로는 우리와 맺은 세계의 약속을 견뎌내는 모든 방식에 의해서 형성된다. 우리가 인생의 한 계절에서 다른 계절로 이동함에 따라, 우리의 삶의 구조는 발달과 수정을 겪게 된다.

레빈슨의 이론에서 *시간time*과 *존재being*는 서로 밀접하게 관계되어 있다. 한 계절에서 다른 계절로의 주요한 이동들은 시간과 관련된 수많은 지표의 집합점에 의해서 촉발된다. 우리의 몸은, 성숙과 노화에 의한 변화들과 함께, 시간에 대한 신체적인 지시자의 역할을 담당한다. 몸들은 시간의 경과에 대한 점진적이지만 실수 없는 단서들과 우리 자신들의 몸에 오는 그 결과들을 전해준다. 그 지표들은 모두 익숙하다. 체중 분포의 변화, 대사율의 변화, 우리가 먹는 데 필요로 하는 충격적인 음식의 양과 종류들, 머리카락들과 머리카락 색의 변화들, 체력 수준과 수면 패턴의 변화들, 자아상에서의 성의 의미의 변화, 그리고 그 외의 더 많은 것들이 이에 해당한다. 그래서 버니스 뉴가튼Bernice Neugarten이 우리의 "사회적 시간 시계Social time clocks"이라고 부른 것이 존재한다9). 이 시계들은 우리와 상호작용하는 사람들과 기관들로부터의 반응과 기대를 통해서 얻어지는, 성숙과 변화의 단서들과 지표들이다. 부분적으로는 우리의 사회적인 시간 시계들은 우리가 우리와 동등한 준거 집단들을 마주해야만 하는 것에 관한 문제다. 왜 동창회에서 만나게 되는 고등학교 졸업반의 다른 동창들은 모두 우리보다 더 늙어 보이는 걸까? 그러나 우리는 동시에 우리의 사회적인 시간을 우리 동료들-갑자기 우리 일터의 모든 사람이 우리 또래이거나 더 젊어지게 된다-의 나이와 지위를 따라서 말하기도 한다. 우리는 전도유망한 젊은 성인들이 되는 것(우리 자신들에게 뿐만 아니라 다른 사람들에게도)에서 우리의 특정 유형의 재능과 한계 안에서 꽤 잘 성숙한 사람이 되는 방향으로 이동한다. 사람들은 우리를 향한 그들의 응답들을 통해서 우리를 어느 정도의 연령대로 대하게 되는지를 말해준다. 교수에게 있어서 사회적인 시간 시계가 조정되는 가장 흥미로운 순간은, 그의 학생들이 어느 순간 자신의 자녀들보다 나이가 훨씬 어리고, 그 사실이 명확해지게 되는 순간인데, 그 교수가 자신은 이전 세대 사람이 아니라는 환상을 갖고 있다고 할지라도, 학생들의 관점에서 그는 이미 자신들의 부모세대 사람으로 보여지고 있는 것이다.

원래 40세 남성들을 대상으로 수행되었던 레빈슨의 연구는 이제 45세 여성의 경우를 포함하는 것으로 확장되었다[10]. 그의 근본적인 통찰과 주장은, 남성과 여성 모두에게 동일하게, 노화 과정에 대한 내/외적 단서들이 현재의 생애 구조들에 대한 근본적으로 다시 연구되고 평가되며 변형이 이루어지는 시기인 주된 계절의 시간을 우리에게 주기적으로 가져온다는 것이다. '*남자가 겪는 인생의 사계절*'에서 인용한, 그림 2.2의 표는 앞서 기술한 변이과정의 겹쳐지는 시간들에 의해 연결된 20년 단위의 패턴을 보여준다. 각각의 긴 계절들 안에서, 레빈슨과 그의 팀은 그가 "시기period"라고 부른 세 개의 종속된 단계들을 발견했다. 첫째는 구조-건설 단계로, 한 사람이 자신을 새로운 계절로 옮겨가게 하고, 그 안에서 자신을 세워가도록 하게 될 책무들과 관계들의 형태를 세워가는 시기이다. 그다음에는 두 번째 단계가 오는데, 이 단계는 근본적으로 새롭게 등장한 삶의 구조들을 시험하고 변경하는 시기이다(표에서 30세와 50세의 연령의 변화들). 계절은 한 사람의 인생의 계절들의 중요한 과업들을 완료하기 위해 노력하는 세 번째 시기에 마감되거나 끝나게 된다.

성인 발달에 관해 우리가 사용하는 용어들의 일부가 된 레빈슨의 개념의 또 다른 열쇠는 "꿈dream"과 "멘토mentor"를 포함한다. 레빈슨이 말하는 꿈의 개념은 젊은 성인에게 있어서 미래를 향해 투영될 자아관의 형성과 관련이 있다. 이 자아관의 형성은 젊은이에게 에너지를 주고, 운명과 목표에 대한 감각을 주며, 성인의 삶

표 2.2. 초기와 중기 성인의 발달 시기

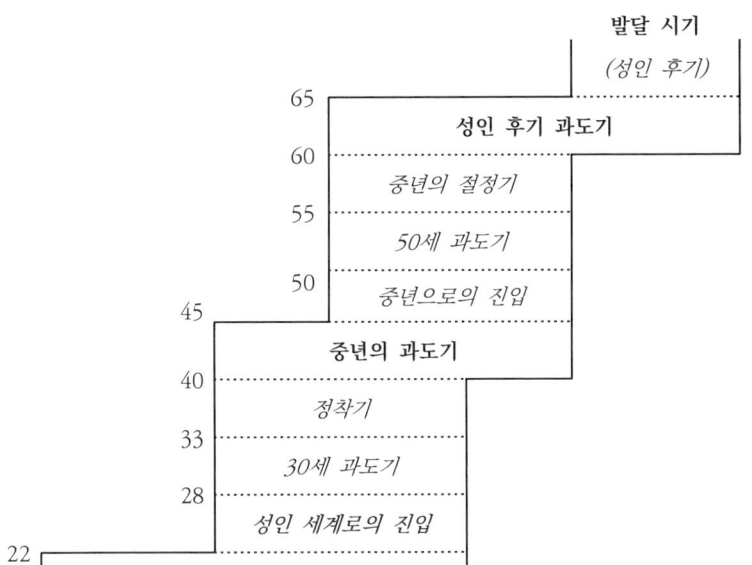

Daniel J. Levinson et al., The Seasons of a Man's Life
*(New York: Knopf, 1978), 57. Copyright©1978 by Daniel J. Levinson.
Alfred A. Knopf 社의 허락하에 재인용.*

의 모호함과 어려움들 속으로 결단력있게 뛰어들 수 있는 용기를 준다. 제4장에서 꿈의 개념에 대한 이야기로 다시 돌아올 것이다.

*멘토*와 *멘토링*이라는 용어는 최근에 광범위하게 사용되고 있는 동시에 오용되기도 한다. 레빈슨은 훨씬 더 제한적으로 사용하는데, 멘토는 멘토를 받는 사람보다 보통 7~20세가량 나이가 더 많은 사람이다. 멘토는 자신보다 어린 성인의 인생과 꿈에 대해 적극

적인 흥미를 느끼며, 그/그녀와 함께 특별한 종류의 우정 관계를 형성하는 돌봄의 관계를 발전시킨다. 이 특별한 우정 관계에서 연상의 파트너는 젊은 파트너에게 예상되는 동료 관계를 허락한다. 일반적으로 이것은 그들이 공유하는 흥미의 영역에서 시작되거나 발전되는 과정에서의 실제적인 도움을 포함하고, 이것은 그들이 상호 간의 가르침과 나눔에 연관된 특권을 가진 관계임을 의미한다. 이 관계는 어린 사람의 잠재성에 대한 지지를 보여주고, 그/그녀를 그 세대에서 눈에 띄고 유망한 사람으로 인정받게 한다. 성공적인 멘토링 관계들은 7년에서 10년 혹은 그보다 더 길게 지속할 수 있다. 그들의 관계가 끝나게 되는 가장 좋은 시기는, 어린 사람이 일과 능숙함을 획득함으로써 동등한 동료가 되었다는 것을 상호 간에 인정하게 되는 때다. 그러나 종종, 그들의 관계는 불화로 끝나기도 하는데, 그 원인은 멘토가 그 관계를 통제하려는 노력을 계속하려 하거나, 어린 동료가 더 젊은 동료들과 독립하고자 할 때 멘토가 거절하는 경우가 원인이 되고는 한다.

내 판단에는, 이런 아주 제한되고 배타적인 개념인 멘토링과, 내가 후원자라고 말하는 덜 포괄적이면서 더 단기적인 관계를 서로 구별할 필요가 있다. 후원자 관계에서는 좀 더 경험이 많은 사람이 다른 사람에게 하나의 지역이나 기술, 또는 상황을 소개하는 데에 있어서 너그럽고 활동적인 역할을 감당한다.

레빈슨의 연구와 이론이 설명하는 방법에 따르면 더 많은 것들을 제공받을 수도 있다. 그러나 레빈슨을 다루고 있는 나의 의도는 에릭슨과 마찬가지로, 완성된 인간의 일생에 대한 우리의 이해에 대해 그가 공헌한 바가 무엇인지를 묻는 것이다. 우리의 성인 발달심리학의 평가에서 보면, 그가 최근에 나타난 "소명적 이상 vocational ideal"의 한 부분을 제공한 것으로 볼 수 있지 않을까? 그가 우리에게 가르쳤어야 하는 선한 남성/여성의 윤리적 이미지들은 무엇일까?

레빈슨의 연구에는 존재와 시간의 상호작용을 심각하게 다루어야 함을 명백하게 가르쳐주는 중요한 지혜가 있다. 그는 융단을 펼쳐볼 때 우리의 안목과 판단과 평가에 대한 최선의 노력이 필요한 것처럼, 그와 같은 노력을 담아 우리 자신과 타인의 삶을 발전과정인 것으로 보라고 가르친다. 레빈슨은 우리의 삶이 너무 갑자기 변하거나 거꾸러지도록 굴복하는 선택을 하지 말라고 충고한다. 그는 우리 삶의 주위에 있는 어떤 것도 무신경하게 뿌리 뽑거나 밀쳐내지 말라고 충고한다. 그는 우리 삶에서의 실질적인 변화들은, 비록 그것이 회심 경험의 결과라 할지라도, 수개월 혹은 수년 동안의 통합되고 재통합되는 작업이 필요하다는 것을 알고 있다. 그는 우리에게 너무 크게 서두르지 말고, 우리 생애의 계절들 각각의 변화들과 기회들에 전적으로 몰두하라고 주의를 준다. 그리고 그는, 자신의 분석들과 이론들을 통해, 우리가 우리 자신들-우리 삶의 결정들과 헌신들-을 정말 매우 신중하게 다루어야 한다고 주장한다. 종교인들이 때로 불쾌하게 생각하는 방법 중에, 레빈슨은 우리의 기대감들과 요구사항들이 우리의 삶의 구조들을 살아갈 만하고 진정으로 만족스럽게 만든다고 생각하는 고려할만한 현실주의를 표방한다.

레빈슨의 접근은 또 다른 방법에서도 현실주의적이어야 한다고 충고한다. 그는 모든 삶의 구조들이 어떤 중요한 점에서 결점이 생기고 불만족스럽게 될 것인지 안다. 완벽한 직업은 없으며, 완벽한 결혼도 없고, 개인적인 삶과 공적인 삶에 완벽한 균형도 없다. 그의 연구는 어떤 갑작스럽고 극적이며 최종적일 수 있는 변화로 일들을 고쳐내려 시도하기보다는, 우리들의 삶에서 그다지 대단해 보이지 않게 증가하는 변화를 이루는 것에 관해서 생각하라고 충고한다. 성경의 지혜 문학처럼, 레빈슨은 어떤 뜻으로는, 일들이 변화되어 갈수록, 그 일들은 더 똑같이 머물러 있으리라는 것을 알고 있다.

나는 칼 융의 저서에서 찾게 되는 것-변화하려는 사람은 프시케가 이끄는 힘 혹은 프시케만의 깊은 영적이고 상징적인 활동에 의존한다고 하는 것-과 같은 제안을 레빈슨에게서 찾는 것이 아니다. 확실히 성령의 인도하심에 의존한다는 이야기는 없다. 대신에, 레빈슨은 이성적인 성찰과 타인들에 대한 우리의 선택의 영향, 그리고 우리 고유의 실제적인 기대들과 감정들에 의해서 안내받는 우리의 삶에 대한 사려 깊은 실험들의 결합을 요구한다. 레빈슨의 관점에서 보면, 사람은 그/그녀의 꿈을 좇는 우수성과 방향성에 대해서, 최종적으로는 사회뿐만 아니라 신을 향해서도 책임이 있다. 그가 시사하는 바에 따르면, 우리는 우리의 삶의 구조와 생애주기에 대한 만족에 대해, 최종적으로는 우리 자신에게 책임이 있다. 그는 우리를 일종의 현실주의와 허심탄회함으로 초대하며, 우리 스스로를 타인이 말하는 의무적인 일과 당연한 일들에 대해 바보가 되게 하지 말라고 부탁한다. 그의 윤리적인 접근은 공리주의-우리 자신의 개인적인 관심과 가치에 초점을 맞춘 공리주의적 계산-를 표방한다. 선택과 결정들은 결국에는(그리고 레빈슨은 적어도 네 개의 긴 계절로 예상한다) 그것들이 우리 삶의 과정과 우수성에 대한 우리 자신의 만족함의 전망에 이바지한다면 그것으로 충분하다.

캐롤 길리건: 책임적 자아에 이르는 두 가지 길

캐롤 길리건은 에릭 에릭슨이나 다니엘 레빈슨보다 젊고, 덜 유명하지만, 그녀는 중요하게 다뤄져야 할 목소리로써 매우 빠르게 등장했다. 그녀는 "*다른 목소리: 심리학적 이론과 여성의 발달 In a Different Voice: Psychological Theory and Women's Development*"을 저술했다[11]. 인간 전체의 발달심리학적 이미지들을 평가하는 데에 길리건이 기여한 바를 파악하려면, 우리는 그녀의 하버드 동료이자 친구인 로렌스 콜버그Lawrence Kohlberg의 연구를 조금 살펴보아야 한다. 25년간 콜버그는 인간의 도덕 판단능력의 발달에 관한 연구와 저술을 했다. 그의 연구는 전 연령층과 수많은 다양한 문화권의 사람들에게 도덕적 딜레마들을 제시하고 그들에게 대답을 요구하는 방식으로 진행되었다. 전통적인 도덕적 문제들을 다루고 있는 이야기들이 제기하는 질문 주제에 대한 구두 응답들에 기초하여, 콜버그와 그의 연구원들은 사람들의 도덕적인 주제들에 관한 인식과 사유의 방식들을 특징짓는 구조적 단계들의 순서를 발견하게 되었다. 그는 이 단계의 순서가 불변의 것이며, 모든 문화권에서 발견되는 것이라는 자신의 주장을 입증하기 위해 인상 깊은 경험적 연구를 수행했다.

콜버그는 의도적으로, 그리고 책임감있게 그의 경험적 발견들을 서양의 도덕 철학과 윤리학의 전통에 연결했다. 그는 각각의 경험적 단계가 앞선 단계들보다 철학적 발전을 보여준다는 것과 각 단계의 이후의 단계는 일부 중요한 방법에 있어서 "더 낫다"는 점을 강조한다. 여기서 "더 낫다"고 하는 것은, 종합적이고 지속적이라는 개념의 측면에서 바로 이전 단계에 있는 사람들보다 더 낫다는 것을 의미한다. 따라서 그는 자신이 기술한 단계들의 순서는 단지 서술적인 것일 뿐만 아니라 규범적인 것이기도 하다고 주장했다12).

수년간 콜버그의 연구가 진행되면서, 그와 연구원들은 남성과 여성 모두가 점차적으로 단계의 과제들에 제시되는 도덕적 딜레마에 대한 여성들의 대답들에 나타나는 특이한 양식에 주목하기 시작했다. 남성들보다 훨씬 더 많은 수의 여성들이 콜버그 이론의 3단계인 대인 관계적 단계 혹은 상호 간의 대인관계의 범주에 속했다. 이 단계는 개인의 도덕적 판단들-그리고 함축적으로는 개인의 자아개념-이 사회적 역할들에서의 필요와 소중히 여기는 타인들의 기대들로부터 유래하는 단계다. 연구의 대상 중 남성과는 상대적으로, 극소수의 여성들만이 콜버그 이론의 4단계인 사회 조직과 의식의 단계에 속해 있었다. 4단계는 사회를 더 크게 바라보는 관점의 취득을 요구하며, 경우에 따라 사회를 규칙들과 역할들의 갈등이 있는 네트워크로 바라보기를 요구한다. 4단계의 도덕적 합리성은 개인이 규범과 역할들, 그리고 상관관계적인 요구들을 균형 있게 정리할 수 있는 일종의 자아성찰성을 요구한다. 3단계를 넘어선 단계에 속한 콜버그 연구의 표본들 중에서 비교적 적은 수의 여성들의 경우, 4단계보다는 오히려 5단계인 사회적 계약 지향 단계에 속해 있는 경향이 있었다.

　하버드 대학에 있는 콜버그의 도덕 발달 센터에 소속되었던 길리건과 다른 여성 연구자들 중의 일부는 콜버그의 딜레마에 대한 여성 응답자들의 전형적인 대답들을 조금 더 자세히 보기 시작했다13). 그들은 남성들과 여성들의 대답들 사이에 중요한 차이가 있는 부분이 있음에 주목하기 시작했다. "하인즈 딜레마"는 콜버그가 그의 연구에서 광범위하게 사용했던 잘 알려진 가상의 이야기다. 이야기에서 유럽인인 하인즈의 아내는 어떤 암에 걸려 죽어가고 있다. 하인즈의 동네에 사는 약제사는 하인즈 부인이 걸린 것과 같은 종류의 암을 치료하는 데에 효과적인 약을 연구하여 개발해냈다. 하인즈는 그 약을 구하기 위해서 노력했다. 약제사는 그 약을 만드는 데에 필요한 라듐의 가격이 겨우 $200밖에 되지 않는데도, 약값으로 $2,000을 요구했다. 하인즈는 할 수 있는 모든 방법으로 노력했지만, $1,000밖에 만들지 못했다. 약제사는 하인즈에게 그 가격에 약을 팔지 않는다. 하인즈는 악에 받쳤다. 딜레마 이야기는 "하인즈는 약을 훔쳐야 할까?"라는 질문으로 끝난다.

　이 질문에 대한 대답에서, 대부분의 소년들과 남성들은 예 또는 아니오로 대답하고, 계속해서 질문과 대답을 이어가는 과정에서 자신이 선택한 대답에 대한 정당성을 부여하는 경향이 있었다. 반면에, 소녀들과 여성들이 이 질문을 받았을 때는, 종종 그녀들은 스스로 제기한 몇 가지 질문들을 했다. 그 질문들은 "하인즈와 그의 아내 사이의 관계는 어땠나?" "하인즈와 그의 아내는 더 큰 규모의 공동체에 어떻게 연관되어 있었나?" "더 큰 공동체 안에서 그들의 친구들처럼 그들이 의지할 수 있는 사람은 있는가?" "누군가가 약제사에게 그의 판단을 바꾸도록 영향을 줄 수 있지 않았을까?" "누군가가 그들에게 돈을 더 만들 수 있도록 도와줄 수 있지 않았을까?" 등이다. 연구자들은 이러한 종류의 질문들을 만나게 되면, 이 이야기의 자세한 부분들은 질문되거나 바뀔 수 없다고 대답하도록 훈련되어 있었다. "단지 딜레마를 듣고 하인즈가 어떤 선택을 해야 했는지에 관한 당신의 최선의 판단을 말하세요." 어떤 면에서 그 지시는 이러한 종류의 의문이 발생한 개인들이 단순히 쟁점을 피하려고 한다는 것-하기 싫지만 피할 수 없는 일을 감당해야 함에도 피하고자 한다는 것-을 암시하기도 한다. 이러한 방식들로 대답했던 사람들은 대인관계 일치 단계의 범주에 속하는 경향이 있었다.

결국, 길리건과 다른 연구자들은 그렇게 많은 여성이 대인관계 일치 단계에 "점착되어" 있는 것처럼 보이는 이유와, 그녀들이 정말로 그 단계에 머물러 있는 것인지를 질문하기 시작했다. 연구자들은 여성들이 일련의 딜레마들에 대답하는 데에 사용했던 논리를 더 자세히 보기 시작했다. 여성들의 대답 논리를 재고할수록, 길리건과 다른 연구자들은 여성들이 그와 같은 도덕적 상황들에 대해서 대부분의 남성과 근본적으로 다른 방식으로 지각하고 해석한다는 의심을 품고 연구를 진행해나갔다. 길리건의 관점에서 볼 때, 여성의 전형적인 논리는 남성들보다 발달이 미진하거나, 덜 세련된 것이 아니라, 아주, 완전히 다른 것이었다.

이러한 잠정적인 통찰들에서 흥미를 강하게 느끼면서, 길리건은 여성들에 대한 독립된 연구를 추구했다. 그녀는 여성들을 인터뷰하기 위해서 표준화된 콜버그의 딜레마들도 사용했지만, 여성들이 실제로 직면하는 실제 생활의 결정들도 함께 고려하는 방법을 선택했다. 이런 종류의 세 가지 연구들의 자료를 정리해가면서, 길리건은 점차 다른 종류의 도덕적 해석과 추론의 윤곽을 알아볼 수 있게 되어갔다. 그녀가 만나기 시작한 여성들은, 그 상황에서의 행위자들과 영향을 받은 당사자들을 역사와 기대되는 미래를 지닌 관계망-결국에는 마지막까지 기대될 수 있는 관계망-에 함께 엮인 상태로 보려는 성향을 갖고 도덕적 선택의 상황들에 접근하는 것으로 보인다. 시간이 흐르면서 지속되고 변화하는 이 관계망은, 그 안에 속한 사람들 사이에서 전체로서의 관계의 네트워크에 대한 책임뿐만 아니라 개인들 서로에 대한 책임을 함께 수반한다. 따라서, 도덕적 행동들에 관한 결정들은 현재와 미래에 모든 관계망에 끼치게 될 그 행동들의 영향력의 측면에서 만들어져야 한다.

길리건이 콜버그가 제공했던 그림과 대조적으로 발견해 낸 이 관계적인 논리는 콜버그의 도덕 발달 과정에 있는 80여 명의 소년들과 남성들에 대한 초기의 연구에 근거를 둔다. 남성들은 발달해가면서, "여기에 적용되는 규칙은 무엇인가?" "여기에 성패가 달린 권리는 어떤 것인가?" "내가 해야 할 일이나, 관련된 다른 사람들이 해야 할 일은 무엇인가?" "나의(또는 그들의) 의무는 무엇인가?" 그리고, "이런 종류의 상황에서는 어떤 원칙이 지배하고 있는가?" 등의 질문 형식의 도덕적 결정들에 접근하는, 더 자주성 있는 도덕 행위자로서의 이미지와 자기 기대를 강조하려는 경향이 있었다. 여기서의 기본적인 이미지는 왜곡된 가치들과 관계들을 멀리하려는 것과 개인적인 편견들을 극복하려 시도하는 것이다. 이 논리에 의하면, 도덕적 성숙을 이루는 길은 개인의 흥미와 가치의 편견을 극복 또는 상쇄하거나 어느 정도 무관심해지는 것을 지향한다. 콜버그가 기술한 바와 같이, 도덕적 성숙이란, 자신의 요구에 맞서는 타인들의 요구들에 대해 바르게 균형 잡을 수 있게 하려고, 타인의 관점을 취득하는 능력이 발전하는 것을 의미한다. 이는 본질적으로 영원하고 보편적인 원칙들을 사용하는 것을 의미하며, 만일 특정한 관심들 혹은 애착의 뒤틀림이 없이 적용된다면, 그러한 원칙들은 어떤 상황이라도 정당한 결과들을 산출할 것이다. 따라서, 도덕적 성숙은 시간과 명확한 사실들로부터 특정한 상황들에 관여하지 않는 것에 관련되며, 그와 마찬가지로 영원하고 보편적인 원칙들의 도움으로 도덕적으로 동의하지 않는 주제들에까지 접근하려는 노력도 포함한다.

내가 기술하고 있는 두 개의 논리를 분명하게 보여주는, 길리건이 보고한 두 개의 인터뷰들로부터 인용한 내용들을 간단히 살펴보자. 남자아이 제이크와 여자아이 에이미는 모두 밝고 분명하게 말하는 6학년 어린이들이다. 이 두 어린이에게 하인즈 딜레마를 생각해 볼 수 있게 했다. 제이크는 콜버그가 설명한 대로, 딜레마에서의 문제가 인간 생명의 가치와 재산 사이의 갈등으로부터 발생한다고 설명했다. 제이크는 처음부터 분명히 하인츠가 약을 훔쳐야만 한다는 입장이었다. 정당화 과정에서 제이크는 생명이 재산을 뛰어넘는 논리적 우선성을 갖는다고 단언했고, 그 입장은 확고했다. 길리건은 제이크를 인용하면서, "한 가지 예를 들면, 인간의 생명은 돈보다 가치 있어요. 그리고 만일 약제사가 단지 $1,000만을 갖게 되어도 그는 여전히 살아갈 수 있을 거예요. 하지만 만일 하인츠가 약을 훔치지 않는다면, 그의 아내는 죽게 될 거예요. (*왜*

생명이 돈보다 더 가치가 있지?) 왜냐하면 약제사는 이후에 암에 걸린 사람 중 돈이 많은 사람에게서 $1,000을 벌 수 있지만, 하인츠는 그의 아내를 다시 얻을 수 없기 때문이에요. (*왜 안 되지?*) 왜냐하면 사람들은 모두 다르니까, 그래서 하인츠의 아내를 다시 얻을 수는 없는 거예요."14)

길리건은 제이크의 대답에 코멘트를 달았다. "논리의 힘에 매료된 이 11세의 소년은 진실이 수학에 있다고 생각한다. 이 소년이 말하는 수학은 '유일하게 완벽하고 논리적인 것'이다." 인터뷰에서 제이크는 도덕적 딜레마를 "'말하자면 인간들에 관한 수학 문제 같은' 것이라고 생각"한다고 말했다. 길리건은 다시, "[제이크는] 도덕적 딜레마를 방정식으로 세워놓고 문제풀이를 위한 계산을 진행한다. 제이크는 자신의 문제를 합리적으로 풀어내면서, 이성을 따르는 사람이라면 누구나 같은 결론에 도달하게 될 것으로 추정한다"15)고 말한다.

딜레마에 대한 에이미의 대답은 분위기가 매우 다르다. 그녀는 덜 확신에 차 있어 보이고, 딜레마에 대한 분명한 풀이를 제시된 답 중에서는 얻어낼 수 없을 것으로 보인다. 길리건은 하인즈가 훔쳐야 하는지를 묻는 말에 대한 에이미의 대답을 인용한다. "'글쎄요, 나는 그렇게 생각하지 않아요. 나는 그것(약)을 훔치는 것 외에 다른 방법들이 있을 수 있다고 생각해요. 가령, 그가 돈을 빌리거나 대출을 받거나 또는 다른 방법을 만드는 거죠. 하지만 그는 정말로 약을 훔쳐서는 안돼요-하지만 그의 아내도 마찬가지로 죽어서는 안돼요.'"16) 길리건은 관찰한 내용을 추가한다. "왜 [하인즈가] 약을 훔쳐서는 안 되는지 묻자, [에이미는] 재산의 문제뿐만 아니라 법에 대한 것도 고려하지 않았고, 오히려 절도행위로 인해 하인즈와 그의 아내 사이에 약점이 될만한 영향을 받을 수 있다는 점을 고려했다. '만일 그가 약을 훔치면 그는 자신의 아내를 살릴 수 있겠지만, 그는 감옥에 가야 할 것이고, 그러면 그의 아내는 다시 더 아파질 것이고, 그는 더 이상 약을 구할 수 없게 되고, 그러면 그건 좋아질 수 없을 거예요. 그래서 그들은 정말로 말을 해야 했고, 돈을 만들 다른 방법을 찾아야만 했어요.'"17)

에이미의 대답들에 대한 길리건의 확장된 평가는 상세하게 인용될 필요가 있다.

딜레마를 인간에 관한 수학 문제가 아니라 지속적으로 확장되는 관계에 관한 이야기로 바라보면서, 에이미는 남편을 향해 계속되는 그 아내의 요구와, 아내를 향해 계속되는 남편의 관심을 마음속에 그리면서, 관계를 단절하기보다 오히려 지속시킬 수 있도록 하는 방법을 찾으며 약제사의 요구에 대한 응답을 구하고 있다. 마치 그녀가 아내의 생존을 관계의 보전에 연결시키고 있는 것처럼, "만일 그녀가 죽는다면, 그건 많은 사람에게 상처를 주고, 그녀에게도 상처를 주는 일"이 되기 때문에, 그녀가 죽도록 내버려 두는 것은 잘못된 일이라고 말하듯이, 그녀는 아내 생명의 가치를 관계의 맥락에서 생각한다. 에이미의 도덕 판단이 "만약 어떤 사람이 다른 누군가의 생명을 지킬 수 있는 무엇인가를 갖고 있다면, 그것을 그들에게 주지 않는 것은 옳지 않다"는 신념에 기초하기 때문에, 그녀는 딜레마에서의 문제를 약제사의 권리행사에서가 아니라, 그의 책임의 실패에서부터 일어난다고 생각한다18).

길리건은 여성들에게서 더 전형적으로 발견되는 이 접근을 "책임의 윤리"라고 불렀다. 우리는 콜버그가 "(도덕적) 책임 혹은 의무의 윤리"로 표현한 접근의 특징들을 묘사할 수 있었다. 만일 당신이 신학적 철학적 윤리사 과목의 학생이라면, 당신은 이 두 가지의 광범위한 대안들이 새로운 것이 아님을 알게 될 것이다. 당신은 책임의 윤리를 가진 길리건의 입장과, 신학자 리처드 니버H. Richard Niebuhr의 연구 사이에서의 분석을 보게 될 것이다. 니버의 책 *책임적 자아The Responsible Self*19)는 제 시기의 자아와 관계의 개념을 공유된 해석의 측면에서 도덕적 상황들을 이해하고, 미래의 사람들의 책임적인 행동을 예상하는 개념으로 매우 강력하게 발전시켰다. 아마도 당신은 신학자인 제임스 구스타프슨James Gustfson, 제임스 윌리엄 맥클렌던James William McClendon, 스탠리 하우어와스Stanley Huerwas, 그리고 크레익 다익스트라Craig Dykstra와 철학자인 아이리스 머독Iris Murdoch과 알래스데어 맥킨타이어Alasdair MacIntyre에 의해 발전된 "성격윤리"도 생각할 것이다. 길리건은 니버의 연구를 읽었다. 그러나 내가 생각하기에는, 신학적으로는 마틴 부버Martin Buber의 연구가 그녀에게 더 결정적이었을 것 같다.

콜버그의 연구에 대한 신학적인 분석들은 에밀 브룬너Emil Brunner와 젊은 칼 바르트Karl Barth처럼 하나님의 명령의 윤리 전통을 거론할 것이다. 철학적으로는, (도덕적) 의무와 (법적) 의무의 윤리가 임마누엘 칸트Immanuel Kant의 연구에서 가장 분명하게 성취되었다. 이런 종류의 의무론적 접근 중에서 현대에 가장 대표적인 것은 존 롤스John Rawls의 이상적 계약상의 정의 이론과 로데릭 퍼스Roderick Firth의 이상적 관찰자 이론이다.

길리건과 콜버그의 연구에 대한 이 분석들을 포함한 것은 유명인들의 이름을 거론하기 위해서가 아니라, 이 두 가지 도덕 판단

형성에 대한 지배적인 접근 모형을 확인하면서, 길리건과 마찬가지로 나도 우리가 이 대안들 사이에서 선택해야만 한다거나, 하나가 반드시 다른 하나보다 더 좋다거나, 한 가지가 다른 하나를 대신해야 할 것이라는 것을 주장하지는 않는다. 어쨌든 나는, 여성에 대해 더 전형적인 특성을 찾아낼수록 다른 접근에 비교해 덜 발달하였거나 더 혼란스럽게 하고 있다는 접근을 고려하는 실수를 저질러서는 안 될 것이라는 길리건의 단언을 지지한다.

이제 우리는 매우 흥미로운 질문들에 도달했다. 우리가 책임의 윤리라고 부른 접근은 우리 사회에서 왜 남성들보다 여성들의 특징에서 더 전형적으로 나타날까? 그리고 왜 콜버그와 다른 연구자들은 남성의 도덕적 단계의 연속을 발전시키면서, 그 안에 분리, 자주성, 그리고 권리, 의무와 책무의 윤리를 연관시켰을까? 길리건은 이 질문들에 대답했고, 그녀는 일부 대답들의 도발적인 출발점들을 최근의 심리 분석적 저작들에서 찾아냈다. 이 대답들은 아동기 초반의 엄마들과 그들의 아들들의 관계와 엄마들과 그들의 딸들 사이의 관계들과 함께 다뤄져야 한다. 길리건은 여기서 낸시 초도로우Nancy Chodorow[20]와 로버트 스톨러Robert Stoller[21]의 연구를 가져오는데, 이들은 각자 성 정체성의 형성에 어느 정도의 도움을 주는 연구를 진행했다.

이들은 소녀들의 자기 어머니와의 계속되는 관계의 상황에서 여성의 정체성이 형성된다고 말한다. 어머니는 자신의 딸들이 아들들에 비해서 자신과 더 비슷하고, 자신이 딸들에게 이어지고 있다는 생각을 경험하는 경향이 있다. 이것은 소녀들이 스스로 자신들의 어머니들과 비슷해지는 경험을 하도록 격려받는다는 것을 의미한다. 그 결과, 딸들은 자연스럽게 성장하는 과정에서 어머니와의 애착과 동일시를 발견할 가능성이 더 커진다. 이에 반해, 소년들에게는 딸들보다 자신의 어머니와 더 반대되거나, 자신과 다른 것 같다는 경험을 갖는 경향이 있다. 따라서, 이 연구자들은, 자녀들을 사회화시키는 과정에서 어머니들이 아들들을 딸들과 처음부터 다르게 대한다고 주장한다. 소년들은 자신의 어머니와 타인들로부터, 어머니와의 일종의 탈동일시와 분리를 요구하는 성 정체성을 향한 길을 시작하게 하는 강한 신호들을 받는다. 이러한 분리 신호를 받으면서, 소년들은 어머니에 대한 사랑의 모드와 감정 이입적 연결을 어느 정도 축소 시켜야 한다. 초도로우와 스톨러는 이러한 탈동일시와 분리가 소년들에게는 우리가 생각하는 것보다 더 충격적이고 어려운 일이라고 설명한다. 따라서 남성의 발달은 시작에서부터 어머니 같은 사람으로부터의 더 단호한 구별과 분리를 일으키며, 여성 어린이들의 발달에서 형성되는 것에 비해 경험된 자아의 경계들이 더 방어적으로 고정되게 한다.

낸시 초도로우는 앞에서 언급한 고찰들로부터 몇 가지 결론들을 도출한다. 그녀는 그것이 성 정체성 형성에서의 이렇게 다른 경험들로 인해, 소녀들과 여성들이 소년들에 비해서 약한 자아 경계들을 발달시키는 것은 아니라고 말한다. 하지만, 소녀들은 타인에 대한 공감과 친밀감의 능력들이 자기 존재가 되어가는 과정에서 더 중심적으로 나타나는 것처럼 보인다. 이러한 고찰들은 대응하는 남성 상대자들과 비교해 볼 때, 여성들에게 타인의 요구와 느낌들을 경험하는 것과, 타인들과의 정서적인 연대를 형성하는 데에 필요한 더 강한(그리고 덜 방해되는) 기초를 부여하는 것으로 보인다. 그러므로, 결과적으로 타인과의 감정적 동일시는 소년들에게서 가끔 보이는 데 비해, 소녀들의 자아에는 덜 위협적인 것이 된다. 모성적 모체로부터의 고통스럽고 위험한 분리의 역사를 부여받은 소년들의 경우, 감정이입과 친밀함은 자아 상실의 고통인 듯 위험하게 느껴지는 어머니와의 연합으로의 퇴행이라는 위협처럼 경험될 수도 있다.

나는 조금 뒤에 길리건과 그녀의 심리 분석적 정보제공자들에 대한 비판적인 문제를 제기하려고 한다. 그전에, 어쨌든 여성과 남성의 성 정체성 형성에 관한 이 논의의 함의를 요약해보자. 이 분석에서는, 아동기와 청소년기 동안, 그리고 젊은 성인기로 들어가는 동안에, 소녀들과 여성들은 소년들에 비해서, 삶에서의 친밀감의 관계들을 고려하는 연속성을 경험할 가능성이 더 크다는 것을 제안한다. 분리된 자아가 되기 위해서 에고의 경계를 더 강하게 발달시켜야 했던 소년들은 차이와 분리를 감당하는 역동성(그리고 방어들)을 학습해야 했다. 따라서, 여성들은 연결됨과 연대의 경험을 자신에게서 더 "타고난 것으로" 발견할 가능성이 있으며, 분리와 갈등을 더 문제 있는 것으로 인지할 가능성이 있다. 그와 대조적으로, 소년들은 경쟁을 덜 위협적이면서 더 즐길만한 것으로 인식하는 경향이 있지만, 대조적으로 연결됨과 친밀함이 그들에게 문제가 될 수도 있다. (길리건은 어린이의 놀이에 관한 자넷 레버Janet Lever의 대단히 흥미로운 연구를 일부 인용한다. 레버는 소년들이 놀이 할 때, 놀이 그 자체만큼이나 규칙에 대한 논란을 즐기는 것처럼 보이지만, 소녀들은 규칙을 두고 입씨름을 하는 것 보다 오히려 게임 자체를 끝내는 일이 잦음을 발견했다. 길리건은 이로부터 결론을 내리기를, 말다툼으로 친구 관계가 위협을 받을 수도 있다는 사실이 소녀들에게는 경쟁이나 놀이보다 더 중요하게 여겨진다고 보았다.)22)

이제 캐롤 길리건에 대한 비판적인 질문을 하자. 내가 말할 수 있는 한, 길리건은 소년들에게 일어나는 *부성적* 돌봄과 실제 경우들의 효과에서 기인하는 친밀감, 돌봄에 대한 발달상태에 대한 영향에는 관심을 두지 않았다. 또 그녀는 부성적 영향들을 소녀들이 자신을 타인들과 구분하여 홀로서는 능력의 한 요소인 것으로 다루지 않는다. 이 두 가지 고찰은 모두 근본적으로 중요한 것으로 보인다. 길리건은 스스로 자신의 저작과 발언에서 자신이 *모든* 여성과 *모든* 남성에 대해 완벽한 일반화를 하려는 것은 아니라는 것을 분명히 하기 위해 주의를 기울였다. 그녀는 많은 예외가 있고, 이러한 문제들에서 남성들과 여성들이 함께 다루어져야 한다는 점들을 알고 있었다. 두 가지 성 *모두* 갖춘 부모들부터 원인을 제공받는 것의 중요성을 고려한 방법들을 추구하는 것을 포함하여, 도덕발달에서의 성적 차이들을 명확하게 연구하는 심화된 연구가 절실히 필요하다. 그와 같은 연구는 남성과 여성의 도덕발달 사이의 부득이하게 날카로운 구분에 대한 제안을 충족시킬 수도 있다.

인간의 전체성과 완성의 이해에 대한 길리건의 공헌은 *도덕적* 성숙의 이미지에 특별히 주목한다. 그녀의 연구는, 도덕적으로 성숙한 여성 또는 남성이란 책임 윤리의 발달과정뿐만 아니라 권리와 의무의 윤리의 과정을 통해 이런 각각의 입장들이 타인들의 입장에 접근할 힘이 있는 지점으로 나아가는 사람을 의미하며, 그에 따라 그들이 통합적이 될 수 있다는 것을 함의하고 있다. 제이크와 에이미의 이상적인 도덕발달 궤도에 대한 길리건의 해설은 여기에 초점을 맞추는 데에 도움이 된다.

> 만일 발달의 궤도가 이 두 어린이의 응답을 통해서 그려졌다면, 그것은 상대적으로 다른 길을 따르게 되었을 것이다. 제이크의 경우, 발달이란 타인을 자신과 동등하게 보게 되는 것과, 평등성이 연결을 안전하게 만들어주는 것이 함께 발견되어야 한다. 에이미에게 발달이란, 확장되는 관계망 안에 자신이 포함된 것을 이해하고, 분리가 방어적이며 반드시 고립을 수반하는 것은 아니라는 것을 발견하는 것이 될 것이다. 발달이 이렇게 서로 다른 길들, 특히 분리와 연결의 경험들이 자아의 목소리와 함께 배열된 서로 다른 길을 따른다는 관점에서 볼 때, 소년의 발달을 양성 모두를 포함하는 청소년 성장의 유일한 발달과정인 것으로 간주하여, 이 발달과정으로 소녀들의 발달을 설명하려 하면, 지속해서 문제가 발생하게 될 것이다[23].

여성에게 있어서, 도덕발달의 궤도는 자신이 책임을 느끼는 사람들의 복지를 위해서, *자신들의 권리를 포함한* 사람들의 권리의 균형을 배우는 것을 의미한다. 어떠한 행동도 취하지 않는 것이 누군가에게 피해를 주지 않는 경우, 정확한 결과들을 결정하기 위해 규칙들과 원리들을 사용하는 데 대해 더 거리를 두는 능력을 발달시키는 것을 의미한다. (이것은 도덕적 결정 형성 전략의 일부이다. 우리는 때로 누군가에게 피해를 주는 결과를 피할 수 없을 때 도덕적 결정을 내려야 한다.) 남성에게 도덕적 완성을 향한 궤도는 더 전체적으로 생각하고 느끼는 법과, 지나친 무관심을 극복하는 것, 개인들을 관계 안에서 그리고 공유된 역사와 성숙한 책임성의 맥락 안에서 바라보는 법을 배우는 것을 의미한다. 그것은 남성들에게는, 지속되는 공동체들과 관계망들에 대한 책임과 효과적인 돌봄을 감당할 수 있는 능력을 강화하는 것을 의미한다.

길리건은 여성들의 도덕적 성숙과 남성들의 도덕적 성숙이, 앞으로 관련될 불가피한 긴장들과 모호함을 다루는 법과 함께, 권리와 정의에 대한 예리한 감각을 지닌 균형 있는 책임과 돌봄을 의미함을 가르쳐준다. 이것은 성숙한 성인기에 이루어지는, 우리 인생에서 남자다움과 여성스러움의 통합에 관한 중요한 차원이 될 것이다.

---

1) Erik H. Erikson, *Childhood and Society*, 1st ed. (New York: Norton, 1950).
2) 에릭슨의 저술과 삶에 관한 관점을 보려면, Erik H. Erikson, *Life History and the Historical Moment* (New York: Norton, 1975), chap. 1과, Robert Coles, *Erik H. Erikson, the Growth of His Work* (Boston: Little, Brown, 1970)을 보라.

3) Erik H. Erikson, *Identity and the Life-Cycle: A Reissue* (New York: Norton, 1980), 51-107.을 보라.

4) 고전적인 에릭슨의 8단계 이론은 Erik H. Erikson, *Childhood and Society*, 2nd ed. (New York: Norton, 1963), chap. 7.에서 볼 수 있다.

5) Don S. Browning, *Generative Man: Psychoanalytic Perspectives* (Philadelphia: Westminster Press, 1972).

6) Ibid., 78.

7) Daniel J. Levinson et al., *The Seasons of a Man's LIfe* (New York: Knopf, 1978), 6-7.

8) Ibid.

9) Bernice Neugarten, "Adult Personality: Toward a Psychology of the Life Cycle," in *Human Life Cycle*, ed. William C. Sze (New York: Jason Aronson Inc,. 1975), 389.

10) Daniel J. Levinson et al., *The Seasons of a Mans Life* (New York: Knopf, 1978), 6-7.

11) Carol Gilligan, *In a Different Voice: Psychological Theory and Women's Development* (Cambridge: Harvard University Press, 1982).

12) Lawrence Kohlberg, *The Philosophy of Moral Development* (San Francisco: Haper & Row, 1981).을 보라.

13) 콜버그의 이론과 연구에 대해 그 포괄성에 기초한 비평의 발생과 평가에 대해서는 다음을 보라: James R. Rest, *Development in Judging Moral Issues* (Minneapolis: University of Minnesota Press, 1979), 120-124; Mary Brabeck, "Moral Judgment: Theory and Research in Differences Between Males and Females," *Developmental Review* 3, no.3 (1983): 274-291; Lawrence J. Walker, "Sexism in Kohlberg's Moral Psychology?" in William M. Kurtines and Jacob L. Gerwitz (Eds.), Moral Development: An Introduction (Needham Heights, Mass.: Allyn & Bacon, 1995), 83-107.

14) Gilligan, *In a Different Voice*, 26.

15) Ibid., 26-27.

16) Ibid., 28.

17) Ibid.

18) Ibid.

19) H. Richard. Niebuhr, *The Responsible Self* (New York: Harper & Row, 1963).

20) Nancy Chodorow, "Family Structures and Feminine Personality," in *Women, Culture and Society*, ed. M. Z. Rosaldo and L. Lampher (Stanford: Stanford University Press, 1974)와 Nancy Chodorow, *The Reproduction of Mothering* (Berkeley: University of California Press, 1978). 을 보라.

21) Robert J. Stoller, "A Contribution to the Study of Gender Identity." *International Journal of Psycho-Analysis*, 45 (1964): 220-226을 보라.

22) Janet Lever, "Sex Differences in the Games Children Play," *Social Problems* 23 (1976): 478-487; and "Sex Differences in the Complexity of Children's Play and Games," *American Sociological Review* 43 (1978): 471-483.

23) Gilligan, *In a Different Voice*, 39.

chapter 3

신앙 발달이론과 인간의 소명
FAITH DEVELOPMENT THEORY AND THE HUMAN VOCATION

중간점검

앞 장에서 논의된 내용의 핵심을 요약하는 것으로 시작해보자. 에릭 에릭슨의 이론을 통해 우리는 생산적 인간성의 본질들을 형성하는 중년의 시기에 큰 덩어리로 통합되는 덕목과 힘들을 연구했다. 에릭슨의 연구에 따르면, 사람들과 제도들과 사회를 돌보는 일에 장기적으로 헌신하는 데 자신의 재능과 능력을 사용할 길을 모색하는 과업이 적어도 중년의 시기에는 매우 중요함을 강조한다. 이로써, 개인은 자기 삶의 주기 동안 세대들로 지속되는 주기를 강화하는 데에 공헌한다.

다니엘 레빈슨의 관점은 인생을 과정으로 보는 우리의 이해를 넓혀준다. 청소년들과 젊은 성인들을 과대평가하는 사회적 경향과는 대조적으로, 레빈슨은 존엄성, 창조성, 풍성함이 우리 인생의 네 가지 중요한 시기들을 각각 가능하게 한다고 주장한다. 레빈슨은 좋은 여성/남성에 관한 권위적인 규범을 제시하지 않도록 하는 대신에, "우리의 인생은 어느 시기에 있는가?"를 인지할 수 있고, 과도적 경험이 지닌 역동성을 어느 정도 이해할 수 있는 체계를 제공한다. 그가 제시하는 체계는 우리가 선택의 순간을 대하고, 결정을 내리고, 장기간의 노력을 유지하고 새롭게 하는 작업을 할 때 요구되는 방향을 설정하는 데에 도움이 될 수 있다.

캐롤 길리건은 우리의 성장이 지닌 조금 특별한 차원들에 대한 통찰을 제시한다. 도덕적 자아로 성장하는 데에 있어, 여성과 남성이 서로 다를 수도 있다는 것이다. 더 넓게 보면, 길리건의 저작들은 발달적인 성격을 전제하는 이전의 모든 "성숙의 신화들"을 아무 비판 없이 모든 사람 사람들에게 적용할 수 있는 서술적이고 규범적인 것으로 받아들이는 것의 위험성을 말한다. 길리건의 도움을 받아서, 우리는 인간의 전체성 혹은 완전성에는 균형이 요구된다는 것을 알게 된다. 여기서 균형이란, 한편으로는 타인들에 대한(그리고 타인들 사이의 관계성에 대한) 책임과 돌봄이며, 다른 한편으로는 자기 자신에 대한 관심과 돌봄 사이의 균형이다. 우리의 정신에서만이 아니라, 우리의 삶에서 이 균형을 얻기 위해서는, 유대감, 친밀함, 사랑, 그리고 의무에 대한 훈련된 헌신의 덕목도 필요하다.

지금까지 발달적인 "성숙의 신화들"에 대해 연구하면서, 우리는 신앙에 대해 명확하게 질문하지 않는 연구와 이론들만을 살펴보았다. 물론, 에릭슨도 인생에는 의미가 있다는 확신에 기초를 두고 표현되는 종교적이고 철학적인 세계관이 중요하다는 것을 인정한다. 그러나 그는 우리의 생애주기에서의 신앙의 역할이나 신앙의 발달에 대한 지속적이거나 이해할만한 방법에 주목하지는 않는다. 레빈슨은 놀라울 정도로 가치들이나 신념들을 거의 말하지 않는다. 레빈슨의 연구들에 적힌 대부분의 사람들과 그의 동료들은 자신들의 신앙에 대한 정보를 자진해서 말하지 않았다. 레빈슨과 동료들이 사용한 인터뷰 양식은 신앙의 영역을 살피는 것으로 보이지 않는다. 콜버그의 연구처럼, 길리건의 연구는 주로 도덕적 지각과 판단의 측면에서 도덕발달을 다룬다. 길리건이 연구의 범위를 자아의 이미지들을 포함하는 것까지 확장하였음에도, 그녀의 보고에 들어있는 자아에 관한 대부분의 묘사는 역할과 개인적으로 구별되는 특징의 목록, 그리고 포부와 자부심을 중심으로 연구된 것으로 보인다. 길리건과 동료들은 응답자들이 자신들의 삶에 대한 대답들과 계획들을 형성하는 의미들과 이미지들에 대해서는 명확한 태도를 보이지 않았다.

    이제부터는 나와 동료들이 주로 대답해 온 신앙발달에 관한 연구와 이론을 생각해보자. 비록 내가 다른 책들[1])에서 이 연구를 광범위하게 기술한 바 있으나, 여기서 다시 그 내용을 간단히 설명하려 한다. 이 설명은 앞에 다룬 사람들의 연구와 다를 것이다. 여기서 나의 관심은 성인 발달이론들에 의해 주어진 인간 전체성에 관한 규범적인 비전들에 대한 평가를 제공하는 이론으로써의 신앙발달이론을 명확하게 이해하려는 것이다.

신앙: 연구의 초점

30여 년 전, 나와 동료들은 한 가지 연구를 주관했다. 그 연구는 다양한 연령대와 모든 성별, 그리고 여러 가지 종교와 출신 지역의 사람들을 초대해서, 그들의 삶에서 신앙의 역할과 신앙적인 주제들을 알아보는 것이었다. 우리는 신앙이 인간에게 보편적인 현상이라는 전제에서 연구를 시작했다. 이 전제는, 인간이 인간 존재를 추구할 때마다, 인류가 몇 가지 동일한 특성과 차원에서의 투쟁과 지각의 특성을 보유하고 있음을 의미한다. 우리는 대부분 죽음에 대해 최대한 비인격적인 거리를 유지하려는 노력이 헛되다는 인식을 갖고 있다. 또, 우리는 불확실하고 위험한 상황 속에서 인생에 결정적인 선택들을 해야 할 책임이 있는 존재다. 이는 불충분한 경험 때문이거나, 부적당한 정보로 인해 생겨나는 결과일 뿐 아니라, *예기치 못한 사태가* 선고된 상황, 혹은 알지 못하고 알 수도 없는 상황에 대한 속박 속에서 살고, 선택하고, 반응하며 책임지고 있음을 의미하기도 한다. 게다가, 우리를 둘러싼 실재들의 차원을 인식할 때, 우리를 혼란스럽게 하는, 말하자면 "신비mystery"라고 부를 수밖에 없는 일들에 대한 상상력과 직관과 깨우침의 순간도 존재하는 당황스러운 이중성도 지닌 채 우리는 살아가고 있다. 그리고 여전히 우리는 생존과 의미를 추구하는 씨름을 하면서, 거래하고, 소비하며, 소비되는 매일의 진흙탕 속에 두 발이 빠진 채 힘겹게 살아가고 있다. 우리는 불확실성을 먹고 자라는 예상할 수 없는 상황들 속에서, 개인이기도 하고 공동체이기도 한 우리와 유사한 타인들과 맺는 신뢰와 충성의 관계들을 통해 각자의 자아를 형성해가는, 축복과 위협이 공존하는 수년의 세월을 보낸다. 우리는 사랑으로 서로에게 맺어져서, 서로에 대한 신의를 확인하기 위해 씨름한다. 궁극적인 운명과 소명에 관한 비전들을 공유하고, 희망적인 예상들과 관계 속에서 서로를 경외하는 순간들, 그리고 정신을 잃을 정도의 공포나 그에 대한 저항들까지도 공유한다. 우리는 언어로 관계를 형성하고, 상징을 내포하고, 이야기로 유지되는 피조물들이다. 우리는 의미가 없이는 오래 살지도 못하고, 잘 살 수도 없다.

다시 말해서, 우리는 신앙faith으로 살아가는 동물들이다. 우리는 존재의 궁극적인 상태를 지향하는 이미지들과 기질들을 형성해가고, 그것들이 형성되어감에 따라서 살아간다. 그리고 적어도 30만 년 동안은 이 이미지들과 기질들은 종교 고유의 영역에 속해왔다. 붉은 황토색에 꽃으로 장식된 동굴 무덤에서 처음 시작되어 싸르트르 대성당에 이르기까지, 신앙은 종교적인 신앙을 말했다. 신앙의 주제들은 종교의 명상을 통해서 제시되고 강조되었다. 종교적 명상에는 의례들, 신화들, 상징들, 윤리적인 가르침들, 그리고 이 모든 것들을 통해 경외와 거룩을 지향하려는 인간의 표현이 담긴 음악 등이 포함된다.

하지만, 현대에는 과학만능주의가 등장하면서, 공유된 의미에 관한 이야기들에 있던 공통기반들이 많은 부분에서 무너지는 일이 있었다. 세속화, 다원화의 등장, 그리고 관계성의 어지러움으로 인해 문화 전체를 형성하고 유지해오던 의미의 모자이크들이 산산조각났다. 우리는 결국 신앙으로 존재하고 신앙적이 되려는 행동이 형식적인 것일 수도 있고, 광신적이거나 제도적인 종교를 통하는 것과는 다른 방향에서의 완전성을 위한 씨름이 될 수도 있음을 인정하게 되었다. 신앙에는 세속적인 형태들과 개체들이 있다. 세속적인 신앙 공동체들도 있다. 유아론적인 것이 아니라면, 특이한 인생에 한정된 조건들을 추구하는 입장들도 있다. 지금은 바벨탑(창 11:19)의 파괴 이후 존재했던 상황에 대한 일종의 근대적 비유도 만연하고 있다. 각각의 개인들 혹은 소규모의 하급문화는 모래 늪과 같은 무의미함의 위험과 강풍과 테러처럼 달려드는 우주적 외로움으로부터 자신들을 지켜줄 공유된 가치들과 삶의 양식들을 유지할 안식처를 형성하고 유지하기 위해서 고군분투하고 있다. 대부분의 경우 마취작용이 해결책이 되는데, 예를 들어, 망각, 무시하기, 혹은 회피하기, 소비 혹은 오락을 통해, 우리의 유한한 약점 등을 드러낼 수 있다. 또는, 그 자체에 포함된 개인주의에 대한 왜곡된 신화들을 믿고 있는 문화에 의해 가장 선호되는 해결책의 형식은, 소유물이나 힘 또는 "안전함"의 확보를 통한 노력이나, 우리의 약함을 부정하고 운명을 앞서나가는 업적들이나 관계들을 통한 노력이 있다.

약 10년간, 나와 동료들은 다양한 환경에서 거의 600명의 사람들을 대상으로 면밀한 반진료성 인터뷰들을 진행했다2). 또 다른 관심을 더해, 우리는 인식적, 사회심리적, 도덕적 성장의 영역에 유지되고 있는 것으로 보이는 어느 정도 발달적인 패턴들이 신앙의 영역에서도 발달적인 병행을 이루고 있는지를 함께 연구했다. 우리의 근본적인 질문들은 다음과 같다. 사람들은 어떻게 해서 자신을 삶의 힘의 영역으로 이끌어가는 신뢰와 충성, 믿음과 헌신이라는 삶의 태도를 깨닫고 형성하기 시작할까? 인생의 의미를 형성하는 과정에 예측 가능한 단계들이나 변혁들이 있을까? 우리는 완전한 성인이 되고 완전한 인간이 되기 위해서는 반드시 자신보다 더 가치 있고 더 중요한, 소위 원인이나 원인들에 대한 근본적이고 지속적인 신뢰와 충성을 가져야만 할까?

신앙의 단계들과 인간의 성숙

성인들을 대상으로 최대 세 시간까지 진행되었던 신앙발달에 관한 인터뷰들을 분석하는 과정에서, 우리는 일반적인 발달의 형태를 신앙에 적용할 수 있는 신앙형성의 단계적 방법들이 연속된다고 제안할만한 설득력 있는 근거들을 발견했다. 이 단계들은 신앙이 형성되는 일률적이고 예측 가능한 *방법들을* 기술하려는 시도로써, 신앙적 *요소들의* 문제가 우선시되지 않는다. 만일 그 단계의 형태들이 실제적인 신앙들, 주제들, 이미지들과 신앙의 이야기들을 의미한다면, 나는 한 개인의 신앙이 세계관과 가치구조의 계승을 통해 진행된다는 것을 제안하지 않을 것이다. 오히려 나는 그 스타일과, 행동과 존재의 방식을 결정하는 *앎과 가치화의 작용들과의* 차이점을 정의하면서 대화를 시도할 것이다. 우리가 제안하는 단계들은 신앙의 구조적인 특징들에 대해서, 삶에서 발생할 수 있는 예측할 수 없는 사태의 가능성과 유한성, 생명의 근본적 요인들에 대한 이해와 설명과 대답을 위한 방법으로 기술되었다.

나와 동료들이 정의한 신앙의 7단계를 살펴보자[3].

원초적 신앙 PRIMAL FAITH

우리는 유아에서 시작한다. 누군가가 우리를 꺼내고, 우리의 태반을 제거하고, 모유나 젖병을 제공하면서, 우리의 인간 존재가 시작된다. 출생 사건에 앞서 우리는 가장 인상적인 공생관계 한 가지를 즐기게 된다. 태어날 때까지 우리는, 우리를 맞아들일 세계가 의미와 목적을 가졌는지, 그리고 그 세계가 우리의 등장을 기다리고 즐거워할지, 혹은 우리를 불청객들로 여길지에 대한 감각을 자궁 안에서의 삶에서부터 이미 육체적으로 지니고 있어왔는지도 모른다. 출생 그 자체는 하나의 트라우마다. 분만과정에 대한 학생들의 말에 따르면, 정상적인 출생의 과정에서 출산하는 통로를 지나는 20분에 불과한 시간이 우리를 거의 질식시켜 죽이는 것 같다고 한다. 우리가 생명으로 출현하는 것을 반대하는 위협이다. 우리는 멍이 들었고, 삶 속에 눌려서 넣어졌다. 우리는 공동체로 들어가는 길목에서부터 숨이 막혀온다.

첫 일 년 동안, 아기와 돌봐주는 사람의 상호 간의 과제는 주고받음give-and-take의 신뢰감 형성과 같은 유대와 애착과 관계가 있다. 얼마나 놀라운 과정인가! 그 아기가 가정에서 자기 자신을 형성하고 관계를 형성하려는 초기의 노력들이 잘 진행되면, 애정과 활발한 돌봄을 얻게 되는 결과를 낳는다. 누군가를 필요로 하고 또 필요한 존재가 되어야 하는 필요의 상호관계에서, 아기는 가장 기본적이면서도 깊은 감각인 친밀함의 리듬감과 그/그녀의 환경구조에 대한 감각을 형성한다. 아직 자아에 대한 반성적인 감각이 없는 상태라 하더라도, 그 아기는-울릭 네이서Ulric Neisser가 "생태적 자아"라고 불렀던 미분화에 관한 진술에 의하면-*자기 세계self-world*[4])

의 선함과 악함의 느낌에 대한 최초의 이미지들의 둘레에서 중심화의 고리들을 감싸기 시작한다. 에릭슨은 이것을 기본적 신뢰감 대 기본적 불신감이라고 기술했다. 여기서는 자아의 가치를 대체할 수 없다는 신뢰와 환경의 "의지-가능성"에 대한 신뢰 사이에서 어느 정도의 균형을 찾기 위해 씨름해야 한다. 환경에 대한 의지 가능성이란 반사적인 자아가 지금까지 수집한 환경을 이루는 사람들의 시선에서, 그리고 그들의 돌봄 하에서 형성되는 환경에 대해 갖는 의지 가능성을 말한다. 폴 틸리히Paul Tillich는 존재 자체를 포기하려는 연약함에 대한 우리의 필연적 감각을 "존재론적인-존재와 함께 나타나면서 동시에 비존재의 위협과 함께 나타나는- 불안"이라고 불렀다5). 최초의 신앙은 한 아이에 대한 환영과, 심각한 최초의 연약성을 상쇄시키는 생태적인 관계들과, 돌봄과 공유된 의미들 안에서 토양을 찾은 신뢰의 뿌리들 속에서 자라난다.

첫 신앙의 상징들은 아기가 어렵게 얻게 된 엄마와 아빠의 존재에 대한 기억에서 최초의 형태를 갖출 가능성이 있다. 우리에게 최초로 돌봄을 제공해 준 사람들은, 지금은 떨어져 있더라도 다시 돌아올 것이라 믿을 수 있는 의존적인 실재들로써, 우리에게 더 높은 힘과 지혜에 대한 첫 경험과 우리의 의존성도 형성시킨다. 엄격함과 은혜로움이 섞인 태도와, 독단적이라 할 만한 엄격함과 돌봄의 사랑이 섞인 태도를 지닌 이 최초의 타인들은, 의심할 여지 없이 거의 40~50년간 우리가 형태로서 의식하게 되는 신의 이미지로 존재하게 된다6).

직관적-투사적 신앙 INTUITIVE-PROJECTIVE FAITH

약 2세가 되면 아동에게 혁명이 일어나기 시작한다. 언어가 세계와 타인들과의 중심적인 관계들을 위한 새로운 방법으로 등장한다. 엄마-아동의 상호작용에 관한 영상들에서 볼 수 있는 것처럼, 아동과 그 아동을 처음으로 돌봐주는 사람들 사이에 서로에게 말하기를 가르치는 장으로서의 관계상의 상호변화 속에서, 이 언어의 출현을 위한 중요한 준비가 진행된다. 어머니가 자기 아이의 표정과 목소리를 모방하는 실험은 외적 행위와 목소리라는 두 가지 면에서 결정적인 거울을 제공해주는 것처럼 보인다. 그리고 아동이 소리와 대상을 연결시키는 것과 마찬가지로, 그들은 의사소통과 세계에 관한 해석에서도 새로운 영향력을 얻게 된다. 언어는 환경을 질적으로 새롭게 반성하게 하고, 자아에 관한 질적으로 새로운 반성을 가능하게 한다.

자유롭게 걸을 수 있고 모든 것을 질문할 수 있게 된 아동은 매일 신기하고 새로운 것들을 만난다. 우리가 자신의 3~5세 시기에 매일(그리고 매일 밤) 경험했던 다양한 기쁨과 공포를 기억하든 못하든, 아니면 우리가 그 시기의 경험들에 대해 그저 지금의 아동인 타인들을 관찰하는 것으로만 접근을 하든 그렇지 않든 간에, 우리는 아동들의 활동적이고 탐구심 어린 마음이 다시는 이 나이에서만큼 신선하고 자유롭게 의미구성을 수행할 수 없다는 것을 알고 있다.

아동들은 자신들의 경험들을 알아가고 변형시키기 위해, 지각과 느낌, 상상적인 환상을 주로 사용한다. 논리적 작용의 체계적인 경향은 나중에 나타난다. 이 시기에는, 경험과 이야기들, 상징들, 그리고 실제 이야기들에 의해서 자극을 받으면, 아동들은 자신의 의미와 신비의 세계들을 모두 유지한 채 깊숙이 오래 지속될 이미지들을 형성한다.

다음 아동의 이야기가 이런 방식으로 형성된 것이 아니었다고 할지라도, 직관적-투사적 신앙에 관한 어느 정도의 느낌과 이미지들을 조합하려는 노력은 생각해볼 만하다.

나는 내가 세계의 중심인 것처럼 느껴져요. 나에게 중요한 모든 것은 나 때문에 존재하고 나를 위해 존재하죠. 밤에 여행할 때면, 달은 우리 차만 따라와요. 꽃들이 거기서 향기를 내고, 별들이 거기에 있는 것도 마찬가지예요.
때때로 나는 밤에 무서운 꿈을 꿔요. 그 무서운 것들이 내 방에 있는 거예요. 만약 당신이 나와 함께 방에 있었다면, 당신도 그것들을 볼 수 있었을 거예요. 어떨 때는 낮에도 사물들이 내 꿈속에서와 같을 거라 생각해요. 가끔은 그것들이 나를 두렵게 해요.
나는 가끔, 천국이 어디에 있는지, 생명체가 죽는다는 것의 의미가 무엇인지 궁금해요. 죽음이란 괴물이 사람들을 잡아가는 것이 아닌지, 고통스럽지는 않은지, 혹은 엄마와 아빠가 나와 함께 할 것인지 궁금해요. 우리가 기르던 새가 옆집 고양이에게 잡아먹혔는데, 그 후에 무슨 일이 벌어졌을까요?
내 친구가 그러는데, 만약 조심하지 않으면, 악마가 땅속의 구멍에서 나와서 나를 잡아갈 거래요. 그래서 나는 혼자서는 뒤뜰에 나가서 놀지 않을 거예요.
나는 하나님에 대해서 많이 생각해요. 내 생각에 하나님은 공기처럼 모든 곳에 있을 것 같아요. 하나님이 나를 볼 수 있을까요? 하나님이 우리 집에 불이 나지 않도록 도와주실까요? 할아버지는 하나님과 함께 계실까요? 거기는 어디에 있을까요?

여기서 우리는 직관적이고 투사적인 아동이 죽음의 신비에 대한 자각과, 일상을 넘어서는 실재와 일상의 주변에 있는 실재, 그리고 일상을 통찰하는 듯한 실재의 세계에 대한 자각을 소유하게 됨을 알 수 있다. 우리는 세계를 이해하려는 상상력과 그 세계에 통일성과 감각을 부여하려 노력하는 상상력을 생생하게 보았다. 종교적 전통의 상징들과 이야기들, 공유된 예전적 생활을 가까이했던 미취학 아동들은 의미 지평의 확장을 자각하게 된다. 그러한 상징들이 그 전형적인 힘에 의해 잘못 사용될 수 있다고 할지라도(앞의 인용문에서의 악마의 상상처럼), 그 상징들은 아동의 의미의 창고를 풍성하게 만들 수도 있고, 안내와 재확인의 근거로써 힘 있는 확신과 열망을 제공해 줄 수도 있다.

신화적-문자적 신앙 MYTHIC-LITERAL FAITH

아동이 학교에 들어가는 시기가 되면(6, 7세 전후), 새로운 단계가 시작되는 것을 볼 수 있다. 아는 것과 가치를 부여하는 것에 있어서의 이러한 변혁을 위한 준비작업의 일부는, 삐아제가 말한 "구체적 조작적 사고"의 발달과 연관이 있다. 공간과 시간, 일상성의 안정된 범주들은 아동이 경험을 구성할 때 느낌과 환상에 훨씬 덜 의존하게 한다. 이제 가역적 사고가 가능하고, 한 가지 상황에 대해 하나 이상의 측면을 동시에 조직할 수 있게 됨에 따라서, 아동의 세계는 좀 더 직선적이고 질서적이며 예측 가능한 것이 된다. 이 단계의 아동들은 일상적으로 상호 간의 흥미에 관한 문제에서 다른 사람들의 관점들을 취하고, 다른 사람들의 관점들을 자신의 관점들과 다르다고 인식한다. 이는 아동들이 새로운 정확성과 풍부함으로 이야기들을 말할 수 있게 되었음을 의미한다. 이것은 또한 옳고 그름, 선과 악에 관한 사고에 있어서, 아동들이 호혜성에 기초한 공정성의 감각을 강하게 발달시킬 수 있음을 의미하기도 한다(이것은 선행에 대한 보상과 악행에 대한 처벌의 개념을 우주적 원칙의 수준으로 상승시키는 것을 의미한다).

신앙은 의미 공동체인 가족이 지닌 이야기들, 규범들과 함축적인 가치들에 대한 의존의 문제가 된다. 가족(또는 가족을 대신하는 다른 집단)이 전통과 의미를 공유하는 더 큰 공동체와 연관되는 곳에서, 신앙은 그 전통의 이야기들, 관습들과 신념들의 가치를 매기는 것에 관련된다. *이야기구성*narrative 혹은 이야기story가 여기서 중요한 개념이다. 아동에게 타인의 관점을 취할 수 있는 새로운 능력과 일상적인 관계와 결과에 대한 대단히 향상된 이해 능력이 주어지면서, 이야기구성은 개인적인 의미와 공유된 의미들을 모아서 표현하는 데에 선호되는 방법이면서 가장 강력한 방법이 되는 것으로 보인다. "우리의 사람들"의 이야기들을 아는 것은 자아와 타인과 그들의 집단들을 증명하고 평가하는 중요한 지표가 된다. 목적들이나 집단들의 구별되는 특성에 따른 분류를 만들어내는 능력은 이 단계에서 이런 종류의 증명들(과 배제들)을 중요한 문제들로 삼게 한다.

다음의 편집된 글7)은 신화적-문자적인 아동이 자아와 신앙에 대해서 기술하는 전형적인 방법을 맛보게 해 줄 것이다.

나에게 내가 누구인지 말해달라고 하셨으니 말씀드릴게요. 나는 톰과 다이앤의 아들이고, 크리스텐과 케빈의 형제인 로버트 켈레허입니다. 나의 할아버지 할머니와 사촌들에 대해서도 말씀드리길 원하세요? 아녜요? 그럼... 아, 나는 호손 초등학교의 케이트 선생님의

4학년 반 학생이구요.... 어, 그리고 나는 우리 학년에서 도날드 프루이트와 테디 잭슨 다음으로 세 번째로 축구를 잘해요. 아, 그래, 어, 나는 왕이신 그리스도 교구에 참석해요. 나의 스카우트 대원들을 거기서 만나요. 컵스카우트 Troop 27소속이지요. 음, 이 정도예요.

네, 나는 하나님을 믿어요. 하나님이 어떨 것 같냐구요? 음... 아, 나는 하나님은 어느 정도 예수님과 비슷할 것 같아요... 우리는 하나님이 세 부분, 성부, 성자 그리고... 음... 영, *성령*의 세 부분이 있는 것 같다고 믿고 있어요. 하지만 나는 하나님을 거의 예수님처럼 그려요. 그런데 가끔은 뭐랄까 하나님을 노인이나, 뭐랄까 판사나 지배자같이 생각하기도 해요... 그래요, 하나님은 우리를 만드셨어요. 그리고 우리를 사랑하시구요, 우리가 서로 사랑하기를 원하세요. 나는 하나님이 좋아하지 않으시는 가장 나쁜 일은 핵폭탄들 전부라고 생각해요. 나는 전 세계의 모든 대통령에게 말해주고 싶어요. "그 폭탄들을 사용하지 마세요. 우리가 자라날 수 있게 해주세요. 지구와 식물들과 동물들이 계속해서 살 수 있게 해 주세요"라구요.

가장 중요한 것은 거짓말을 하지 말아야 한다는 거랑 친구들이 필요로 할 때 친구들 편이 되어야 한다는 거예요. 내 가장 친한 친구인 로저가 지난주에 곤란을 겪었을 때처럼 말이에요. 강당을 지켜보던 선생님은... 그러니까, 당신도 알겠지만, 이 사물함은 고장이 나버렸고, 몇 개의 소지품들이 도둑질을 당했고, 어, 강당 선생님은 그녀가 로저가 부서진 사물함에서 물건들을 가져가는 것을 보았다고 생각했고, 로저는 도난당한 것과 똑같은 워크맨을 전부터 *갖고* 있었지요. 그래서 교장 선생님이 로저를 불렀어요. 선생님들이 로저가 도둑질을 했다고 생각했기 때문이에요. 로저는 그 일을 당하면 안 되는 아이예요! 그래서, 나는 곧장 교장 선생님에게 가서, 로저가 한 일이 아니라고 말씀드렸어요. 로저는 원래부터 생일선물로 받은 자기의 워크맨을 갖고 있었고, 그렇지 않다고 하더라도 로저는 절대 물건을 훔치지 않는 아이라고 말씀드렸어요. 교장 선생님은 진심으로 나의 말을 들으셨고, 교장 선생님과 그 선생님은 로저에게 사과했어요.

이 진술들에서 우리는 이 소년이 그의 공동체의 신념들을 사용하는 것에 있어서의 구체적이고 문자적인 표현을 듣게 된다. 우리는 또한 그가 자신의 감각 혹은 다른 사람의 일종의 개인적이거나 내적인 감정들이나 성찰들에 대한 그의 감각들 중 어떤 것도 구성하고 있지 않다는 것을 볼 수 있다. 사람들은 그들이 소속된 곳들과 그들의 행동들에 의해서 규정된다. 그는 우리에게 흘러오는 자신의 인생의 흐름 한가운데에서 우리에게 말한다. 자신의 인생의 전체적인 방향이나 의미들을 성찰하기 위해 그 흐름에서 한 걸음 물러난 제방에 올라서서 우리에게 말하지 않는다. 그는 아직 "그의 이야기들의 이야기"를 갖고 있지 못한다. 핵전쟁을 다루는 것에 관한 그의 가슴 저미는 진술은 이 단계에 속한 아동들과 나눈 우리의 인터뷰들에서 나타나는 강력하면서 전형적인 진술이다.

가끔 나는 로버트가 신앙을 구성하는 것과 매우 유사한 방식으로 자신의 신앙을 구성하는 성인들을 만난다. 상당수의 청소년은 자아와 타인들, 그리고 궁극적인 환경에 대한 자신의 이미지들을 구성하는 방법을 공유한다. 이 단계가 시작되면서부터 우리는 성인들뿐만 아니라 그들이 가장 전형적으로 성장할 수 있었던 그 연령대를 대표할 수 있는 신앙 안에서 존재하는 방법들을 다루게 될 것이다.

종합적-인습적 신앙 SYNTHETIC-CONVENTIONAL FAITH

우리는 이제 초기 청소년기에 전형적으로 나타나기 시작하는 단계에 왔다. 이 단계의 두드러진 특징들에 관해서 논의하기 전에, 단계 전환 현상에 관한 약간의 논평을 삽입하는 것이 도움이 될 것이다. 하나의 신앙의 단계에서 다른 단계로의 이동에 대해서 계단을 오르거나 사다리를 오르는 것과 유사하게 생각하는 것은 두 가지 이유에서 잘못된 판단일 수 있다.

1. 실제 이슈가 더 복잡하고, 더 분화되고, 더 포괄적인 지식과 가치의 형태들의 연속적인 진행들을 다루어야 할 때, 단계들을 일종의 정신적으로 "더 높은"-"더 낮은" 것으로 생각하도록 우리의 생각을 불필요하게 고정시킨다.
2. 게다가, 계단이나 사다리의 비유는 변화transition에 대하여 근본적으로 변하지 않는 하나의 수준이나 단계에서 그다음 단계로 스스로 기어 올라가는 문제인 것처럼 생각하게 할 수도 있다. 신앙 단계의 변화들은 개인의 지식화와 가치화의 구조들에서의 중요한 변화를 나타내고, 따라서 자아의 기본적인 성향과 응답들의 중요한 변화를 나타내기도 한다. 변화의 과정에서 우리는 영화 *푸른 목장Green Pastures*에 나오는 등장인물처럼 "모든 고정되는 것은 풀리게 될 것"이라는 느낌을 갖게 된다. 우리의 지식화와 가치화에 있어서의 새로운 작용과 포괄성 때문에, 우리가 가진 기존의 지식과 가치들, 그리고 우리의 관점들과 행동들을 검증하고 정당화하던 고유의 방식들은 변화를 감수해야 하고, 재작업 되어야 한다. 우리 고유의 삶의 의미들은 신앙 단계 변화에서 계속 쌓여간다.

이제 신화적-문자적 단계에서 종합적-인습적 단계까지를 고려한 변화에 관련하여 한 가지 예를 들어보겠다. 나와 동료들은 우리가 "11살의 무신론자들"이라고 부르게 된 여러 명을 인터뷰했다. 구체적 조작적 사고와 형식적 조작적 사고 사이에서(삐아제의 용어들을 우리는 곧 충분하게 연구하게 될 것이다) 거의 최고점의 분수령에 있는 이 어린 사람들은 그들이 종종 하나님에 대한 자신의 이미지들을 형성해왔던 도덕적 호혜성 원리의 실패를 경험하기 시작한다. 관찰과 경험에 의해서, 그들은 하나님이 악한 사람들을 처벌하고 선한 사람들에게 보상하는 일에 대해 힘이 없다는 사실이나, 도덕적으로 예민한 한 소녀가 표현한 것처럼 하나님은 "잠들어 계시다"는 것을 알게 되었다. 따라서, 도덕적 호혜성에 기반하여 세워진 하나님은 사실상 죽고, 다른 것으로 대체되어야만 한다. 이런 식의 경험은, 괴로움과 고통, 그리고 아마도 죄책감과 비통함의 감정들을 때에 따라 더 크거나 적은 정도로 받아들이는 법을 배우는 것을 포함하고 있다. 이것이 신앙의 단계적 변화들을 만들어낸다.

이제 종합적-인습적 신앙으로 가자. 이 단계의 구조와 역동성들을 이해할 수 있는 열쇠는 청소년이 전형적으로 수반하는 인식의 발달에서의 혁명적 변화를 평가하는 것이다. 형식적 조작적 사고에서는 정신mind이 날개를 단다. 더이상 정신은 구체적인 대상들 혹은 진술들과 관찰 가능한 과정들의 정신적인 조작에 제한되지 않는다. 이제 사고는 모든 종류의 이상적인 가능성들과 가상적인 고려들을 구성하기 시작한다. 완벽한 쥐덫을 개발하려는 도전에 직면하여(완벽한 신제품을 개발하는 도전에 직면하여), 형식적 조작적 정신은 늘 보아왔던 쥐덫의 형태를 수정하여 완성하는 데에 그 자신을 제한시키지 않고, 오히려 그 정신은 집 안에 있는 해충들을 제거하는 근본적인 문제에서 시작해서 문제가 해결될 수 있는 매우 다양한 방법들을 상상한다. 어떤 작가가 말했듯이, 상상력은 놀이할 때 총명해진다. 형식적 조작적 사고는 추상적인 개념들과 이상형들의 일반화와 사용을 가능하게 한다. 형식적 조작적 사고는 제도적인 측면에서의 사고를 가능하게 하며, 우리에게 우리들 자신에게 있어 타인의 관점들을 구성할 수 있게 한다-우리들 자신을 타인들이 우리를 보는 것처럼 볼 수 있게 한다. 청소년이 겪는 혼란과 어려움의 일부는 내가 다음의 2행 연구로 요약했던 새로운 자의식으로 이어질 수 있다.

   나는 나를 보고 있는 당신을 봅니다…
   나는 당신이 보고 있을 것이라고 생각하고 있는 나를 봅니다…

 그리고 여기에 상호적으로:

   당신은 나에 의해서 당신을 봅니다…
   당신은 내가 보고 있다고 생각하는 당신을 봅니다…

 이 두 가지를 의식의 요소들로써 함께 두는 것(이것은 적어도 수개월의 시간이 걸린다)은 관점을 취득한 학생들이 "상호적 대인관계적 관점취득"이라고 불렸던 결과를 낳는다. 이 관점의 출현은 속담에도 나오는 청소년의 "자의식"을 설명한다. 그것은 사람들-타인들과 자기 자신-의 내면(감정들, 성격 패턴들, 발상들, 사고들, 그리고 경험들)에 대한 꽤나 갑작스러운 새로운 깊이의 지각과 흥미를 이해하게 한다. 그것은 새롭게 "개인적인" 어린 여성/남성을 향한다.

내가 여기서 사용하는 *종합적synthetic*이라는 용어는, *인위적인 artificial* 것을 의미하지 않는다. 오히려 이 용어는 협력하는 것과 이질적인 요소들을 통합으로 끌어오는 것으로써의 종합을 의미한다. 질문에서 일치하는 것은 두 부분으로 되어있다. 대인 관계적 관점취득의 풍성하고 새로운 가능성들로 인해서, 어린 개인은 이제 자기 자신에 대한 다양한 성찰과 반성이 가능해졌다. 매번 중요하게 대면하는 상호작용마다, 그/그녀는 누군가가 그/그녀가 되어가고 있는 자아를 구성하는 것에 접근한다. 놀이동산의 퍼니 하우스에 있는 왜곡된 거울들처럼, 타인이 구성한 자아상과 자신이 알아보게 된 자신의 자아상이 반드시 훌륭하게 서로 어울려지는 것은 아니다. 또 그들은 자신의 자아상에 대한 고유의 느낌과 똑같을 필요도 없다. 성 어거스틴는 자신이 보낸 이 단계의 청소년기에 대해 기록하면서 말하기를, "그리고 나는 나 자신에게 문제가 되었다"고 했다. 그러므로, 우선 종합적이라는 것은 일치시키는 것, 우리가 정체성이라고 불러왔던 실행 가능한 자아상에 대한 하나의 개념으로 종합하는 것을 의미한다.

종합적-인습적 단계 형성에 결정적인 종합의 다른 측면은, 자신의 이야기들과 가치들과 신념들을 협력적이고 연합하는 통합으로 일치시키는 작업을 수행해야 한다는 것이다. 이 단계에 있는 사람은 일반적으로는 삶의 의미에 대한 감각적 이야기들과 독특한 자신만의 삶의 의미와 목적에 대한 감각적 이야기들을 '나의 이야기들의 이야기'로 구성하기 위해 고군분투한다. 내 연구는 이 이야기의 구성이, 그녀/그가 타인들과 맺는 의미 있는 관계들과 얼굴을 마주하는 상호관계들을 통해서 청소년들에게 가능해지는 가치들과 신념들과 정향적 신념들의 선택을 본래적 통일성을 향한 일치의 과정들에 관련시킨다고 제안하는 것이다. 비록 이 단계에 속한 각 사람의 세계관 통합이 어느 정도 독특함에도 불구하고, 이를 "인습적"이라고 쓰는 데에는 두 가지 중요한 이유가 있다.

1. 이 단계에서 통합되는 신념들과 가치요소들은 자신에게 의미 있는 타인들로부터 얻어진 것이다. 따라서 그 요소들이 새롭고 개인적인 배열로 설정될 수 있다고 하더라도, 그 요소들 자체는 인습적이다.

2. 이 단계에서의 믿음과 가치의 통합은 대단히 암묵적인(노골적인의 반의어로써) 특성을 지닌다. 여기서 내가 의미하는 바는, 한 사람의 신앙관을 구성하고, 그/그녀에게 모습을 드러내는 정체감을 지원하는 신념들과 가치들과 이야기들은 아직 그 사람에 의해 비판적으로 성찰될 수 있을 만큼 객관화되지 않았다는 것이다. 그 종합은 지지해주고 지탱해주는 것이며, 깊이 느껴지고 강하게 유지되는 것이지만, 아직 비판적인 (자기)성찰과 연구의 대상이 되지는 못한 수준이다. 이 단계에서 자신은 스스로의 신앙관에 끼워 넣어지고, 자신의 정체성은 기본적으로 면대면 관계들의 테두리에 속한 멤버십으로부터 비롯된다.

15세 소녀의 진술을 정리한 다음의 내용을 생각해보자.

내 인생은 사람들로 가득 차 있어요! 그리고 마치 그들 모두가 나에게 뭔가 특별한 것을 원하고 있는 것 같아요. 내 제일 친한 친구부터 시작할게요. 그녀는 하루에 적어도 한 시간은 내가 자기와 전화통화를 하며 시간을 보내기를 원해요. 그녀는 우리가 모든 수업 시간 내내 함께 앉아 있고, 점심도 매일 같이 먹는데도 그렇게 하소 싶어해요. 그녀의 부모님들은 이혼을 준비하고 있고, 남자친구도 없고, 모든 형제와 자매들은 집을 떠났어요. 그런데, 그건 시작에 불과해요. 샘이라는 친구가 있어요. 그는 *내* 남자친구예요. 그는 나보다 한 살이 많아요. 그는 수업들 사이의 나의 모든 시간을 같이 보내고 싶어 하고, 점심도 그와 같이 먹기를 원해요. 그리고 그는 나를 매일 학교에서 집까지 바래다주고 싶어 하고, 매일 밤마다 전화로 이야기를 하고 싶어 해요. 우리는 참 많이 싸워요. 그냥 일반적인 일들, 누가 누구를 질투하고 하는 그런 것들로 싸우는 것이 아니고, 신앙과 가치에 관해서 많이 싸워요. 그는 노력을 하기는 하지만, 워낙 남성우월주의가 대권을 차지해버린 가정에서 나고 자랐어요. 그는 막내면서 첫째 아들이에요. 그래서 그는 정말 심각한 응석받이로 자랐어요. 그러니 이 정도의 정중함과 남성적 명예와 우월성에 관한 낭만적인 비상식을 갖게 된 거죠.

그다음으로는 나의 부모님들이 계세요. 언니가 대학에 간 후로, 우리는 매우 가깝게 지냈어요. 나도 알아요, 그들은 나에 대해서 높은 기대감을 갖고 계시죠. 부모님들이 그 기대에 대해 직접적으로 아주 많이 말하지는 않으시지만, 그들은 언제나 나에게 이런 질문들을 하세요. "오늘은 어땠니? 시험을 어떻게 되어가니? 샘과는 잘 지내니?" 등등. 부담을 주려고 그러시는 게 아닌 것은 알지만, 그 질문들이 나에게 많은 것들을 요구하고 있다는 걸 느끼게 되죠.

그리고 또, 나의 선생님들, 교회 친구들, 플루트 선생님, 조부모님과 나의 언니가 또 있네요. 그들 모두가, 어떤 식으로든, 나에게 뭔가를 원하거나, 내가 나 자신에게 만들어 놓은 일련의 요구들을 상징하고 있어요. 그리고 여전히, 나는 그들 중 누구라도 진정한 나를 알고 있을지 궁금해요.

나는 그들 중 누구도 나와 하나님과의 관계에 대해 진정으로 아는 사람이 없을 거라고 생각해요. 나는 하나님을 노인이나 인격적인 사람이나 그 이상의 것이라고 생각하지 않아요. 대신에, 나는 하나님은 친구 같은 존재, 나를 사랑하고 나를 돌보고, 나를 *진정으로* 알아주는 존재일 거라고 강하게 느껴요. 하나님은 나를 알아요-현재의 나와 미래의 나-내가 아는 나 자신보다도 훨씬 더 나를 잘 알아요. 내가 공부하려고 아침에 일찍-보통 새벽 4시쯤-일어나면, 외로움과 피곤함 속에 하나님이 계세요. 내가 부모님이나 샘이나 나의 친구들과 사이가 나쁘다고 느낄 때도, 하나님이 계세요. 내가 수의학과에 진학하기에 수학과 화학 성적이 *절대로* 충분하지 않다고 느낄 때도 하나님이 계세요.

나는 더 이상 하나님을 "그"라고 부르지 않아요. 사도신경을 할 때도 나는 "아버지" 대신에 "창조자"라고 말해요. 그러나 그것보다, 나는 하나님에 대한 교회의 가르침들은 진실되고 선하다고 생각해요-특히 마틴 선생님의 가르침은 말이죠. 그는 많은 것을 알고 있고, 매우 강한 열정이 있으며, 모든 것을 아주 분명하게 해줘요. 나는 정말 내가 다니는 교회가 알고 있는 모든 것에 부끄럽지 않게 살았으면 좋겠어요!

많은 사람들이 종합적-인습적 신앙의 단계에서 평형을 유지하고 있다는 것을 인식하는 것은 중요하다. 이 단계에서 종합된 세계관과 자아감각, 그리고 개인의 가치들과 신념들을 결정하는 권위자들이 내면화되면, 그 사람은 암묵적으로 유지되고 강하게 느껴지지만 폭넓게 검증되지 않은 일련의 신념들과 가치들이 포함된 생애 주기를 통과해간다. 어쨌든, 방금 인용된 15세 소녀는 그녀의 초기 성인기에 그녀의 신앙과 정체성에서 또 다른 변화를 형성하게 될 것 같다는 증거를 이미 제공했다. 그 변화는 우리가 개별적-성찰적 신앙의 단계라고 부르는 것이다.

개별적-성찰적 신앙 INDIVIDUATIVE-REFLECTIVE FAITH

전 단계에서는 정체성과 신앙의 통합된 이미지들을 소유함과 동시에 그 이미지들을 비판적으로 성찰한다는 것이 매우 어렵다. 이것은 개인적 신앙의 암묵적인 특성들을 종합적-인습적으로 가장 잘 서술한 설명이다.

개별적-성찰적 신앙의 발생은 개인들이 자신의 정체성과 신앙을 정의하는 요소들에 관한 것들을 객관화하고, 시험하며 비판적으로 선택하게 하는 다양한 경험들을 일으킨다. 두 가지의 근본적인 움직임들이 이 단계로의 변화의 중심에 있다.

1. 자아에 대한 기초와 방향에 있어서의 변화가 있을 것이다. 자신의 관계들과 역할들에서 파생되는 자아의 정의와 그것들에 동반되는 기대들의 네트워크에서부터, 자아는 이제 새로운 성질의 자기 권한에 의해서 존재하고 행동하기 시작해야 한다. 자아가 표현되는 것을 통해 합성된 역할들과 관계들에서부터 자신이 쓰고 있는 페르소나(마스크)들과 자신이 수행하고 있는 역할들의 배후에 있는 차별화된 자아인 "주도적 자아"가 출현할 것이다.
2. 종합적인 통합으로 빼앗겨버린 한 사람의 신념, 가치, 헌신들에 대한 객관화와 비판적인 선택이 있을 것이다. 이전에는 암묵적이고 시험되지 않았던 확신들과 신념들은 이제 더 명백한 헌신과 책임의 문제가 될 것이다.

다음의 젊은 성인 여성의 정리된 진술은 이 서술에 구체성을 더할 것이다. 그녀는 아마 이전 단계에서 제시된 15세 소녀일 것인데, 단, 10년이 지났다.

나의 신념들과 가치들에 대해서 알고 있고 진술할 수 있다는 것은 나에게 중요한 일이예요. 나는 "내 부모님의 딸로, 내 친구들의 친구로, 나의 직업으로, 혹은 내가 수행하는 역할들에 의해서 정의되지 않을 때 나는 누구일까?"라는 질문에 대한 대답을 직면하여 씨름해야만 했어요. 이러한 역할들을 *가진* "나"는 있었지만, 그것들 중에 나의 정체성은 없어요. 나는 내가 수행하는 다양한 역할들과 내가 가진 관계들을 구성하는 것이 여기 있는 나라고 생각해요. 그리고 나는 그것을 인정받기 위해서 열심히 노력해오고 있어요.

매우 다양한 삶의 양식들과 가치구조를 지키고 살아가는 다양한 그룹의 사람들이 있다는 것을 알게 되는 시기를 보냈어요. 한동안 나는 삶의 양식과 신념 체계 같은 문제들이 상대적인 문제라는 것을 믿게 되었어요. 내가 그 생각을 좋아하지 않는다고 하더라도, 나의 가치들과 신념들에 헌신하려는 나의 이유들이 다른 사람들이 가진 헌신의 이유보다 더 낫다고 확신할 수는 없어요. 아마도, 내 생각에는, 상대주의가 유일한 진실*인 것* 같아요.

그래서 나는 선택했어요. 나의 신념들과 가치들에 관한 선택들, 삶의 양식에 관한 선택들, 그리고 내가 참여할 집단과 참여하지 않을 집단에 관한 선택들을 했어요. 나는 마치 그들이 말하듯 "훌륭히 해냈다"는 느낌이 들었어요. 그리고 지금 나는 나의 신념들과 나의 삶을 모두 잘 다루며 살고 있어요.

나의 신념들을 분명하게 하는 과정에서, 나는 내가 믿는 종교 전통의 교리들과 신화들의 일부를 연구해야 했어요. 나는 문자주의나 불신감이 성경의 창조이야기나 예수의 기적들을 다루기 위한 유일한 대안은 아니라는 것을 배웠어요. 중요한 것은 다른 문화적인 시대로부터 이 이야기들 속에 전달된 *의미*들이예요. 이 의미들은 가치 있으며 없어서는 안 될 것들이에요. 그러나 그것들은 분리될 수 있는 것으로, 어떤 의미로는, 옛 것들에서부터 와서 성경 안에 포함되어있는 신화적인 세계관들이기도 하죠.

그래서 나는 내 신앙의 진실성을 성취하기 위해서 노력하고 있어요. 쉽지는 않아요. 그리고 많은 사람들이 내가 종교에 빠져 매달리는 일에 미쳐있다고 생각해요. 내가 다니는 교회의 다른 사람들은 내가 너무 많은 질문들을 하고, 너무 많은 평지풍파를 일으킨다고 생각해요. 하지만 나는 나의 질문들을 공유하고, 나의 대답들의 일부를 공유하는 몇 명의 사람들을 찾았구요, 우리는 함께 우리의 길을 만들고 있어요.

이 젊은 여성은 20대 초반과 중반에 개별적 단계를 향해 씨름했다고 하지만, 다른 많은 사람들의 경우에는 이러한 변화는 정말 나중에야 오게 된다. 각 개인들이 30대나 40대에 이 변화를 마주하게 될 때, 그것은 그들이 그 때까지 형성해왔던 역할들과 관계들의 전체적인 연결에 큰 충격을 줄 수 있다. 가끔씩 사람들은 우리가 위에서 연구했던 두 가지의 변화들 중에서 단지 하나의 영향만 받을 것이다. 그들은 신념들과 가치들에 대한 비판적인 실험들을 수행할 것이고, 의지가 아닌 "주도적 자아"의 자기 주도성의 발달을 고려한 선택을 할 것이다. 아니면, 그들은 자기 주도성의 감각을 발달시키지만, 비판적인 실험과 이 가치들과 신념들의 조직을 다시 좌절시키는 일은 하지 않을 것이다. 어떠한 경우에도, 그들은 조직적 위치나 개별적 위치 중 어느 것으로도 완전하게 묘사할 수는 없지만 진정으로 그 둘 사이의 어딘가에 있는, 일종의 안정적인 과도기적 위치를 보여줄 것이다.

역설적-통합적 신앙 CONJUNCTIVE FAITH
나와 동료들이 인터뷰했던 사람들 중 일부에게서, 중년이나 그 이후에 내가 역설적-통합적 신앙이라고 부르는 단계로의 변화처럼 보이는 것이 있었다. 이 이름은 위대한 저작인 *박학한 무지 De Docta Ignorntia*의 저자인 쿠사의 니콜라스 Nicholas of Cusa로 거슬러

올라갈 수 있다. 그는 "*반대의 일치*"coincidentia oppositorum-모든 반대와 모순들이 만나고 조화되는 곳에 있는 존재-로써의 하나님의 개념을 발전시켰다. 칼 융은 이 개념을 *반대의 결합*coniunctio oppositorum8)이라는 용어로 바꿔서 종교에 관한 그의 많은 심리학 저작들에 적용했다. 중년과 그 이후에 등장하는 신앙의 단계는 우리 자신들과 사회, 그리고 분명히 반대되는 것들, 양극성의 성격을 지닌 궁극적인 실재의 경험들 안에 있는 요소들의 통합, 또는 적어도 역설적인 요소들의 통합이 연관되어 있다. 설명해보겠다.

개별적 단계에서 어렵게 얻은 진실성은 성찰적 정체감에 대한 분명한 감각과, 일련의 확고한 자아 경계와 자신의 자아를 의식하는 감각이 마치 사실상의 철저한 자신의 총체적 자아인 것처럼 여기는 확신을 근거로 한다. 중년(35세와 그 이후)에 이르는 경험은 몇몇 사람들에게 새로운 단계인 역설적-통합적 신앙으로의 이동을 촉발시킬 수 있는 지각의 새로운 차원의 시작을 나타낸다. 이 변화에서, 전 단계의 굳은 경계들은 구멍이 많고 통과할 수 있는 것이 되기 시작한다. 확고한 의식적 자아는 힘과 우리의 반응과 행동에 대한 무의식-개인적, 사회적, 그리고 전형적인 무의식-적 측면의 영향에 대한 겸손한 지각을 발달시키게 될 것이다. 게다가, 20년 혹은 그 이상을 우리 스스로 성인으로 살아옴으로써, 우리는 우리 자신들의 행동양식을 전적으로 변화시킬 수 없을 수도 있다는 것에 대한 확신을 수용하는 법을 배워야만 한다는 사실을 받아들이기 시작한다.

이 시기에 이른 사람은 실재와 죽음의 힘에 대한 새로운 감각과의 씨름을 이미 시작했다. 또래 친구와 몇몇 더 어린 사람들이 죽었다. 아마도 부모님들과, 분명히 다수의 부모님 세대가 죽었을 것이다. 자신도 아마 자신에게 기대되는 수명의 반 이상을 살아왔다는 것을 알게 될 것이고, 되돌릴 수 없는 나이에서 오는 틀림없는 신호가 느껴지고 보일 것이다. 자녀들은 이제 10대가 되었거나 어린 성인이 되었다. 아마도 점차 그 모습을 갖춰가는 노인들과 미래의 세대가 되기 위해 이제 막 그들의 들어갈 자리들을 찾고 있는 젊은 세대들의 사이를 잇는 "다리"세대에 해당하는 사람이 되었다는 무게를 충분히 느낀다.

역설적-통합적 신앙으로의 변화의 특징은 다음 내용들을 포함한다.

1. 사람의 일생에서의 다수의 틀림없는 *극적인 긴장들-늙음과 젊음*의 양극성과 *남성다움*과 *여성스러움*의 양극성-을 모두 대면하고 결합해야 할 필요성에 대한 새로 생겨난 지각. 더 나아가, 이 지각은 *건설적인* 것과 *파괴적인* 것 모두의 양극성과 *의식적*이면서 *무의식적*인 자아를 모두 가진 양극성의 통합을 의미한다.
2. 역설적-통합적 신앙은 개별적 단계가 적절히 이해할 수 있는 대부분의 분명한 이분법적인 범주들보다 진실은 더 다양하고 복잡하다는 것에 대한 절실한 감각을 일으킨다. 진실의 풍부함과 애매모호함과 다차원성 안에, 진실은 적어도 둘 이상의 시각적 관점들로부터 동시에 접근되어야만 한다. 빛의 행동을 설명하기 위해서 서로 다른 두 가지의 양립할 수 없는 모델들 -에너지 꾸러미 모델에 기초한 모델과 파동설 모델에 기초하는-을 요구하는 물리학의 탐구과정처럼, 역설적-통합적 신앙은 역설과 그 진실의 고유한 것으로 보이는 진리에 대한 서로 다른 관점들의 명백한 모순들을 인식하는 것이 된다.
3. 역설적-통합적 신앙은 개별적 단계가 상징들과 신화들, 그리

고 개념적 의미들 속의 예전을 설명한 환원주의적인 전략을 넘어선다. 비신화화와 명제적 진술들에 대한 신화화와 상징화의 비판적 해석을 넘어서서, 역설적-통합적 신앙은 "제2의 단순함," 탈비판적인 수용성과, 상징과 신화에 표현되어져온 실재에 참여하는 것에 대한 준비성을 낳는다. 이것은 계속해서 다음 특징으로 이어진다.

4. 역설적-통합적 신앙은 자기 자신의 것과 다른 전통들과 공동체들의 진실들을 향한 진정한 개방성을 포함한다. 그러나 이 개방성은 상대론적 불가지론(문자적으로, "알 수 없다")과 동일하지 않다. 오히려, 진실은 그러한 관점들의 변증법적 상호작용을 요구한다는 것에 대한 인식과 자신의 전통에 대한 깊고 특별한 헌신의 경험에 확실하게 기초한 "다른" 사람의 진리들을 향해 훈련된 개방성이다. 바꿔 말하자면, 특정한 전통의 진리 요구들에 대한 헌신적인 신념을 보여준다고 할지라도, 역설적-통합적 신앙은 우리 전통들 중 어떤 것이든 끊임없는 수정과 도전의 요구를 제기할 수 있다는 궁극적인 진실에 대한 이해를 아는 겸손을 요구한다. 이것은 우리의 모든 전통들이 빠지기 쉬운 우상숭배(초월적 진실의 상징화를 진실의 실재와 지나친 동일시)의 성향과 마찬가지로, *사각지대*를 극복하는 데에 도움이 된다.

다음의 편집된 진술은 남성이나 여성 누구에게서나 나올 수 있다. 이 사람이 크리스천이라고 하더라도, 나는 다른 많은 전통들 어디에서나 이런 예를 찾아낼 수 있다.

나의 신앙은 지난 몇 년 동안 어려운 변화를 겪어왔습니다. 이전에는, 사물들이 분명하게 보였습니다. 나는 내가 누구인지 알고 있었습니다. 나는 친구들이 있었고, 직장 동료들도 있었습니다. 나는 가치관과 신념에 대한 감각도 있었습니다. 그건 나에게 중요한 일이었습니다. 그 이유를 말씀드릴 수 있습니다. 나는 하나님이 누구인지 알고 있었고, 하나님이 어떻게 나의 인생에 잘 들어맞는지에 대한 분명한 느낌이 있었습니다. 그러나 최근 몇 년 동안 나는 모든 것들이 엉망이 되어버린 시기를 겪었습니다.

20년쯤을 사는 동안 성인으로서의 자존심을 지키기 위해, 나는 내가 시작했던 꿈을 시험해야만 했습니다. 그중 일부에서는 성취감을 느꼈고, 다른 부분에서는 포기하거나, 나 자신을 속여서 빼앗기도 했습니다. 그렇게 살아가던 중에, 나와 내 인생의 예상하지 못했던 차원들이 사물을 바라보는 나의 초기의 방식들에 침투해왔습니다. 예전에는 분명하고 문제없어 보이던 것들이 더 복잡해지고, 더 설명하기 어려워졌으며, 이상하게도 나에게 더 중요해졌습니다. 그걸 말로 표현해 보겠습니다.

하나님은 지금 나에게 그 어떤 때보다 설명할 수 없는 것처럼 보이지만, 그럼에도 어느 정도는 더 근본적으로 중요합니다. 하나님은 감지하기는 힘들지만, 완전한 실재이면서 강력하기도 합니다. 나는 하나님이 우리에게 일하시는 방법이 내가 한 때 생각했던 것보다(또는 내가 배웠던 것 보다) 더 점진적이면서 숨겨진 것이라고 느낍니다. 나에게 있어서 "하나님의 뜻대로 행하는 것"은 이제 *연역적인* 과정이라기 보다는 오히려 좀 더 *귀납적인* 것으로 느껴집니다. 그리고 그것은 *과정*입니다. 하나님의 의지는 어떤 명령의 실체이거나, 우리가 발견할 수 있도록 광야에 이미 표시된 어느 정도 경계가 정해진 통로가 아닙니다. 다른 어떠한 단순한 방법도, "하나님의 왕국"에 대한 어떤 분명한 개념을 가져오는 일에는 소용없을 것입니다.

내가 믿게 된 바에 따르면, 하나님의 의지를 실천한다는 건 배우가 작가 겸 연출가와 함께 일하는 것처럼 함께 하나의 연극을 창조하는 것과 같습니다. 우리는 하나님이 가진 종합적인 계획안에서 즉흥적으로 무엇이든 함께 하지요. 그 종합적인 계획의 방향은 "문서"-성경-의 도움을 받아 알 수 있습니다. 그러나 우리의 응답들, 우리의 계획들, 우리의 움직임들은, 우리가 하나님의 동작에 관련하여 우리의 춤을 형상화하려고 시도하는 것과 함께, 이 드라마에서 중요한 부분이 됩니다.

나는 그리스도 안에서 하나님이 보여주신 *모든* 사람들과 나라들을 향한 신적인 목적이라는 새로운 방식을 이해하기 시작했습니다. 그러나 역설적이게도, 이것은 모든 사람이 나와 우리 크리스천들과 동일한 방식으로 하나님을 알아야만 한다는 것을 의미하지는 않습니다. 나는 하나님의 속성과 목적과 사랑을 이해하는 최고의 방법은 그리스도 안에서 그것들을 이해하는 것이라고 믿습니다. 하나님의 속성과 목적과 사랑은 그리스도 안에서 이해할 때 가장 이해하기 쉬워지기 때문입니다. 이것을 깨달으면서, 그리고 이것에 대해 헌신적이 되는 것은, 이상하게도 진정으로 보편적인 하나님의 속성과 목적과 사랑이 다른 종교 전통들의 심오한 부분들에서도 표현될 수도 있다는 가능성에 대하여 나를 개방하게 했습니다.

나는 이것을 확실하게 알고 있습니다. 하나님은 신비할 정도로 위대하십니다. 궁극적으로는, 우리는 모두 우리의 운명과 성취감을 하나님 안에서 발견하게 될 것입니다. 하나님은 역사의 저자이며 최후의 결정자이십니다. 우리 인간들은 하나님과의 일종의 동반자로 부름을 받았습니다. 그리고 우리는 진정한 구원이 필요합니다. 사도 바울이 말한 것처럼, "우리는 선한 일을 행하기 원하나, 우리는 행하지 않으며, 악한 일을 행치 않고자 하나 우리 스스로가 악을 행하고 있는 것을 알게 된다. 누가 우리를 이 삶과 죽음의 낯선 진창에서 구원할까?"

역설적-통합적인 신앙은 깊고 특별한 헌신들과 다른 전통들의 진리들에 대한 훈련된 개방성을 결합시킨다. 이 신앙은 자신의 최초의 가치와 신념 공동체에 대한 충성과 공동체들의 공동체의 실재에 대한 충성을 결합시킨다. 원인이나 사상에 대한 변증법적이지 않고 외골수적이며 무비판적인 헌신을 보여준다는 의미에서 보면, 역설적-통합적 신앙을 가진 사람들은 "진정한 신앙인들"처럼 보이지는 않는다. 그들은 거룩한 전쟁의 주인공들이 되지는 않을 것이다. 역설적-통합적 신앙의 사람들은 옳은 자들과 악한 자들 사이의 경계가 "우리"와 "그들" 사이보다는 오히려 우리들 각자와 우리 공동체들의 한복판을 가로질러 지나간다는 것을 알고 있다.

보편적 신앙 UNIVERSALIZING FAITH

역설적-통합적 신앙의 단계에 속한 개인이나 공동체는 아이러니한 의식과 헌신 사이의 긴장과 역설 속에서 살아간다. 혁명적 이론으로 분석을 하면서, 역설적-통합적 신앙의 개인과 공동체는 평등과 정의의 균형이 더 채워진 새로운 질서와 보편적인 선에 대한 헌신이 포함되어 협력할 가능성을 보며 기뻐할 수 있게 된 바로 그 순간에, 구제도의 부패와 취약성을 함께 볼 수 있다. 그들은 모든 일이 반드시 새롭게 만들어져야 한다는 의무감을 인식하지만, 아직은 사물의 현재 질서 속에 깊숙이 몸을 담고 있다. 그들이 가진 애착들과 헌신들은 너무 대가가 크고 무서워서 혁명적인 배열을 즐길 수 없게 만든다. 그래서 그들은 정의를 향한 개선과 진화를 위해 일하면서도, 그들이 반대하는 부당한 구조들 안에서 자신의 함축을 깊이 자각하는 긴장 속에서 분리된 삶을 살아간다.

따라서, 역설적-통합적 신앙에서의 유혹은 그 신앙의 동정심에 고정되어버릴 수 있다는 점이다. 이 신앙 단계의 사랑들과 충성들에서의 양극성은 서로를 무효화시키는 것처럼 보일 수 있다. 역설적-통합적 신앙을 가진 사람들은 변화하는 새로움을 열망하지만, 그들의 진실성은 현재의 제도들과 사람들을 향한 변함없는 헌신들을 유지하는 것에 관련되어 있다. 그들은 모든 존재와 연대하며 살아야 한다는 명령과도 같은 가능성을 본다. 하지만 그들의 의지와 애착과 행위들은 긴장과 분리와 비통합으로 나타난다. 그들은 세계에 속해 있으나 세계로써 존재하지는 않음으로써, 우주적인 노숙자 됨과 외로움의 감정을 느낀다. 어떤 이들에게는, 이러한 갈망과 불편함이 그들을 변형되고 또 변형이 진행되고 있는 관계, 곧 인생의 궁극적인 조건들과의 관계-그리고 자기들 스스로와 매일 존재하는 그들의 이웃들과의 관계-로 유혹하려 불러들이는 수단이 되기도 한다. 이러한 변형되고 있고 변형된 관계를 우리는 보편적 신앙이라고 부른다.

보편적 신앙으로의 이동은 우리가 앞선 단계들의 과정에서 보았던 두 가지 경향의 급진적인 완성으로 나타난다. 첫 번째는 *자아로부터의 탈중심화*와 관련된다. 보편적 신앙에 있어서 급진적인 자아로부터의 탈중심화는 몇 가지 차원이 있다. 첫째는 인식론적 차원이다. 사람들이 하나의 단계에서 다른 단계로 발달하는 것을 기술하면서, 우리는 각 새로운 단계가 *관점취득*에 있어서의 질적 확장을 가져오는 것을 보았다. 각 단계가 이어지면서, 삶에 의미를 발견하거나 부여하는 자신의 방법에 "손꼽아지는 사람들"의 범위가 확장되어간다. 직계 가족 안에서 시작된 최초의 관계들로부터 우리는 점차적으로 지각의 원을 넓혀가고, 관심의 대상이 확장된 가족과 친구들로, 우리의 정치적이고 종교적인 정체성들을 공유하는 사람들로, 그리고 마지막에는 포괄적인 개념에서의 인류 혹은 존재들을 넘어서기까지 그 범위를 확장시킨다. 인식론적인 개념에서 자아로부터의 탈중심화는 확장되는 반경에 포함된 타인들의 관점과 자신의 관점간의 균형을 잡을 수 있는 능력과, 기꺼이 그렇게 할 수 있는 상태가 점차 질적으로 확장되어가는 것을 의미한다. 이것은 사람들, 계층들, 국가들, 그리고 자신의 것과는 전혀 다른 신앙들의 눈과 경험을 통해서 세계를 "아는 것"을 의미한다.

보편적 신앙에서 급진적으로 완성되는 탈중심화의 두 번째 차원은 반드시 가치화와 가치평가에 관련되어야 한다. 우리의 가치와 중심되는 가치들에 대한 헌신의 발달적 역사는 우리의 관점취득에서의 탈중심화의 과정과 병행을 이룬다. 우리는 인생에 의미와 가치를 부여하는 가치들에 투자하거나 헌신한다. 우리는 우리의 정체성들을 확정하고 우리의 자아감에 중요한 의미를 부여하는 가치의 중심들 위에서 "마음을 놓고 쉰다." 바꿔 말하면, 세속적 가치에서 우리의 기반을 약속하는 것처럼 보이는 것들로 인해, 우리는 원인들, 사람들, 제도들, 소유들, 그리고 그와 정말 비슷한 것들에 더 애착을 갖게 된다. 비슷하게, 우리는 스스로가 어떤 권력의 형태나 약속에 애착을 갖는 경향이 있다. 우리의 관심들과 가치들의 유지를 보장하는 권력 자원들은 우리가 위험한 권력 세계 속에서 유한한 개인으로서 느끼는 공포와 불안정을 다룰 수 있도록 도와준다. 신앙 발달 단계 전체에 걸쳐서, 자아의 범위들과 정체성을 설명하기 위한 것으로써, 이어지는 각 단계는 집단들의 확장을 요구하며, 가치, 중요성, 그리고 *그들의* 생존에 관한 공포와 불안에 근거한 가치화가 점차 우리가 걱정해야 할 문제들이 되는 것에도 관심을 갖는다. 이 과정은 어느 정도의 보편적 신앙의 완성에 이른다. 왜냐하면 한 사람이 그/그녀가 연약하고 방어적이고 걱정스러운 창조물이라는 관점에서가 아니라, 창조물을 향한 창조주의 사랑에 좀 더 가까운 특징을 가졌다는 관점으로부터, 창조주의 가치화와 다른 존재들-그리고 존재-의 가치들에 참여하는 식으로 확장되는 가치화 과정에서 탈중심화가 일어나기 때문이다.

역설적-통합적 신앙의 역설적인 애착들과 양극적인 긴장들에서부터, 보편적 신앙을 보이는 것으로 잘 묘사된 개인은 세계를 이해하기 위한 인식론적이고 가치평가적인 참고점으로써 자아로부터의 급진적인 탈중심화에 동의했고, 강력한 종류의 자아의 신성 포기 혹은 자기 비움의 열매를 나타내기 시작했다. 종종 "무심함"이나 "사심 없음"으로 기술되는, 여기에서 기술된 케노시스-문자적으로는 자아를 "쏟아내는 것" 또는 비우는 것-는 사실상 의미와 안전을 약속하는 개인의 삶 속에서 가치와 힘의 제한된 중심들을 강력하게 넘어선 애착들을 갖게 된 결과다. "온전한 사랑이 두려움을 쫓아낸다"는 요한1서 4:18의 말씀처럼. 보편적 신앙을 향한 움직임의 일부로써 가치들의 재평가와 변질되기 쉬운 힘의 근원들을 포기하는 것은 급진적인 하나님의 사랑에 대한 사랑과 신뢰 안에서의 개인의 전체적이고도 널리 퍼지는 응답의 열매다.

이 단계에서 대표적인 목소리와, 보고 존재하는 방식의 형성으로 안내하는 성스러운 본문을 들어보자.

개인이 저항할 수 없게 된 때가 왔고, 그의 행동은 결과적으로 완전히 정도에서 벗어나게 된다. 이 일은 그가 그 자신을 0으로 줄였을 때 일어난다.
비폭력적인 사람에게, 전체 세상은 하나의 가족이다. 따라서 그는 누구도 두려워하지 않을 것이며, 누구도 그를 두려워하지 않을 것이다.
우리가 그저 우리를 사랑하는 사람들만을 사랑한다면, 그것은 비폭력이 아니다. 오직 우리가 우리를 미워하는 사람들을 사랑할 때에만 비폭력이다. 이 위대한 사랑의 법을 따르는 것이 얼마나 어려운 일인지 안다. 그러나 모든 위대하고 선한 일들은 행하기 어렵지 않은가? 미워하는 사람들을 사랑하는 것은 모든 것들보다도 가장 어렵다. 그러나 하나님의 은혜로, 비록 이것이 가장 어려운 일이라고 할지라도 우리가 행하기를 원한다면, 그것은 성취하기 쉬운 일이 될 것이다.

공평성에 의하면, 나는 당신의 동기가 순수하고 당신의 의도가 올바르다면, 당신의 행동에 뒤따르는 결과들이 기대하던 것인지 아닌지는 걱정할 필요가 없다는 것을 의미하는 것이다. 정말로, 만일 의미들에 주의하고 나머지를 그에게 맡긴다면 일들은 결국 옳게 되리라는 것을 의미한다는 말이다.

*기타*의 두 번째 장의 마지막 18절은 아주 간결하게 삶의 기술의 비밀을 전해준다.

    당신이 감각과 대상에 관한 생각을 유지할 때
    애착이 생겨난다. 애착은 욕망을 낳고,
    소유욕은, 좌절될 때,
    화가 날 정도까지 타오른다. 화는 판단을 흐리게 하고
    그리고 당신이 과거로부터 배울 수 있는 힘을 도둑질해가며
    실수들. 상실은 차별적인
    능력, 그리고 당신의 삶은 완전한 쓰레기가 된다.

    하지만 당신이 감각의 세계의 가운데로 움직일 때
    애착과 혐오감 모두에게서 벗어나,
    모든 슬픔들이 끝나는 곳에서 평화가 오고,
    그리고 당신은 자아의 지혜를 살게 된다…

    그는 영원히 자유롭다 깨고 나온 사람은
    나와 나의 것의 자아의 새장을
    사랑의 주와의 연합을 이루기 위해.
    이것은 최고의 상태다. 당신이 이것을 이루게 되는 것은
    그리고 죽음으로부터 영원으로 옮겨진다.

사랑은 절대 요구하지 않고, 언제나 준다. 사랑은 언제나 고통받지

만, 분하게 여기지 않고, 스스로 복수하지 않는다.
나는 내 안에 용기 있는 자의 비폭력을 갖고 있을까? 나의 죽음만 이 그것을 보여주리라. 만일 누군가가 나를 죽였고 내가 나의 입술로 살인범을 위해서 기도하며 죽었고, 내 마음의 안식처에 하나님의 살아있는 존재하심의 기억과 의식을 갖고 죽었다면, 그것으로 나는 용기 있는 자의 비폭력을 가졌었다고 말해질 것이다[9].

방금 말한 간디의 저서와 바가바드 기타에서 인용된 내용은 보편적 신앙을 위한 적절한 표현들을 제공한다. 나는 불교, 기독교 혹은 유대교의 근거들로부터의 예들을 사용할 수도 있었고, 새로운 진정한 인본주의 신비주의자들과 전투적인 사람들로부터의 예들을 사용할 수도 있었다. 보편적인 신앙은 그 정확한 형태를 어느 문화나 전통에서나 찾아볼 수 있다. 그것들을 표현하는 데에 사용되는 형이상학적인 신념과 형상화의 차이점들에도 불구하고, 그리고 존재와 시간의 관계에 대한 그들의 이해의 차이에도 불구하고, 어떤 시대나 전통에서 나왔든지 보편적 신앙을 지닌 개인의 삶들의 질은 영적인 면에서나 힘의 면에서 분명히 비슷하다.

신앙 발달 이론과 인간의 소명

이제 우리는 에릭슨, 레빈슨, 그리고 길리건의 이론들에게 물었던 것과 같은 질문을 신앙발달 관점에 물어야 한다. 이 이론에서는 성인의 이미지가 어떻게 표현될까? 이 연구를 생동감 있게 만드는 인간의 전체성과 완전함에 대한 비전은 어떤 것일까? 이 이론은 착한 남성/착한 여성의 특징에 관해 어떤 초상을 보여줄까?

이 질문들에 대해 대답한다는 것은 신앙발달에 관한 우리의 연구 안에서 오래 지속되는 모호함을 받아들이는 법을 배웠다는 것을 의미한다. 대체로 그것은 생산적인 모호함이었다. 그러나 지금은 그 모호함을 명확하게 하고 넘어가기 위해 노력해야 할 때다.

단순한 시각에서 보면, 신앙 발달과 소명적인 이상에 관한 질문들에 대해, 보편적 신앙의 단계에서 보이는 인간 성숙의 이미지를 들먹이면서, 이 이론이 제시하려는 인간 성숙의 윤곽과 특징에 대한 대답을 할 수도 있다. 그리고 그 대답은 완전히 잘못된 것은 아닐 수도 있다. 하지만 또 그 대답이 전적으로 옳은 것도 아니다. 바로 이 지점이 우리가 중심적인 모호함을 마주해야 하는 곳이다. 보편적인 단계는 가치화에 대한 급진적인 재평가와, 경험을 설명하기 위한 인식론적이고 가치철학적인 참고자료로써의 자아를 포기하는 것을 포함하고 있는데, 그럼에도 이 단계가 정말로 모든 인간됨을 위한 규범적인 이미지가 되는 것으로 여겨질 수 있을까? 어떤 전통에 속한 극히 일부의 개인들에 의해 획득되는 단계나, 강한 신비적 차원과 변화하는 사회적 행동의 결합을 요구하는 것처럼 보이는 단계가 *일반적인* 소명적 이상을 보여주는 것으로 적합할까?

이 질문들에 표현된 의심들의 뒤편에, 나와 동료들의 연구에 대한 여러 비판에 의해 주목하게 된 주제들이 숨어있다10). 첫째로, 보편적 신앙의 단계에 있는 사람에 대한 자료가 우리에게 상대적으로 부족하다는 문제가 있다. 둘째, 앞서 일어나는 단계들 사이에서의 변화와 비교했을 때, 마지막 두 개의 신앙 단계의 변화가 외견상 더 급진적인 변화로 보인다는 문제가 있다. 그리고 마지막으로, 보편적 신앙의 수준의 사람들이 아주 많아지게 되는 것이 사회적으로 가능한지 혹은 바람직한 일인지를 고려해봐야 한다는 문제가 있다. 누군가가 이 단계에 속해 있으면서도 친밀한 관계들을 유지할 수 있을까? 이 단계에 속해 있는 사람이 복잡한 사회적, 경제적, 그리고 정치적인 조직들의 유지를 위해서 헌신할 수 있을까? 아니면, 뒤집어 말해서, 자아로부터의 탈중심화와 물질적인 상품들로부터의 분리를 요구하는 단계가 개인들의 기질과 배경들, 그리고 세계관의 다양성을 포함하는 소명들을 대표하는 것이 될 수 있을까?

이러한 것들을 고려해야 하므로, 이 연구에 대한 가브리엘 모란 Gabriel Moran과 다른 호의적인 논평자들은 신앙발달 진행의 규범적인 종착점으로써 역설적-통합적 신앙을 취할 것을 제안해왔다. 그들이 제안하기는, 하나의 단계로서의 역설적-통합적 신앙은 상호 의존적이고 다원적이며 글로벌한 세계 속에서의 삶을 위한 기준들에 적합하다는 것이다. 게다가, 그들은 이 단계를 최고점으로 만드는 것이 이전 단계들의 진행과의 연속성을 갖는 논리적이고 경험적인 개념을 형성한다고 주장한다. 그들은 개별적-성찰적 신앙과 역설적-통합적 신앙 사이에는 역설적-통합적 신앙과 보편적 단계 사이에서 보이는 것과 같은 급진적인 분리상태가 없다고 보았다. 심지어, 그들은 보편적 단계가 종교적인-유일신론적인 것이든 아니든-성향을 요구하는 것처럼 보이기 때문에, 그것은 사실상 그런 필요성을 포함하고 있지 않아 보이는 역설적-통합적 단계보다 사실상 덜 보편적일 수 있다고 주장한다.

나는 앞서 말한 문제제기들이 중요하다는 것을 알게 되었다. 그것들은 내가 한 개인의 신앙의 발달에서의 두 가지 사실의 관계를 간파하고 명확하게 하는 시도를 하도록 강요하였다. 두 가지의 사실이란, 신학에서, 전통적으로 "본성"과 "은혜"로 정의되어 왔던 것들이다. 이 사실들에 관해서는, 위에서 요약했던 비판들의 입장이 이런 방식으로 진술되어질 수 있었다. 원초적 신앙에서부터 통합적 신앙 단계까지의 진행은 발달의 *본성적인natural* 과정의 기술로 보여질 수 있다. 이 발달의 과정은 인지적 설명, 도덕적 판단, 심리사회학, 그리고 자아 발달을 보고했던 과정들에 분명하게 비유될 수 있는 발달의 과정이다. 시간을 넘어서고 존재의 상태와 상호작용하면서, 역설적-통합적 단계를 향하는 개인의 발달을 설명하기 위해서 은혜나 계시와의 관련에 대한 요청을 언급할 필요는 없다. 어쨌든, 보편적 신앙으로의 이동은 "본성적인" 것의 붕괴나 그것으로부터의 괴리를 요구하는 것처럼 보인다. 보편적 신앙으로 가장 적절해 보이는 사람들은 우리가 일반적으로 "본성적"이라고 받아들이는 유대관계들과 애정들을 부정하는 경험이 있는 것처럼 보인다. 그들은 또한 "본성적인 것"으로 보이는 일종의 이기적인 것의 정반대를 겪어온 것처럼 보인다. 확실히, 이 유대들의 부정은 이따금씩, 결국에는 재성립된 관계들로 상대화되어 나타나지만, 지금은 초월자와 하나 됨의 중심적 가치에 대해 그들의 가치가 확실하게 종속된 관계로 *상대화된* 것으로 나타난다. 그렇다 하더라도, 찬성뿐만 아니라 사람들로부터의 강력한 반대를 기다리기까지 하게 하는 동기들, 용기, 그리고 평정은 초월자-존재의 초월, 하나님의 초월, 혹은 영의 초월-의 계획에 근거한 설명을 요구하는 것 같다. 그러한 동기들과 갈망들은 은혜와 비슷한 어떤 작용인 것처럼 보인다.

이 문제들에 대한 나의 입장은 다음과 같다. 나는 은혜를 믿는데, 인간의 완전성을 위해서 일하는 창조적인 영의 존재와 힘으로써의 은혜는 태초로부터의 창조에서 주어졌고 작동하고 있다. 이 개념에서, 나는 "본성적인" 혹은 "본성적인 상태"는 역사나 현재에서 아무것도 아닌 것에 상응하는 허구적인 개념들이라고 주장하는 신학적인 전통에 동의한다. 완전성을 향한 인간의 발달은 내가 믿기로는, 인간의 창조 때에 부여받은 가능성과 다양한 통로들을 통해 중재되는 것으로써의 성령의 존재와 활동 사이에서 어떤 *시너지*의 산물이라고 늘 생각한다. 따라서, 개인이나 집단의 신앙발달의 질과 움직임을 차별화하는 데에 있어서 가장 중요한 사실은, 개인이나 집단의 성령과의 동료관계를 위한-시너지를 위한- 잠재력의 의식적이면서 동시에 무의식적인 능력을 갖고 수행해야 한다는 점이다. 복잡한 방법의 영역 안에서, 우리는 또한 성령에 대한 의식적이거나 무의식적인 적대감이 있을 수도 있다. 다양한 사실들로부터, 원인론은 극도로 복잡해지고, 우리는 성령과의 시너지에 반대하게 만드는 깊은 기질들을 유지하고 있을 수 있다. 우리가 이런 종류의 적대감을 어느 정도 지니고 있는 곳에서, 신앙발달의 다음 단계로의 성장이 벽에 부딪히게 될 것이다. 이전에 벽에 부딪혔던 사람이 효과적인 성령의 돌파구를 경험하여 은혜 경험과의 시너지를 향한 해방과 새로운 개방성을 경험하게 될 때, 우리는 기독교 신학자들이 말하는 전통적 구원이나 구원의 은혜의 실재 안에 있게 된다. 기독교인들은 전통적으로 은혜에 대한 적대감의 상태 혹은 은혜와의 시너지에 대한 장애물을 죄라고 불러왔다.

앞서 말한 논의는 신앙발달 이론에서 표현된 소명적 이상의 특징을 나타내는 데에 있었던 이전까지의 애매모호함을 어느 정도 극복하게 하는 기초를 제공한다. 놓치지 말아야 할 중요한 점은, 신앙발달 이론에 의해 제공되는 인간의 완성 혹은 전체성의 이미지는 획득되는 소유물이나 인식되는 단계가 아니라는 점이다. 오히려, 그것은 존재하고 움직이는 방법이고, 순례자의 길에 서는 방법이다. 신앙은 자신의 이웃들을 향한 신뢰와 충성의 관계다. 여기서 신뢰와 충성은 궁극적인 환경에 속한 가치와 힘의 특성이 보여주는 통일된 이미지에 대한 신뢰와 충성으로 유지된다. 우리가 보편적인 것으로 다루게 될, 인간의 부르심callinig은 우리가 가정한 시작점의 협소함으로부터 존재의 연합으로의 실제적인 연대를 향하는, 이웃으로 여겨지는 사람들의 범위가 넓어지는 포괄성을 수행하고, 그 안에 참여하는 것이다. 이 부르심이 의미하는 것은 우리를 사랑하는 사람들과 우리가 의지하는 사람들의 제한된 사랑으로부터 모든 존재의 근원과 중심에 대한 진정한 동일시에서 나오는 무한한 사랑으로의 이동을 의미한다. 신앙발달의 관점은 각각의 개인과 집단이 연속적으로 성령의 유효성과 변화를 일으키는 성령의 힘을 경험한다는 신념에 의존하고 있다. 완전함을 향하는 성장에서 성령과의 시너지에 저항하는 형식들과 원인들은 다양한 방법으로 이해되고 연구될 필요가 있다. 어쨌든, 목표는 모든 사람들이 보편적 신앙의 단계에 도달하게 하는 것이 아니다. 오히려 각 사람이나 집단이 가능한 극단적으로-그들의 현재의 단계 혹은 변화의 구조들 안에서- 성령과의 시너지를 향해 자기 자신을 개방하게 하는 것이다. 그 개방의 역동성-그리고 "구원하는 은혜"와 함께 나올 수 있는 놀라운 개방성들-은 성령과의 동료관계에서, 그리고 보편적 신앙을 지향하는 계속되는 성장을 향하게 하는 매력과 힘으로 작용한다.

---

1) 특히, James W. Fowler, *Stages of Faith: The Psychology of Human Development and the Quest for Meaning* (San Francisco: Harper & Row, 1981); James Fowler and Sam Keen, *Life-Maps: Conversations on the Journey of Faith* (Waco, Tex.: Word Books, 1978); James W. Fowler, *Faith Development and Pastoral Care* (Minneapolis: Fortress Press, 1987); and James W. Fowler, *Faithful Chang: The Personal and Public Challenges of Postmodern Life* (Nashville: Abingdon, 1976)을 보라.

2) 우리의 연구과정과 인터뷰 계획서에 대한 내용을 원한다면, Fowler, *Stages of Faith*, 307-312.와 *Manual for Faith Development Research*, 2nd ed. (by james Fowler, Romney M. Moseley and David Jarvis: Center for Faith and Moral Development, Emory University, 1993)을 보라.

3) 이 단계들의 더 자세한 이해를 위해서는, Fowler, *Stages of Faith*, 119-211과, Fowler, *Faithful Change*, chap. 2.를 보라.

4) Ulric Neisser, "The Development of Consciousness and the Acquisition of Skill," in *Self and Consciousness*, ed. P. M. Cole, E. L. Johnson, and F. S. Kessel (New York:Praeger, 1984).

5) Paul Tillich, *Systematic Theology*, vol. 1 (Chicago: University of Chicago Press, 1951), 191; and Paul Tillich, *The Courage to Be* (New Haven: Yale University Press, 1952), 57.

6) Ana Marie Rizzuto, *The Birth of the Livinig God* (Chicago: University of Chicago Press, 1979).를 보라.

7) 여기서와 이어지는 다른 단계들로부터의 합성된 진술들에서, 나는 Mary Lou McCrary와 Barbara Shuman의 공헌을 기억하기를 원한다. 그들은 대표적인 진술들과 초기 저작에서 시도된 합성의 개념을 생각했던 사람들이다. 하지만, 여기서 사용되는 합성된 진술들은 필자에 의한 것이다.

8) C. G. Jung, *Collected Works*, vol. 2, *Psychology and Religion: West and East*, 2nd ed. (Princeton: Princeton University Press, 1969), 287, 501, 369, 416, 419, 의 여러 곳에 나옴.

9) 인용된 글은 Eknath Easwaran, *Gandhi the Man*, 2nd ed. (Petaluma, Calif.: Nilgiri Press, 1978), 11, 105, 108, 115, 121-22에서 선택 인용된 Gandhi의 다양한 저작들로부터 온 것이다.

10) 이어진 비판과 다른 비판적인 통찰들의 균형잡히고 통찰력있는 형성을 위해서는, Gabriel Moran, *Religious Education Development* (Minneapolis: Winston Press, 1983), 107-136을 보라. 또한 Craig Dykstra와 Sharon Parks가 편집한 신앙 발달이론에 대한 비판적인 글들을 모은 책으로, *Faith Development and Fowler* (Birmingham, Ala.: Religious Education Press, 1986)을 보라. 신앙 발달이론에 대한 더 비판적인 관점들을 위해서는, James W. Fowler, Karl Ernst Nipkow, 그리고 Friedrich Schweitzer가 편집한, *Stages of Faith and Religious Development* (New York: Crossroads Publishing Company, 1991)과 Jeff Astley와 Leslie Francis가 편집한 *Christian Perspectives on Faith Development* (Grand Rapids, Mich.: William B. Eerdmans Publishing Company, 1992)를 보라.

chapter 4

성인기, 소명, 그리고 기독교 이야기
ADULTHOOD, VOCATION, AND THE CHRISTIAN STORY

기독교 고전과 그 이야기 구조

　2장과 3장에서는 인간의 생애주기에 대해 어느 정도 상술된 이미지들을 제공하는 네 가지 발달이론들을 소개했다. 이 "성장함의 신화들"을 생각하면서, 나는 이 이론들이 보여주는 인간 성장에 있어서의 완성의 방향과 형태를 보여주기 위해 특별히 신경을 썼다. 나는 이 관점들을 인간 우수성의 의미에 대한 신호들로써, 그리고 "소명적인 이상들"의 근거로써 다루었다. 이런 방법을 제시하기 위해서 이 발달이론들을 선택한 이유는, 이 이론들이 개별적으로나 전체적으로나, 두 가지 노력에서 중요한 것들을 지니고 있기 때문이다. 하나는 현재의 소명의 위기를 극복하려는 시도를 위한 노력이며, 다른 하나는 풍성해지고 강화된 인간 성숙의 비전들을 지향하는 방법을 연구하기 위한 노력이다. 6장에서 나는 이 이론들로부터 특별히 없어서는 안 될 것으로 보이는 통찰들을 모을 것이다.

그러나, 그 사이에, 당신과 함께 성인기에 관한 다소 규범적인 관점들을 다른 종류의 근거들에 비추어 탐구해보려 한다.

사회학자 다니엘 벨Daniel Bell은 *자본주의의 문화적 모순 The Cultural Contradictions of Capitalism*[1])에서, 세속적인 60년대와 이어진 "자기 중심주의의 시대"에 종교에 대한 관심과 헌신이 다시 일어남으로써 종교적 관심과 헌신이 이어질 수 있다는 그의 판단의 정당성을 설득력 있게 입증한다. 벨은 지난 70년을 가로지르는 예술, 연극, 영화, 문학과 음악에서의 지배적인 분위기와 감성이었던 모더니즘이 예언적이고 해방적인 "질서를 향한 분노"로 시작되었다고 주장한다. 예를 들어, 모더니즘은 그 시대의 사람들에게 관습의 제한된 영역을 깨는 것이 문화적인 새로움과 풍부함의 근원인 새로운 *경험*을 이끌어주는 유일한 방법이라는 강한 신념을 강화하는 원초적 가치들과 동기로써의 자발성과 감성에 대한 낭만주의의 주장을 기반으로 한다. 벨의 주장에 따르면, 경험에서의 가치와 진실을 평가하기 위한 기준들을 몰수당하고, 변화와 새로움과 충격에 더 미친 듯이 헌신하게 됨으로써, 모더니즘은 스스로를 하찮아 보이게 만들었다. 모더니즘은 인습타파와 문화적 용제로서의 작업에 강한 반면에, 건설적인 원칙을 갖고 있지는 못하다. 숨겨진 가식의 가면을 벗는 것과, 중/상류층의 책임성의 표면 뒤에 숨겨진 혼돈과 살인 의도에 대한 폭로를 억제할 수 없어서, 모더니즘은 결국 *고도를 기다리며Waiting for Godot*의 무관심함 또는 *비상구가 없다No Exit*의 절망과 함께 막을 내린다. 자아실현과 의도적인 자아도취의 약속들이 베트남과 워터게이트라는 도덕적 난국들과 동시에 일어났던 이후의 10년 동안, 도덕적 방향과 영적 깊이를 향한 광범위한 탐색이 있었다는 것은 놀라운 일이 아니다.

벨은 자기 이전의 폴 틸리히 처럼, 문화 내의 가치와 비전이 공유된 일관성으로 존재할 가능성은 필수적인 종교적 중심지와 성스러움의 존엄성을 존중함으로써 그 종교의 원칙이 살아있는 세대에 의존한다는 것을 인정한다. 벨이 보는 바와 같이, 종교는 "인간 의식의 필수 구성요소의 한 부분이고, 존재의 '일반적 질서' 양식을 향한 의식적 탐색이며, 그러한 구상들을 세우고 성스럽게 만들려는 의식의 정서적인 요구이고, 타인들과의 관계나 자아를 향한 초월적인 응답을 구축하게 될 일군의 의미들과의 관계에 대한 원시적 요구이며, 돌이킬 수 없는 고통과 죽음에 직면하기 위한 존재적 요구이다2)."

벨이 포스트모더니티에서 종교의 대체 불가능성을 인식해 낸 것은 반가운 일이다. 윤리적 원칙들에 대한 종교적 본질의 추상적 개념을 피해야 할 필요성을 그가 수용한 것은 통찰력 있는 일이다. 문화적 비전과 가치를 유지하거나 갱신할 수 있는 종교적인 활력은 개별성과 보편성 사이의 살아있는 긴장을 요구한다는 그의 견해는 정확하다. 언젠가, 벨과 데이빗 트레이시David Tracy를 읽으면서 나는 현재의 사회적이고 문화적인 상황과 신학적 제안들에 대한 벨의 분석과, 최근에 데이빗 트레이시가 제시한 분석 사이의 연결점에 주목하게 되었다. 벨은 모더니즘을 "질서를 향한 저항"으로 기술했다. 데이빗 트레이시는, 월레스 스티븐Walles Steven의 시 "키 웨스트에서의 질서 개념The Idea of Order at Key West"의 표현을 빌어, 이 주제들을 다룬 그의 첫 책의 제목을 *질서를 위한 축복받은 저항Blessed Rage for Order*3)라고 붙였다. 이 주제들에 대한 트레이시의 주요한 두 번째 책은 *분석적 상상력The Analogical Imagination*[4])이다. 그 책에서, 여러 가지 중요한 주제들 중에, 트레이시는 어떻게 특정 종교 전통들이 급진적인 다원주의의 상황에서 방어적이면서도 적극적인 교조주의의 환원주의적인 비신화화에 빠지지 않은 채 그들의 몽상적이고 윤리적인 척도를 제공할 수 있는지에 대한 풍부한 제안을 함으로써 새로운 지평을 연다. 그는 자신의 *종교 고전religious classic*[5])에 관한 논의를 제공한다. 우리의 기독교의 이야기와 비전에 대한-그리고 성인기 기독교인의 관점에 대한-고찰을 위한 배경으로써 트레이시의 관점은 중요하다.

한스 게오르그 가다머Hans Georg Gadamer의 해석학적 전통에서, 트레이시는 현시대에 의미 형성을 위한 노력에 있어서의 살아있는 매개체라 할 수 있는 전통의 회수에 관심이 있다. 극단적인 진지함으로 다원주의를 수용하려는 의지를 내포한 트레이시의 목적은 문화적인 대중들에게 한편으로는 우선적인 신앙고백을 요구하지 않고, 또 다른 한편으로는 모호한 추상적 개념으로 빠져들지 않으면서 풍성한 종교 전통들로부터 나오는 요소들을 제공할 방법을 밝히려는 것이다. 어떻게 우리는 다른 전통들에 속한-혹은 아무 전통에도 속하지 않은- 사람들에게, 전통이나 우리가 제안하는 일반인들의 진실성을 침해하지 않으면서 특정 종교 전통의 풍부한 본질을 제공할 수 있을까? 가다머를 따르는 트레이시의 해결방법은 종교 고전의 개념이다.

"고전"이란 무엇인가? 우리가 그림, 소설, 건축물 또는 철학적 작업 등을 고전이라고 말할 때, 무엇을 의미하려고 그 단어를 사용할까? 드라마 혹은 영화, 교향곡 혹은 설교를 고전으로 지정할 때,

마음속에 어떤 특징들을 그리는가? 고전이란 우리 경험 속에서 근본적이고 되풀이되며 보편적인 것을 적절히 통합하여 모아놓은 것 같은 인간 영혼의 표현이다. 고전은 매 세기 마다 우리 종(인류)을 오랫동안 몹시 괴롭히며 오래도록 지속되는 결합이나 매듭에 대해 어쩔 수 없이 주목하게 한다. 또는 그것은, 해마다 끊임없이, 효과적인 것으로 증명되는 형태와 매체를 통해, 우리 지각의 문을 반복적으로 씻어내는 어떤 숭고한 초월의 순간을 포착한다. 고전은 오랜 세월이 지나도 건재하다. 고전은 인간의 조건에 관한 근본적인 진실의 표현을 일깨우지만, 어떤 면에서는 그 결과로 필수적인 복잡성, 고집스러운 지속, 그리고 그 주제가 지닌 진실한 불분명함을 존중하기도 한다.

진실한 불분명함? 고전들은 어떤 작가들이 "의미의 과잉"이라고 불러온 것을 보여준다. 고전들은 우리가 그것들의 의미들을 고갈시키기 전에 우리의 해석의 능력을 고갈시킨다. 모든 진정한 고전의 중심 주위에는 신비함의 반그림자가 있다. 그것은 해석상의 혼란을 일으키며, 우리가 그 의미의 다중적인 층위를 조사할수록 놀라운 깊이들을 드러낸다.

트레이시의 연구에서처럼, "시대물"[6]의 개념과 고전의 개념을 대조해보면, 고전의 개념이 더 분명해질 수 있다. 시대물도 마찬가지로 인간 영혼의 표현으로써, 우리의 공유된 경험상의 특정한 순간에서 필수적인 어떤 것을 포착하고, 설득력 있는 효과로 명확하게 표현한다. 시대물도 대단히 가치 있을 수 있고, 가끔은 고전이 되기도 한다. 그러나 일반적으로 한 시기에 베스트셀러였던 소설은 다음 시즌에는 진부한 생각이 되고, 이번 여름에 모든 사람을 기쁘게 했던 영화는 가을에는 유행이 지난 영화가 된다. "저속한 lowbrow"(민간의)이라는 용어를 제안하는 것을 추가하여, *대중성 popular*이라는 명칭은 종종 시대물의 꼿꼿이 같은 특성을 암시하기도 한다.

트레이시의 용례에서 볼 때, 종교 고전은 더 넓은 고전 개념의 특별한 일례다. 인간 영혼의 표현이기도 한 종교적 고전은 "폭로-은폐 사건들"이라 불릴 수도 있는 매우 접하기 쉬운 순간들을 보존하고 만들어내는 특성이 있다. 종교적 전통은 상호간의 해석과 통합과 긴장이 있는, 우리가 "계시"라고 부르는 것들에 대한 일련의 폭로-은폐 사건들로 구성된다. 트레이시는 계시를 완전자의 힘에 의한 완전자의 폭로라고 말한다. 하나님의 자기 폭로는 하나님의 존재를 절대 고갈시키지 않으며, 폭로사건에 대한 우리의 불안과 그에 대한 표현들이 무엇을 제공할지를 정하기에는 전혀 적절하지 못하다. 또다시 해석상의 혼란을 가져오는 의미의 과잉과 피할 수 없는 불투명함이 있다.

종교적 고전의 개념을 배경으로 하여, 이제 *기독교* 고전에 대한 생각으로 가보자7). 이 서론적인 부분에서 내가 의도하는 바는, 전체론적인 방식으로 기독교 고전의 본질적인 *이야기 구조*를 파악하려는 것이다. 우리가 주된 활동의 큰 둘레의 크기를 먼저 파악하면, 기독교적 관점에서의 인간의 소명에 대한 요소들을 더 깊이 이해하는 것이 가능해질 것이며, 이로써 기독교적 관점에서의 인간의 소명에 대한 요소들을 앞에서 살펴본 성인기에 대한 심리학적 관점들과의 건설적인 대화로 이끌어갈 수 있게 된다.

모든 측면에서의 20세기 사상의 현저한 특징 중 하나는 우리의 경험들을 해석하고 관리하기 위한 근본적이거나 근원적인 메타포로 "과정" 개념을 차용한 것이다. 모든 조직의 수준에서와 모든 지식 분야에서 역동성과 과정이 왕의 자리를 차지했고, 본질과 정체와 불편성은 퇴위당했다. 물려받은 존재론적인 카테고리들이 형이상학적 관점들을 미리 조사 분석한 것 같은 이야기의 역동적인 특징은 "이야기"로서의 신학과 신학적 작품의 원초적인 형태로서의 이야기로의 회귀를 탐구하는 것에 대한 흥미가 증가하는 이유 중 하나다. 그러나 이야기로의 전환은 "과정" 사상 그 자체의 철학적 표현에 대한 또 다른 비판적 반응을 일으킨다. 과정철학과 신학의 언어와 이미지는 매우 추상적이고 형식적인 표현 방식이 특징이다. 따라서, 이야기로의 전환은 과정을 재통합해야 할 근본적인 필요를 특정한 컨텐츠와 컨텍스트들에 반영한다. 그것은 의미의 개념을 역사와 연결된 것으로써, 폭로와 깊이의 개념을 경험과 연결되어진 것으로써 회복하려는 갈망을 나타낸다.

알라스데어 맥킨타이어의 독창적인 책 *덕의 상실After Virtue*[8]은 이야기의 비판적이고 건설적인 역할을 *파이데이아paideia*[9]-문화는 개인의 덕과 힘의 의도적인 형성을 인간의 존재의 탁월성의 비전에 부합되게 다룬다는 종합적인 접근-의 발달에서 보는 데에 도움이 된다. 맥킨타이어는 도덕적 힘들과 행위들로써 이해된 덕들이 주어진 공동체 혹은 문화의 독특한 "사회적 *프락시스praxis*"와의 관련에서 정의되고 가치화되어야 한다고 주장한다. 이 사회적 프락시스는 문자적으로, 사건들이 사회 안에서 일어나면 의미들이 그 사건들에 덧붙여진다고 하는, 인정되고 관례화된 방법들을 의미한다. 정해진 사회적 프락시스는, 사람들과 문화의 세계관들과 신념들, 그리고 가치들을 모으고 토착시킨, 공유된 신화를 만드는 "이야기 구조"에 의해서 정당화되고 신성시된다.

인간의 탁월성의 비전들에 관한 우리의 관심과 기독교 고전의 이야기적 구조를 확인하려는 우리의 노력이 이중적 배경이 되면서, 우리는 기독교의 이야기와 비전의 구성요소들은 무엇인가라는 질문을 받게 된다. 기독교 고전의 근본적인 이야기적 구조란 무엇인가? 만일 우리가 1세기의 랍비 힐렐Hillel이 요구받았던 것처럼 한 발로 서 있는 사이에 법과 예언의 의미를 말해달라는 도전을 받게 된다면, 우리는 어떻게 기독교 전체 이야기의 핵심적 의미들을 대신할 대답을 할 수 있을까?

이 질문들에 대한 나의 대답은 여기서는 최대한 윤곽이 없는 상태가 유지되어야 한다. 이렇게 뼈대만 있는 개요를 제공하면서, 나는 신학자 가브리엘 파커Gabriel Fackre의 책 *기독교 이야기The Christian Story*10)로부터 받았던 자극을 의식하고 있다. 7개의 큰 챕터들을 참고로 하여, 우리는 기독교 고전의 이야기 구조의 주요 흐름을 서술할 수 있다.

1. *하나님*. "태초에 '말씀(로고스)'이 계셨다. 그 '말씀'은 하나님과 함께 계셨다. 그 '말씀'은 하나님이셨다."(요 1:1). 기독교의 핵심적인 이야기를 말하려 할 때, 우리는 이 시작점 뒤로 밀려날 수 없다. 존재의 원칙은 존재-그 자체이다. 어린 시절에, 나는 목사인 아버지에게 9살 아이의 방식으로 질문을 했다. "아빠, 만일 하나님이 이 세계를 창조하셨다면, 그러면, 음, 누가 하나님을 만들었어?" 신나는 기분에 의기양양하면서, 나는 누구도 이 질문을 할 생각조차 하지 않았을 거라 생각했다. 잠시 후, 그리고 나에게 인식적 자만심의 한계를 참

고 있음을 전달하는 모습으로, 아버지가 대답하시기를, "태초에 하나님이 계셨고, 그 말씀은 하나님과 함께 있었으며, 그 말씀은 하나님이었단다. 그는 태초에 하나님과 함께 계셨고, 모든 것들은 그를 통해 만들어졌으며, 그가 없이는 아무것도 되어진 것이 없었단다"(요 1:1-3). 그때, 나에게 그의 대답은 혼란스러웠다. 내가 그것을 배우게 된 이후, 말할 것도 없이 그것은 우리 이야기의 시작점이 되었다. 그리고 우리는 최초의 존재적 유대감 안에서, 우리가 세 명의 다른 위격들-성부 성자 성령-안에서 엄청난 통일성을 이미 보여준 삼위일체인 내부적 삼위일체 신앙의 유대감으로 다뤄지고 있다는 것을 배운다.

2. *창조*. 존재를 역동적으로 표현하자면, 하나님이 존재를 주신다. *Ex nihilo*, 무로부터의, 말씀의 힘으로부터, 말씀의 힘을 통하여, 존재자(하나님)는 공존자를 위한 자리를 마련하신다. 삼위일체의 춤 추심 안에 개방된 공간 속에서, 존재자는 생명의 씨앗과 하나님 자신의 형상 안에서의 자유와 창조성의 씨앗들을 자유롭게 하는 존재들을 낳는다. 로고스 발생의 중심지는 형태를 갖추고, 하나님의 내적인 생명은 존재들이 하나님과의 그리고 자신들 서로간의 관계와 참여와 동반자 관계를 발달시키는 것을 기꺼이 받아들인다.

3. *타락*. 제한된 자유와 연약함은 불안과 저돌적인 방어적 태도를 준비한다. 하나님과의 동반자 관계를 위해서 창조된 존재들은 의식의 성장을 경험한다. 자유의 씨앗들을 느끼게 되면서, 그들은 한계와 의존성에 대한 불만으로 가만히 있지 못하게 되고, 자기 스스로 기반을 가지려 시도하는 환상과 부담이 생겨난다. 하나님의 형상으로 창조된 개인들과 사람들은 참여적이기보다는 오히려 처음부터 창조적인 존재가 되려고 한다. 이것은 하나님과 하나님의 창조물 사이에, 그리고 창조된 존재들 사이의 위법과 소외, 그리고 적대감이라는 결과를 낳는다. 창조물에 들어있는 하나님의 형상은 왜곡과 분리를 겪는다. 비존재의 불안과 공포는, 인간이 스스로를 주장하고, 자신

을 규명하며 보호하려는 노력을 더 강화시킨다. 유한한 마음들의 수난뿐만 아니라, 집단적이고 사회적인 구조들은, 무엇을 잃어버렸는지 알지 못한 채 존재의 토대와 근원으로부터 떼어냄을 경험한 창조물들의 방어적인 자기통합을 반영한다. 그 분리는 기능도 없고 조직도 없으며, 소외와 타락의 결과로는 보이지 않는 우리의 유한한 존재로써의 능력도 없다는 점에서 빈틈이 없다.

4. *해방과 계약*. 삼위일체의 하나님은 화해의 계획을 준비한다. 하나님 안에는 그의 백성들을 자기 기반성의 구속으로부터 부르시고, 화해된 동반자 관계로의 길을 열어놓으시는 해방자와 예언자가 들어있다. 하나님은 정의로 인도하는 은혜의 길(토라, 할라카, 율법)을 주신다. 계약에 충실한 시기들도 있다. 게다가, 이야기는 우리에게 계약에 충실했다가 추방당했다가, 충실했다가 추방당했다가, 충실했다가 추방당하는 사이를 오가는 진자운동과 같은 반복을 보여준다. 모든 경우에 하나님은 그의 *변함없는 사랑과 충실함*을 위해, 그리고 그 표현으로써, 그의 백성들에게 심판과 치유의 제안을 끊임없이 또 구속적으로 보낸다. 그것이 언제까지냐 하면...

5. *성육신*. 하나님의 은혜와 계획 속에서, 로고스는 인간이 되어 육신을 입는다. 하나님은 인간적인 특성 안에서 창조에서의 에로틱한 의도를 드러내신다. 하나님은 창조자와 창조물 사이의 신뢰할만한 관계성을 회복시키는 것과, 소외되고 분리된 창조물들 사이의 공동체를 복구하기 위한 중대한 결정을 발표한다. 의도된, 그리고 이미-그러나-아직-아닌으로 표현되는 하나님의 약속된 보편적인 사랑과 정의의 연합의 성격은 성육신 안에, 그리고 사람의 형태 안으로 짓쳐들어온다. 하나님은 말씀, 사랑과 해방의 행위가 분명히 실재하는 인간으로서, 몸이 부러지고 찢어지는 고통스러운 죽음을 수반하는 치명적인 반대에도 불구하고 충실함을 지니고 죽음으로부터의 놀라운 부활을 한 인류가 된다. *십자가*는 한편으로는 신적 사랑의 깊이를 나타내고, 다른 한편으로는 악의 끔찍한 얼굴과 하나

님의 미래에 저항하는 악의 힘이라는 두 가지 면을 보여준다.
6. *교회.* 부활, 그리고 아버지와 부활하신 그리스도로부터 성령이 터져 나온다는 것은 교회가 하나님이 그리스도 안에서 행하신 구원과 화해 사역의 동반자로 부름을 받았다는 것과 짓쳐들어오는 사랑과 정의의 연합의 영역에 대한 그리스도의 선포를 이어가는 일에 동반자로 부름을 받았다는 것을 확인시켜주고, 그에 대한 권한을 부여한다. 교회는 세계 속에서, 하나님의 일에 대한 계약적 동료로서의 인류에 대한 보편적인 부르심을 선포하고 입증하지 않으면 안 된다. 충실하다면, 교회는 정의와 옳음의 통일을 지향하는 세계구원을 향한 하나님의 성취의 증인이면서 참여자로서 살아간다.
7. *사랑과 정의의 연합.* 이것은 전통적으로 "하나님의 왕국"으로 알려진 것이다. 모든 현재와 모든 과거의 근원이 그렇듯, 미래로부터 우리에게 다가오는 것은 하나님의 미래이다. 옳음과 사랑이 포함된 통치로 나타나는 그 특성은 계약과 성육신 안에서 약속되고 드러나게 된다. 이러한 미래, 사랑과 정의의 연합의 매력과 위엄 있는 지배적인 힘은 치유를 위하고 해방과 구원을 위한 궁극적인 무적의 힘을 행사한다. 부활하신 그리스도의 영으로 자유로워진 에너지의 장에서 씻음 받고, 이미-그러나-아직-아닌 사랑과 정의의 연합의 힘에 의해 매혹되는 한, 우리는 하나님의 동반자로서의 소명에 참여하도록 부름을 받으며, 그 안에 다른 이들을 불러들이도록 요구받는다. 이 부르심, 이 소명은 신앙에 위임된 비밀이다. 그 비밀은 우리가 성령의 힘으로 드러내고 선포하도록 명령받은 비밀이다.

기독교 신앙과 인간의 소명

　기독교 고전의 이야기 구조의 흐름을 설명해 왔는데, 이제 나는 인간의 소명에 관한 기독교적인 이해를 다루고자 한다. 종교 고전에 대한 접근에 제공된 정신을 따라, 나는 이 전통에 속하여, 여기에 전념하는 나의 헌신을 공유할 수도 있고 그렇지 않을 수도 있는 독자들을, 이 전통이 우리의 부르심과 본성, 그리고 종으로써의 운명에 대해 제공하는 관점으로 들어오도록 초대한다. 이 관점에 참여하는 것은 우선 신앙에 찬성하는 것이나, 세계 속에서 보고 존재하는 이러한 방식에 대해 우선순위를 매길 것을 요구하지는 않는다. 마찬가지로 다른 신앙 전통에 대한 충성을 포기하거나 타협하기를 요구하지도 않는다. 단지 기꺼이 조심스럽게 참여하고, 감각적인 상상력으로 참여하며, 첫 나눔이 끝날 때까지, 고전을 나눈다는 생각 정도로만 비판적 판단을 보류해주면 된다.

　고대 이스라엘은 하나님의 부르심-계약관계를 요구하는 민족형성과 소명성립-에 의해 설립되었다. 야훼는 이스라엘과의 변함없는 신뢰를 유지하고, 그들을 이 땅 위에 정의와 옳음을 세워갈 동반자가 되는 예언자들과 성직자들의 나라가 되게 할 것을 약속했다. 기독교인들은 예수 그리스도 안에서 보편적이고 모든 사람에게 속하는 것으로 밝혀진 이스라엘의 소명을 믿는다. 우리는 고대 이스라엘인들이 야훼라고 부른 유일자와의 계약적 동반자 관계로의 부름에 따라서 하나의 종(인류)인 동시에 개인들로 지어졌다. 이 "하나님과의 동반자 관계" 이야기를 어떤 개념으로 말할 수 있을까?

　예일 신학교에서 30년 동안 신학을 가르친, H. 리차드 니이버는 세계 속에서 하나님의 일하심과, 세계 속에서의 동반자 관계의 의미에 관해 말하는 법을 개발했는데, 거기서 나는 정말 큰 도움이 되는 것을 찾았다. 그 방법은 신-인간 관계의 특징을 밝히기 위해 세 개의 주요 메타포들을 사용한다11). 물론, 니이버는 그가 메타포들을 사용하고 문자적으로 말하지 않고 있다는 것을 잘 안다. 메타포는 알려지지 않았거나 익숙하지 않은 대상의 특성이나 특징을 이해하기 위해, 이미 알려져 있거나 더 익숙한 대상을 참고하도록 그것을 언급함으로써 이해를 돕는다. 예를 들어, "우리 하나님은 정련가의 불이시다"라고 말하는 것은 메타포를 사용한 것이다. *메타포metaphor*는 그리스어 *meta*("over")에 *phero*("to carry")가 더해져서 만들어진 것으로, 문자적으로는 의미를 하나의 이미지나 용어에서 다른 이미지나 용어로 "이동시키다" 혹은 "~을 가져가다"를 뜻한다. 신성을 언급하기 위해서 메타포를 사용하는 것은 종교적 언어의 본성이다. 신-인간 관계를 강조하기 위해서 *다중적인* 메타포들을 사용하는 것은 신에 관한 *성경적* 언어의 특성이다. 이것은 실체화와 우상숭배를 피하는 것이다. 게다가, 성서적 메타포 그 자체들은 그 특성상 언제나 *관계적*이다. 성서적 신앙은 하나님은 하나님 자신 안에 존재한다(칸트의 "*물자체Ding an sich*")는 것과 같이 하나님에 관한 어떤 것도 알 수 없다. 성서적 전통에서 채용된 메타포들, 상징들, 그리고 분석들은 하나님과 인류 모두를 관계 속에 동반되는 것으로 보여준다. 그것들은 관계의 메타포들이다.

니이버가 채용한 첫 번째 주요 메타포는 "*창조자 하나님*"의 메타포다. 이 익숙한 이미지에서, 니이버는 우리에게 하나님을 모든 존재와 가치를 지닌 것들의 근원이며 중심인 것으로 보게 한다. 극단적으로 말해, 모든 것이 하나님으로부터 생겨났으며, 모든 존재하는 것은 하나님으로부터 났기 때문에 가치를 지닌다. 창조자 하나님은 계속되는 창조 속에 관여하신다. 창조는 지금도 일어나고 있다.

몇 년 전, 나는 퍼시픽 노스웨스트에서 나 자신을 발견했고, 처음으로 내 눈으로 직접 세인트 헬렌스 산의 분화구와 산꼭대기가 잘린 것을 보았다. 내가 그 진흙 용암 경사에 듬뿍 뿌려져 있는 조각난 성냥개비들을 보고 있을 때, 나는 정부의 지리학자가 부서진 산꼭대기를 "청소년기 화산"이라고 언급하는 것을 들었다. 그리고 그 말이 이제껏 우리가 살아있는 행성에 살고 있다고 생각해보지 않았던 나에게 새겨졌다. 이 지구에서도 창조는 끝나지 않았다.

그리고 얼마 후, 나는 우리에게서 멀리 떨어진 우주의 영역에 대한 천문학자의 탐험에 관한 글들을 읽었다. 거기에는 지금까지도 믿기 힘든 온도와 극도의 압력 아래에서, 별들과 행성들이 형성되면서 우주를 만들고 있다는 것이다. 과학자들은 그것을 "우주의 산부인과 병동"이라고 불렀다. 소우주적 수준에서 새로운 창조는 또 하나의 크리스마스에 우리를 찾아왔다. 아틀란타의 역사에 기록된 가장 추운 크리스마스 이브 중에 하나였던 그 때, 우리는 우리 지역교회의 성탄 장면에 관한 우화집을 만들기 위해 준비된 세 마리의 양과 한 마리의 암컷 당나귀를 위한 임시 우리를 만들었다. 크리스마스 아침에, 양 세 마리가 있던 곳에, 이제는 세 마리가-기적적으로 그리고 전혀 기대 밖으로- 네 마리가 되어있었다. 창조자 하나님, 하나님의 창조 작업은 모든 아주 작은 것과 소우주적인 수준에서 계속되고 있다. 가장 냉철한 연구 전통에서 훈련받은 한 생태학적 생물학자는, 최근에 나에게, 그가 20년간의 고민 끝에, 창조자에 대한 신앙에 의지하려고 노력하는 것이 임의성을 믿을 이유를 제공하는 것보다 자신에게 덜 힘들 것 같다는 결론을 갖게 되었다고 말했다.

    니이버가 사용한 두 번째 메타포는 하나님의 *통치/하심*이다. 통치자 하나님을 말할 때, 니이버는 우리에게 왕좌에 앉아서 큰 칼을 들고 범죄자를 처벌하는 동양적이고 강력한 통치자인 것처럼 의인화된 식의 이미지를 우리에게 말하려는 것은 결코 아니다. 오히려 그는 하나님의 일하심을 우리의 일상생활을 질서 있게 바로잡는 것이라고 설명한다. 이 점에 있어서, 니이버는 우리가 하나님을 *인간 역사의 과정에서 정의를 추구하는* 일종의 법적인 구조처럼 생각할 수 있게 한다. 마틴 루터 킹 주니어Martin Luther King Jr.가 "역사의 원호는 느리게 구부러지지만, 그 방향은 정의를 향한다"고 말했을 때, 그는 니이버의 의도에 가까웠다고 나는 믿는다. 니이버의 메타포는 역사의 과정 속에는 정의와 옳음을 의도하고 일으키는 구조들이 내재되어 있다는 확신을 강하게 표현한다. 역사의 과정은 부패하고 비인간적인 체제가 외부적인 저항과 반대세력으로인해 붕괴되는 것만큼 내부적인 실패로도 붕괴될 수 있다. 이것은 또 노예제도에 경제적인 기반을 두고 있는 사회들과 통치권들이 본질적으로 불안정하고, 내부적으로 자체적인 파괴의 씨앗들을 내포하고 있는 이유이기도 하다. 확신하건대, 이들을 하나님의 통치를 세워가는 정의-지향-구조들로 보려면, 우리는 삶의 계획을 3~5년보다 더 긴 기간을 염두에 두고 세워야 한다. 내가 초기 성인기의 결정적인 시기였을 때, 나이가 많은 유대인 친구가 있었다. 그는 여러 번의 집단 학살에서의 생존자였고, 여러 나라로부터 난민으로 규정된 사람으로, 4~5개의 도서관을 설립했다가 잃었고, 다양한 기회들 또한 그러했다. 그는 어릴 적에 오데사의 예시바 슬로바키아에서, 야콥 클라우스너와 함께 공부했다. 샘 부크렌더는 천년에 관해 생각하는 당황스러운 습관을 갖고 있었다. 그의 개인적인 고통과 자기 민족의 끔찍한 고통에도 불구하고, 그는 예언적 비전으로 역사의 과정들에서 정의-지향-구조를 볼 수 있었다. 폴 틸리히는 "우리는 하나님의 법을 그렇게 많이 파괴하지 않았다. 우리가 그 법으로 우리 스스로를 파괴시킨 것 만큼은"이라고 말했다.

니이버의 세계 속에서의 하나님의 일하심에 대한 세 번째 주요 메타포는 사실 이중적 메타포다. 그는 하나님을 *해방자-구원자*라고 말한다. 최근의 자유주의 신학들이 관심을 보이기 훨씬 전에, 니이버는 하나님의 일하심을 해방과 구원으로써 보도록 우리를 초대했다. 그는 명시적이면서도 숨겨진 다양한 의미들을 통해서, 우리의 오용된 자유의 결과를 완화시키고 극복하려는 하나님의 노력들을 마음에 두고 있다. 니이버 신학의 이러한 측면에 관해 쓰고 말할 때마다, 나는 신앙발달 연구에서 인터뷰했던 독특한 12세 소년을 기억하게 된다. 이 소년은 무신론자 가정에서 자라났다. 어떤 면에서 보면 이 가정은 *호전적인* 무신론자 가정이었다. 그는 15세의 형이 있었는데, 그 형은 자신이 기르는 앵무새의 이름을 "하나님"이라고 지었다. 앵무새가 꽥꽥거리고, 비벼대면서 앵무새의 소음을 만들어낼 때면, 형은 동생을 극도로 화가 나게 만들려고, "닥쳐, 하나님!"이라고 소리쳤다. 그러면 동생은 신의 이름의 거룩성을 지키려다가 거의 졸도할 지경이 되어버렸다. 요약하면, 이런 적대적인 환경에서, 이 12세의 소년은 내가 만났던 그 나이의 사람 중에서, 가장 비범하다 할 정도로 순수하게 하나님에 대한 신앙을 강하게 붙든 신앙을 발달시켰다.

나는 이 어린 남자의 하나님에 대한 헌신이 어떻게 이렇게 명확하고 강하게 될 수 있었는지를 인식하기 시작하면서, 그에게 질문했다. "만일 네가 믿는 하나님이 존재하지 않았다면 세계는 어떻게 달라질 거로 생각하니? 만일 하나님이 없었다면 세상은 어떻게 달라졌을까?" 그는 잠깐 골몰하면서 멈춰 있다가 대답했다. "우리는 내 수족관인 어항을 예로 들어 볼게요. 내 수족관은 완벽하게 균형 잡힌 생태적 구조로 돌아가게 되어있어요. 물고기는 식물을 먹고, 식물들이 만들어내는 산소로 살아요. 식물들은 물고기에서 나오는 분비물과 물고기들이 물속에 내놓는 이산화탄소로 살아요. 어항에는 옆면들을 깨끗이 하기 위한 달팽이들도 있는데, 그들은 조류(물이끼)와 물고기의 분비물로 살아가요. 그래서 수족관은 내가 해야 할 일을 필요로 하지 않는 자립적인 순환이 되게 되어있어요." 그는 계속해서, "하지만 내 수족관은 완벽하지 않아요. 꽤 여러 번, 나는 그 균형을 유지하기 위해 뭔가를 해야만 해요. 만일 내가 그러지 않으면, 나의 물고기들은 죽을 수도 있어요." 그리고 나서 그는 나를 똑바로 쳐다보면서 말했다. "그리고 우리는 하나님이 우리의 세계를 지키기 위해서 매일 얼마나 많은 일을 하고 있는지 절대 알 수 없을 거예요."

하나님의 해방과 구원 작업의 핵심에서, 기독교인들은 성육신을 본다. 이것은 신의 계획과 사랑의 가장 값비싼 표현이다. 성육신은 소외와 자기 기반성의 노예가 된, 혹은 강력한 사회적 구조와 인간 감정의 경직됨에 의해서 억압된 개인들과 집단들의 구원과 해방에 거룩한 존재자가 매일 참여하는 것을 보게 되는 전형적인 사건이다. 어쨌든, 기독교인의 기억과 희망 안에는, 우리의 지각과 희망이 형상화되기도 하는 해방과 구원에 대한 셀 수 없는 다른 많은 이미지들이 있다. 여기에는 이스라엘이 이집트의 노예로부터 해방되어 계약의 동반자 관계가 되는 출애굽 사건도 분명히 포함 시킬 수 있다.

신-인 관계의 이 세 가지 주요 메타포들에 대한 우리의 단상에서, 우리는 지금까지 그 그림의 절반 정도를 고찰했을 뿐이다. 기억해야 할 것은 내가 하나님에 대한 성서적 메타포들이 언제나 관계적이며, 하나님의 창조물들과 인간성에 대한 관계성으로부터 동떨어진 하나님의 본성과 본질을 말하는 것은 아니라는 점을 주장하고 있다는 것이다. 내가 제안한 각각의 메타포들(혹은 은유적인 표현들)은 하나님의 일하심 속에 있는 인간의 동반자 관계를 위한 상관적 메타포들을 포함한다. 만일 주된 메타포들이 우리에게 세계 속에서의 하나님의 일하심을 "보기" 시작하도록 도움을 준다면, 인간의 협력에 대한 상관적 메타포들은 우리가 계약관계에서의 윤리적인 직설법과 명령법들을 취할 수 있도록 도와줄 것이다.

잠시 동안만, 창조자로, 통치자로, 해방자-구원자로서 일하시는 하나님과의 동반자 관계가 의미하는 것이 무엇인지 생각해보라. 물론, 우리는 궁극적으로 세계 속에서 하나님의 일을 통합한 하나를 말하고 있음을 보게 될 것이다-비록 무한한 복잡성과 시야의 작업이 되더라도. 따라서, 메타포적 상관관계는 많은 지점에서 서로 겹쳐지게 된다. 그럼에도 이 메타포들 각각의 렌즈들을 통해서 동반자 관계의 의미와 본질에 대해서 생각해보자.

창조자 하나님과의 동반자 관계

이것은 정말 많은 것을 의미한다. 기본적으로는 출산과 양육의 과정에 참여하는 것을 의미한다. 우리의 공적 신뢰에 속한 아이들과 청소년들에 대한 생물학적인 돌봄에 의해서든 아니면 돌봄 행위에 대한 투자에 의해서든지 간에, 그것은 각각의 아이들을 하나님의 선물로서 소중히 여기는 것과 한 사람이 공공의 선에 기여하는 전체성과 풍부함을 향하도록 돌보는 일에 참여하는 것을 의미한다. 창조자 하나님과의 동반자 관계에 들어간다는 것은 돌봄의 생태학-사람들을 위하고 환경을 위하는-의 유지와 확장에 의도적으로 관련되는 것을 의미한다. 환경에 대한 돌봄은 물리적인 환경의 특성-하나님의 몸으로써의-을 포함하는 지구를 돌보는 것과, 또한 *영적* 환경-문화-을 돌보는 것 모두를 포함한다. 창조자 하나님과의 동반자 관계는 (그것이 어디에도 제한되지 않으면서도) 예술과 과학, 공학과 농경, 건축과 기술, 그리고 의술과 교육의 작업을 포함한다. 만약 하나님의 창조 작업의 목적 혹은 종착점이 사랑과 정의가 연합된 나라(전통적으로 하나님의 왕국으로 불리는)를 이 땅 위에 성취하는 것이라면, 하나님의 창조 행위에 대한 협동으로 인도하는 자극과 기준은 그 나라의 비전이다.

하나님의 통치 행위의 동반자 관계

하나님의 통치와 관련된 이야기의 핵심에서는 타락을 심각하게 취급하기 때문에, 하나님의 통치하심과의 동반자 관계에 대한 모든 그리스도인의 이해는 규제의 사실성에 대한 인식으로 시작되어야 한다. 여기에는 개인적인 수준의 이기성과 자기 권력 강화의 규제-부모의 규제에서 시작되는-를 포함시켜야 한다. 하지만 그것은 또한 법에 의해서, 그리고 통치 체제의 위엄과 영향력에 의해서 부과되는 필수적이고 정당한 규제를 포함해야만 한다. 하나님의 통치 작업은 정당한 법을 통한, 그리고 모든 사람과 집단들에게 삶의 평등한 기회를 보장하는 선한 질서의 유지로 시작하여 그 책임을 맡는다. 다가오는 사랑과 정의가 연합된 나라의 기준들 아래에서, 하나님의 통치 작업에 협력한다는 것은, 심판을 처벌 보다는 오히려 회복시키기 위한 것으로 만들려는 시도임을 의미한다. 그것은 교황 요한 바오로 2세가 그의 교지 *노동하는 인간Laborens Exercens*에 기록한 것처럼, "노동력 제공에서 자산을 유지하는 것"을 의미한다. 그것은 억압에 대한 저항을 의미하고, 혐오스러운 상황을 변화시킴으로써 혁명을 방지하려는 것을 의미한다. 하나님의 통치 작업과의 동반자 관계를 유지하는 데에 결정적인 것은, *하나님의 통치를 침략하려는 충격과 기대들 아래에서*, 그것이 규제와 개정의 협력과, 법률 제정과 법의 협력을 포함한다는 것을 인식하는 것이다. 그것은 제한된 관점들의 복잡한 논쟁들의 과정에서와, 다양한 관심을 지닌 집단들과 국가들 사이의 갈등을 풀어가는 과정에서 *하나님은 정의를 추구하는 구조로써의 활동적인 존재*라는 신념으로 믿고, 소망하고, 행동하며 회개하는 것을 의미한다.

하나님의 해방과 구원행위에서의 동반자 관계

하나님의 해방과 구원행위에서 인간의 협동을 위한 중심적인 패러다임이 *성육신*에서 발견된다는 것을 처음부터 우리 자신에게 되새기는 것은 중요하다. 성육신에 대한 기독교적 이해의 핵심은 *케노시스*(3장을 보라)의 실현이다. 케노시스는 문자적으로, 예수 그리스도 안에서 하나님이 행하신 자기 비움과 자신을 쏟아버림을 뜻한다. 이를 기억하는 것은 우리에게 하나님의 해방-구원 역사에 협동하는 인간의 행동을 승리주의적으로 해석하지 말라고 경고한다. 그것은 또한 결정적인 방법으로 창조와 통치라는 신적 행동들에 함께 하는 우리의 인간 협동의 이미지들에 자격을 부여한다. 누군가는 창조자와 통치자와의 동반자 관계에 대해서 노블레스 오블리주의 이미지를 떠올리는 시각에서 읽고 생각할 수도 있다. 누군가는 그 두 가지 영역에서의 신적 행동에 대한 인간의 동반자 관계를 그 관계가 보상과 처벌에 더해지는 상부구조-인식과 차이, 그리고 상위층의 조작으로부터 나오는 물질적인 보상들에 대한 신학적 정당화를 더하는 상부구조-를 제공하는 것이라는 측면에서 생각할 수도 있다. 그렇지 않다. 인간의 소명을 하나님과의 동반자 관계인 것으로 보는 어떤 기독교적 이해에서든, 모든 자기 확장 혹은 계급확장의 이미지들은 삼위일체의 패러다임에 의해서 약해진다. 하나님의 창조와 통치는 기독교적으로 하나님의 극단적인 사랑 안에서, 사람들과 사회들을 되찾고 회복시키며 재활시키기 위한 하나님의 자기 비움의 관점을 통해 이해되어야 한다. 하나님의 창조와 통치 행위에 협력하는 개인들은 특혜와 물질적인 보상의 지위를 차지할 수도 있다. 그러나 이 특혜들과 보상들은 다가오는 사랑과 정의가 다스리는 나라를 제공받을 것에 대한 신뢰로써 유지되는 애착과 너그러움과 함께 태어나야만 할 것이다.

하나님의 구원과 해방 행위에 협동하는 것은 우리 인간의 소명에 대한 기독교적 이해를 *넘치게* 충족시킨다. 성육신의 패러다임과, 두 번째로는 출애굽 사건의 중심에서 볼 때, 이 말은 하나님과의 동반자 관계를 언제나 창조의 완성을 향한 하나님의 사랑과 열정의 결속에서 시작되어야 하는 것으로 이해함을 의미한다. 그것은 소외와 죄에 의한 구속과 정치적이고 경제적인 억압에 의한 구속이라는 두 가지 모두의 측면에서 구속된 이들을 풀어주고 되찾으려는 하나님의 열정과의 연대함에 자기 자신을 내어주는 것을 의미한다. 이러한 이중적 개념에서, 하나님의 열정과 연대함이 의미하는 것은 하나님의 *케노시스*-하나님의 자기를 내어주심, 하나님의 해방과 구원의 과정에서 소비하심과 소비되심-에 참여하는 것을 의미한다.

이러한 인간 소명에 대한 기독교적 이해의 전체적인 요지는, 대부분의 세계의 눈으로 보면, 하나님과의 연대에 결정적인 역설적 특징을 부여한다. 이 관점에서 힘은, 자기 비움을 요구하지만, 세상이 보기에는 약해 보인다. 이 관점에서 리더십은 하인에게 요구되는 동기의 순수성에 관련이 있다. 사람의 인생에 성취감을 주는 것은 비싸게 사랑을 지출하여 자신의 인생을 잃어버리는 것을 의미한다. 이 입장으로부터의 지혜는 자신의 항법 계기를 사랑과 정의가 다스리는 나라를 향한 약속과 비전에 맞추고, 세상의 눈에 흐릿하게 보이는 윤곽이 어리석음의 지위가 될 것으로 보이는 등고선을 향하는 것을 의미한다. 게다가, 하나님의 해방과 구원의 행위에 협동하는 것은, 사람이 지위를 찾고, 자원을 사용하며, 그들 자신을 하나님의 창조와 통치 행위에서 나타난 영역 속에서 가능성을 지닌 존재로 만드는 방법들을 단호히 형성한다. 가장 단순하게 놓으면, 그것은 하나님으로부터 사랑받는 사람들을 향한 활동적이고 생산적이며, 결단력 있게 선택한 사랑을 의미한다. 그것은 힘과 가치, 그리고 성공의 이미지를 재평가하는 것이고, 포함된 사랑으로 연합한 나라의 성취를 위한 하나님의 일하심에 소비하고 소비될 준비가 되어있는 사랑이다.

따라서, 기독교적으로 인간의 부르심-인간의 소명-에 대해 말하는 것은, 세상 속에서의 하나님의 일하심에 하나님과 동반자 관계가 되는 것이다. 하나님의 형상으로 창조된 우리 인간들은 이러한 관계로 우리를 부르신 하나님의 부르심에 의해서 구성된다. 우리를 존재 속으로 부르신 하나님의 부르심은 우리 각 사람을 우리의 독특성에서, 그리고 우리의 특별한 삶의 목적들 안에서 구성한다. 그것은 우리를 계약관계-하나님과 우리의 이웃들을 향한 성숙한 신뢰와 충성의 관계-로 부른다. 바라기는 내가 여기서 주장하는 기독교적 소명의 개념이, 그리스도만을 따르라는 부르심이라는 *기독교적* 소명의 개념으로써의 협소한 개념이 아니라는 사실을 분명히 하기를 바란다. 오히려 나는 *인간* 소명의 개념에 대한 기독교적인 이해를 분명하게 하려고 노력하고 있다. 성숙한 인간 존재가 된다는 것은 무엇을 의미할까? 인간 가능성의 성취를 위해서는 무엇을 추구하고 어디에 헌신을 해야 할까? 인간의 완성과 전체성은 어떤 모습일까? 기독교 고전 이야기와 비전에서, 기독교 신앙은 우리에게 인간의 완성이 의미하는 것이 우리가 하나님의 말씀과 부르심에 의해서 구성되었다는 것을 인식하는 것과 세상 속에서 하나님의 일하심에 동반자가 되기 위해 응답하는 것을 의미한다고 말한다.

소명의 도전

인간의 소명에 대한 이해를 명확하고 새롭게 하려는 노력에는 월터 브루지만Walter Brueggemann보다 더 도움이 되는 교사들이나 사상가들이 거의 없었다. 신학자이자 구약학자인 부르지만은 이 주제에 대해 수많은 결정적 공헌들을 남겼다. 나는 예언적 가르침과 설교들이 질책과 비난으로 시작하지 않는다는 식의 관점을 그의 책 *예언적 상상력The Prophetic Imagination*12)에서 처음으로 배웠다. 오히려 예언적 가르침과 설교들은 우리 같은 사람들-과한 자극과 지나친 요구들로 인해 감각이 없고, 도덕적 실패에 대한 우리 자신의 내적 비난들에 맞서는 방어적 태도로 감각이 없어진 사람들-을 다시 *느끼기* 시작하도록 초대하는 것으로 시작한다. 그는 계속해서 말하기를, 예언적 가르침과 설교는 우리의 삶을 조종하고 우리의 소명들을 이해하게 함으로써 이미지들을 새롭게 할 수 있는 새로운 힘과 은사를 제시한다.

그러나, 지금 우리의 목적에 관련해서는 부르지만이 1979년에 쓴 "인간의 소명으로서의 계약Covenanting as Human Vocation13)"이라는 제목의 글을 언급하려 한다. 이 글에서 브루지만은 몇 가지 기억할 만한 통찰을 준다. 인간을 계약적인 삶을 위해 지어진 것으로 보는 것을 그는 "모든 정체성의 질문들을 소명적인 질문들로 바꿔놓는다14)"고 말한다. 우리는 "나는 누구인가?"의 질문에서 "나는 *누구의 것인가*?"의 질문으로 이동한다. 우리는 "그들의 눈에 나 자신이 반사되어서 보이는 이 모든 명백한 타인들과의 관계에서 나는 누구인가?"라는 질문으로부터 "우주의 창조자요 통치자이고 구원자-해방자와의 관계 속에서 나는 누구인가?"의 질문으로 이동한다. 사실상, 이 관점으로부터, 모든 정체성의 질문들은 소명의 질문들이 된다.

하나님의 동반자 관계가 되는 인간의 부르심에 관해 우리가 먼저 나눈 이야기에 공감을 일으키듯, 부르지만은 아주 매력적으로 축약된 소명에 관한 묘사를 제공한다. 소명은 "하나님의 목적에 관련된 세상 속에 있는 존재를 위한 목적15)"을 찾고 있다고 그는 말한다.

그러나 우리가 여기서 소명에 관해 글을 쓰고 생각하고 있는 이 순간에도, 나는 우리가 이 덕망 있고 없어서는 안 될 개념을, 그에 적절하고 강력하며 극단적인 함축적 요약 안에 제대로 복구할 수 있을지 조심스럽다. *Vocatio*-부름, 부르심. 인상적이었던 강의에서, 언젠가 칼라일 마니Carlyle Marney는 질문을 한 적이 있다. "우리는 어떻게 하나님을 사랑하고 이웃을 사랑할까?" 그러고 나서 그는 지금으로부터 450년이나 더 오래된 마틴 루터의 언어로 대답했다. "우리는 하나님께 봉사하고, 하나님을 사랑하며, *in commune per vocaione*-공동체 안에서 소명을 통해- 우리의 이웃들에게 봉사하고 그들을 사랑한다16)."

잠시만 함께 소명vocation에 관해서 좀 더 개인적인 표현으로 생각해보자. 이 강력한 개념을 정리하고 회복하기 위해서, 우리는 무엇이 소명이 아닌지에 관한 몇 가지를 말해야만 한다. 첫째, 소명은 우리의 일자리job나 일work, 또는 우리의 직업occupation이 *아니다*. 물론, 그것은 우리의 일자리, 일 또는 직업을 *포함*할 수도 있지만, 소명은 생계의 근거를 표현하는 명칭에 제한되어서는 안 된다. 따라서, 기술적인 것이나 직업교육을 말하기 위한 용어로 "vocational education"을 쓰는 것은 중대한 오용이다. 둘째, 소명은 전문성profession과 동일시되는 것이 아니다. 인정하건대, 우리가 *profession*의 어원-수도사들이 수도원에서 그들의 소명vocations을 구축하는 것으로써 행하는 서약을 의미하는 *professio*[17]-을 연구할 때, 그리고 전문성의 수행이 자기 자신을 공동체의 요구를 처리하는 데에 있어서 그 작업의 과정에서 사용하는 지식과 잘 형성된 기술들을 제공하는 것을 포함한다는 것을 인식할 때, 우리는 vocation의 개념에 더 가까이 가게 된다. 그러나 *profession*은 현재 그 용법에 있어서 occupation에 훨씬 더 가깝기 때문에, profession은 *vocation*과 같은 뜻을 갖는 것으로 다뤄져서는 안 된다. 마지막으로, 소명은 개인의 경력과 동일시되어서는 안 된다. 그것은 성공이나 실패들의, 혹은 자기 자신에게 주어진 일자리들, 전문성들 혹은 직업들의 순차적 궤적이 아니다. 한 사람의 경력이 그 사람의 소명으로 표현될 수는 있지만, 경력이 소명과 동일시 될 수는 없다.

신학자 칼 바르트는, 반세기 전에, 이것을 분명하게 인식한 글을 썼다.

우리는 사람의 소명vocation을 말할 때, 신의 부르심을 마주하고, 그 부르심에 상응하는 것으로 말한다. 그렇게 하면서 우리는 그 용어에 더 협소한 관례적 사용을 초월하여 기술적인 개념의 의미를 부여한다는 것이 확실하다. 일반적인 개념에서의 소명은 말하자면 그의 직업인 인간의 업무의 과정들과의 연결 속에서의 사람의 특별한 위치와 기능을 의미한다. 그리고 더 넓은 개념에서의 전체 집단에서의 업무적 위치와 기능들 …… 그것은 업무와 생산과정에 대한 근대의 과열된 과대평가와 같은 종류의 것이고, 인간에게 본질적인 것으로 생각되고, 또는 정확히, 인간의 진정한 본성이 되며, 직업 혹은 업무에 대한 더 좁은 개념에서의 소명을 갖는다. 그러한 관점에서, 어린이들과 병자들과 노인들, 그리고 자신의 소명이 이러한 좁은 업무의 개념에서 기대와 준비 또는 기억의 대상일 뿐인 소명을 가진 타인들이 있다는 것이 잊혀진다. 그것은 또한 이들 모두가 분명 소명이 없지 않음에도 불구하고, 고용되지 못한 이들이 있다는 것도 또한 간과하게 된다. 마지막으로, 이러한 개념의 vocation을 갖지 못한 무수한 활동적인 여성들이 있다는 것도 잊어버렸다18).

그러면, 소명이란 무엇인가? 나는 다음의 정의를 제안한다. *소명이란 한 개인이 그/그녀의 종합적인 자아로 수행하는 하나님의 말씀과 동반자 관계로의 부르심에 대한 응답*이다. 소명을 하나님의 말씀에 대한 자아의 종합적인 응답으로 형성하는 것은 우리의 여가와 우리의 관계들, 우리의 일, 우리의 사생활과 우리의 공적인 생활, 그리고 우리가 관리하는 자원들을 오케스트라를 편성하듯 조직화하는 것을 포함한다. 이러한 조직화는 모두 하나님과 이웃에 대한 봉사에 들어있는 하나님의 목적을 배열하는 데에 그 모든 것을 포함 시키기 위한 것이다. 이 조직화를 통해서 내가 의미하는 것은 어떤 예술가적 기교 같은 것이다. 이 예술가적 기교는 특별한 성질들과 광범위하게 다양한 음악적인 악기들의 범위를 잘 섞어서, 그 결과로 그 부분들의 합보다 더 아름답고 풍성하게 구성된 소리를 만들어내는 것과 관련 있다. 바라건대, 이러한 개념에서, 조직화를 엄숙한 계획과 학구적이고 금욕적인 통제-부분적으로는 그럴 수도 있겠지만-가 아닌 것으로 이해해 주기를 바란다. 내가 전달하고자 하는 것은 댄스의 동작이나 연극의 즉흥 공연의 훈련된 자유, 혹은 참가자들이 진정으로 "모두 거기에 있는" 좋은 대화를 가능하게 하는 관심 있는 창조성과 더 비슷하다.

내가 소명을 삶과 가르침으로 깊게 생각하는 데에 영향을 주었던, 칼라일 마니는 복잡한 일들을 아름답게 구체화시키는 데에 소질이 있었다. 그는 59세 때에(그는 1978년에 61세의 나이로 사망했다) 소명에 대한 그의 성찰이 얻은 깨우침에 가까운 이야기를 그의 어린 시절부터의 이야기를 통해 전했다[19].

거의 50년을 거슬러서 나는 데이지를 보내기 위해 가족투표를 하던 때를 회상하고 있네. 엄마는 울었고, 우리 모두 울었어. 그리고 아빠는 데이지가 13년을 살기 전에 자발적으로 돈을 지불해서, 단 한 마리의 어린 암송아지만을 갖고 싶어하는 좋은 사람에게 데이지를 팔겠다는 약속을 어겨야 할 것 같다고 우리에게 제안했지. 데이지는 블루 저지 지역에서 유명한 닥터 카의 송아지 떼에서 어린 암송아지였을 때 우리에게 왔네. 데이지는 신경질적이고, 요구가 많고, 심지어는 반항적이기까지 했지. 그러나 그 모든 수년을 보내는 동안, 데이지는 장로교회 목사관, 감리교회 목사관과 우리의 아이스박스까지를 매일 채우는, 믿을 수 없을 정도로 맛있는 4갤론의 우유를 홍수 난 강들처럼 매일 제공했었네.

그러나 제르시가 홀스타인만큼의 양을 줄 수 있게 된 것과 같은 유전적인 신비는 데이지가 새끼를 낳을 때마다 깊은 문제를 겪게 했어. 데이지는 심한 유선염에 고통을 겪었지. 새로 생겨난 우유가 불거진 젖샘에 막혀서, 부어오른 젖통의 고통으로 신음하면서, 데이지는 자신의 외양간의 바닥에 고열로 죽어가면서 쓰러져서는, 그 사랑스런 우유가 넘치던 계절의 가장자리에 잠겨가고 있었네. 아담스씨의 소명을 제외한다면 말이지.

우리 작은 마을 은행의 은행장이었던 그는 골목을 바로 건넌 곳에 있는 넓고 낮은 집에 살았네. 새벽 4시, 새로운 송아지가 외양간에 있었고, 데이지는 무릎을 꿇고 있었지. 아담스씨는 그의 자전거 펌프와 연고와 따뜻한 물을 데이지의 불룩한 배 아래쪽에 두었어. 아마추어 수의사이자, 은행장이고, 장로교회의 장로이며, 이웃이고, 한 사람의 아버지인 사람이 펌프질을 하고, 연고를 바르고, 데이지를 달래서 또 다른 시기를 위한 생산을 할 수 있게 달래주고 있는 동안에, 나의 아버지는 데이지의 꼬리를 그의 어깨 너머로 잡고, 데이지의 뒷다리와 궁둥이가 내려가지 않도록 유지하기 위해서 애를 쓰고 있었어.

이것이 소명이네!

마니는 계속해서, 내가 위에서 자신의 역할들과 관계들, 은사들, 한계들, 자원들, 그리고 시간의 "조직화"라고 주장했던 것을 확실히 하기 위해서, 몇 가지 질문과 관찰들을 계속한다.

하지만, 아담스씨는 누구인가? 그는 이웃인가, 기독교적 사명에서의 장로인가, 지극히 평범한 고객을 돕는 은행가인가, 아니면 우유통 옆에서 나온 것으로 알려진 고통받는 짐승에 대한 동정심을 가진 소를 사랑하는 수의사인가? 대답은, 그는 동시에 이 모든 것이라는 거야 그러나 그의 삶의 이야기의 장면을 조합할 때, 그는 그에게 관계에 의미 있는 역할을 하는 특별한 은사들과 흥미들, 경험들을 사용하면서 그의 정체성을 살아가고 있었던 거지. 그리고 관계 안에서의 그의 일과 에너지는 모두 적합한 관계적 목적을 위해서 사용되고 있었네. 역할, 일, 적합한 목적의 전체를 의미하는 용어가 *소명*이네. 그리고 이 역할들과 목적들 중에 어떤 것으로부터 그의 정체성이 얻어지게 되는 것일까? 답은, 그들 중에 어떤 것에서 오는 것이 아니야. 그는 그 *모든* 것으로 동시에 존재하는 것이네.

그러나 그는, 무릎을 꿇고, 불쌍한 짐승 아래에서, 그의 이웃과의 *나와 당신* 관계 속에서, 그리고 그 소와 기름 램프를 들고 그 구원의 소명적인 이야기 전체를 비추며 지켜보고 있는 어린 소년과의 관계 속에 있는 것이네.

이 이야기는 우리에게 감동을 주고, 우리가 지금 사는 시대보다 단순하던 시절의 향수를 느끼게 한다. 우리의 공동체들 안에 더 많은 안정감이 있고, 더 많은 관계의 연관성이 있으며, 더 많은 기회가 있을 때가 아마도 다른 사람들과 서로의 재능들을 공감하고 나눌 수 있는 때였던 것 같다. 데이지가 주기적으로 고열이 나던 일에 비교하면, 우리 사회는 더 비인격적이고, 우리 공동체들은 더 커지고 더 복잡하며, 도움이 필요한 도전들은 우리를 더 당황스럽게 하고 더 비협조적이다. 게다가, 우리의 기술-경제 조직의 높은 전문화 속에서 적절한 수준의 역할을 수행하도록 요구받는 지식과 기술들은 우리 시대의 일과 소명에 관한 주제들을 극도로 어렵게 만든다. 나는 다니엘 벨이 발전된 후기공업사회들의 주요 특징들을 세 가지로 분류한 주장이 옳다고 생각한다. 그 세 가지 특징은 기술-경제적 질서와, 정부형태(혹은 통치기관), 그리고 문화로 구분된다. 현대 사회의 주된 괴리가 인간성의 의미들과 규범적 이미지들이 다루어지는 영역으로서의 문화와, 효율성 수익성 그리고 생산성이 덕의 개념들을 지배하고 통제하려는 영역으로서의 기술-경제적 질서의 사이에서 생겨나기 시작했다는 그의 주장은, 우리의 소명과 관련된 생각들의 위기에 중요한 차원을 드러낸다[20]. 이 연구의 저변에 있는 가장 중요한 관심은, 일과 통치와 의미의 세계를 개념적이고 윤리적으로 재통합하는 데에 있다. 소명이 요구하는 우리의 삶을 조율하려는 지금, 우리의 작업은 아담스씨가 보여준 것과 같은 풍성하고 풍부한 삶과 연속선 상에 있는 정체성과 소명의 모델을 지향하는 작업보다 훨씬 못할 수도 있을 것이다.

소명 대 운명, 또는 자아실현을 넘어서

내가 소명적 이상들에 대해 전통적이면서도 현대적인 주요 라이벌이라 생각하는 개념과 우리가 여기서 다루는 소명의 개념을 비교/대조한다면, 그 개념이 더욱 풍성해질 것이다. 여기서 나는 고대의 개념인 운명destiny과 이에 현대적으로 대응되는 개념인 "자아실현"의 개념을 염두에 두었다. 이어지는 논의에서 분명해지겠지만, 나는 19세기 낭만주의의 렌즈를 통해서 넓게 바라보는 운명 개념의 해석이 선호하는 근거들을 사용할 것이다. 그리스의 연극에서 기인하고, 고대와 근대의 스토아 전통과, 그에 더해 내가 지나는 말로 주의를 돌리려고 하는 현대 실존주의를 통해서 중재된, 운명에 대한 더 비극적인 이해가 있다. 그러나 이 이해는 고대의 운명 개념의 측면과 내가 주로 다루려는 자아실현에서 영감을 얻은 낭만주의와의 독특한 현대적 혼합이다.

나는 30세 즈음에 겪었던 조금 곤란했던 일을 기억하고 있다.

내가 하버드 신학교에서 가르친 첫해에, 나는 자료가 부족해지기 시작했다. 내가 가르치던 주제들과의 진정성을 위해 씨름을 하면서, 나는 학생들과 약간의 자전적 경험들을 공유하기 시작했다. 나는 내 인생의 초기에, 내 인생의 과정을 쉘 석유 기업이 사용했던 광고문구 같은 어떤 것으로 상상했던 식으로 운명의 개념을 인식하고 있었다는 이야기를 학생들에게 얼굴을 붉히며 말했다. 광고들은 엔진의 출력과 힘뿐만 아니라 연비까지 증가시키는 데에 도움이 된다고 주장되는 "개질유"라는 석유 첨가물들의 장점을 강조하면서 생생한 장면을 보여주었다. 넓은 사막 길에서, 같은 양의 휘발유를 넣은 두 대의 동일한 차가 병행하는 코스를 나란히 달린다. 그러나 쉘 가솔린을 넣은 한 대의 차는 개질유의 장점을 갖고 있다. 빠르게, 광고는 요점을 다룬다. 첫 번째 차량의 한참 뒤에, 평범한 휘발유를 사용한 차는 수치스럽게 정지할 정도로 숨이 멈추고, 쉘 가솔린을 넣은 차량은 1~2마일 더 멀리 있는 고속도로 광고판을 관통하여 달려가고, 그다음에도 계속해서, 먼지구름과 함께 무한한 사막의 수평선을 향해서 달려간다. 나는 나의 학생들에게, 내 인생의 초기에, 나는 개질유로 힘을 얻은 금색 캐딜락처럼, 일반적인 것을 뚫고 폭발적으로 나아갈 것이라고 느꼈었다는 것을 말했다. 나는 장차 크게 될 것이었고, 운명의 개념에서 얻어지는 탁월함에 들어갈 것이었다. 여기서 운명은 유일무이하고 특별한 잠재력의 개념이면서 독특한 잠재력과 부담이라는 의미를 포함한다.

개인의 운명들Personal Destinies[21)]이라는 제목의 책에서, 철학자 데이빗 노튼David Norton은 나의 고백적인 이야기가 전달하는 의미에서의 운명의 개념에 관한 흥미로운 논의를 제공했다. 노튼의 책은, 개인적인 인도자와 지도자로 자신의 다이몬daimon의 내적 목소리에 의존하는 고대 그리스의 생각과 현대의 자아실현에 대한 헌신 사이에서 찾으려 했던 관계를 기초로 하고 있다. 노튼은 책에서 윤리적 개인주의화의 철학A Philosophy of Ethical Individualism이라는 부제를 붙이고, 자아실현의 심리학자인 아브라함 매슬로우Abraham Maslow에게 깊은 존경과 감사를 드렸다.

노튼은 "에우다이모니즘eudaimonism은 윤리적 신조를 말하는 용어로, 각 사람은 그/그녀의 다이몬에 대해 알고, 그것에 대해 진실하게 살아갈 의무가 있고, 그럼으로써 그의 선천적이고 잠재적인 탁월성을 계속해서 실현시키며 살아간다고 하는 윤리적 신조를 나타내는 용어[22]"라고 썼다. 다이몬의 이미지를 언급하면서, 노튼은 우리에게 변증법적 대화의 달인인 소크라테스를 상기시킨다. 소크라테스는 가끔씩 심포지움에서 물러나, 개인적인 기회를 갖기 위해 쉼의 시간을 마련하여, 자기만의 독특한 인도적 영의 목소리인 다이몬과 상담했다. 로마 개념의 "천재genii"와 아주 유사하게, 그리스인들도 다이몬과 동등한 개념으로써, "각 개인의 성격을 결정하고 운명을 주관하는, 모든 개인에게 태어날 때부터 할당된 수호신 혹은 동행하는 영"[23]의 개념을 만들었다. 노튼에게 있어서, 에우다이모니즘은 자신의 개인적인 다이몬의 독특한 인도적인 음성을 충실히 수행하는 사람으로 성장하는 과정에서 갖는 행복, 만족 또는 웰빙의 상태를 의미한다.

이러한 특별한 운명의 개념을 복구하려는 노력의 과정에서, 노튼은 각 사람은 특별하고 독자적인 탁월함이라는 자기만의 가능성을 잠재적으로 갖고 있다는 강한 신념과 소통한다. 그의 책의 가치 있는 목적은, 현대의 개인들이 갈수록 거대하고 비인격적이며 관료주의적이 되어가는 구조 속에서 자신들의 삶의 경험들을 보완할 수 있게 하기 위한 역사적이고 철학적인 기초를 제공하려는 데에 있다. 그는 사람들의 존재가 컴퓨터 인쇄물의 일련번호에 의해 정의되는 것이나 대중 교육과 미디어의 둔감함으로 생겨나는 광범위한 결과에 반박하기를 원하며, 현대 사회의 매우 많은 수의 사람들이 단조로운 일상의 안전한 "틈새"에 정착하거나 정착하기를 원한다고 하는 것을 체념하듯 받아들이는 것에 대응하기를 원한다. 노튼은 개인들을 영혼의 내적 음성인 다이몬에 대한 그의 호소를 기반으로, 자신들의 특별함과 탁월함으로 불러내려는 존경스러운 목표를 갖고 있다. 그는 우리에게 제공한 매우 기억할 만한 하나의 이미지를 여기서 공유하고자 한다.

전기 헬레니즘 시대의 그리스에서는, 조각가들이 실레누스의 반신상을 만들 때, 그 안에 속임수를 넣었다. 속이 비어 있는 점토 속에, 유사품이 황금 조각상으로 숨겨져서, 흉상이 깨져서 열릴 때야 나타나게 만들어 놓은 것이다. 플라톤의 *강연*의 결론에 가면, 알키비아데스는 소크라테스를 실레누스의 흉상과 유사하다고 말한다. 외면을 보면 소크라테스는 대머리에 배불뚝이이고, 그의 사상은 저속한 언어로 옷을 입고 있지만, 소크라테스를 점토 속에 있는 것으로 여길 수 있는 사람이라면 그는 자신의 시선을 "가장 신성한 것"을 향하게 할 것이다. 이 에피소드가 의미하는 것은 술 취한 알키비아데스에 의해 만들어진 소크라테스의 독특성에 대한 추천의 글이 되는 것 보다 훨씬 더한 것을 의미한다. 이 이야기는 근본적인 그리스의 인간성의 개념을 사용하게 만들었던 소크라테스의 예외성에 대한 기념물인 것이다. 그리스인들의 이해에 대하여, 소크라테스만이 아니라 모든 개인은 분명 외양상의 약간의 결함과 기형이 있지만, 그 안에는 자신의 다이몬인 황금의 조각품을 품고 있는 실레누스의 흉상이다24).

자신의 책에서 상술되고 반복되었던 노튼의 메시지는 자신의 요약으로 보고될 수 있다. "각 사람은 황금 조각상 곧 자신의 다이몬을 포함하고 있는 실레누스의 흉상이다. 개인의 다이몬은 독특하고 개인적이며 자아정체성을 지닌 완전함의 이상형이다25)." 노튼이 "자아실현"과 기꺼이 동일시하는, 에우다이모니즘의 윤리적인 명령은 개인에게 그녀/그의 다이몬에 자리잡고 있는 선천적으로 주어진 힘을 주는 탁월성(areté)을 용기있게, 확고하게, 그리고 현혹됨이 없이 수행할 것을 요구한다. 역사적인 실존의 역경과 도전들 아래에서, 그 탁월함을 열성적으로 실현하는 것은 개인의 뛰어나고 독창적인 운명을 정하는 결과를 가져온다.

모든 사람은 그의 경험적인 현실이면서 동시에 그의 이상적인 가능성 혹은 다이몬이기도 하다. 이 둘을 연결하는 것은 그리스인들이 사람의 "운명destiny"(고대의 *moira*에서 파생되어 나오는 *eimarmene 운명*, 또는 "fate", 그리고 일찍이 천국으로부터 강요당했다고 생각하고 있는 사람에게 대표적이라 할 수 있는 내면화)이라고 칭했던 것을 진보적인 전개로 구성하는 함의의 과정이다. 자아실현의 윤리에 따르면, 그의 안에 있는 다이몬을 먼저 발견하고 그 후에 그와 조화를 이루며 살아가는 것은 모든 개인들의 최우선적인 책임이다. 왜냐하면, 완전성은 존재의 상태와 양립할 수 없으며, 자신의 다이몬은 세상에서 완전하게 실현될 수 없기 때문이다. 그러나 자신의 다이몬에 대해 진실하게 살아감을 통해서 자신만의 독특한 완전함에 꾸준히 접근될 수 있으며, 그러한 노력은 세계 속에 자신의 탁월성 혹은 *아레테arete* 곧 객관적인 가치를 나타내게 된다26).

자아실현과 에우다이모니즘을 다루는 현대 철학자들과 심리학자들은 우리에게, "당신의 삶을 제한하는 사회적으로 성립된 가면, 혹은 설정된 역할들의 껍질을 깨라. 당신의 다이몬의 황금 조각상을 찾고, 당신의 독특하고 특별한 탁월성의 실현을 향한 단일한 열정을 만들라"고 말한다. 그들은 우리에게 이러한 내면적 진리에 대한 영웅적이고 숙련된 추구를 요구하면서, 탁월성의 확실성과 업적들을 가져올 것이라 약속한다.

롤로 매이Rollo May는 자유와 운명Freedom and Destiny[27])에서, 내가 앞에서 그리스의 비극작가들이나 금욕주의자들과 (그리고 현대의 실존주의자들과) 동일시했던 운명에 대한 더 진지한 생각을 보여준다. 매이는 풍성하게 질감을 살려낸 대화 속에서, 운명이란 우리가 개인적으로 부여받은 재능과 은사들의 조합을 우리의 생물학적 자질들과 경제적이고 사회적인 조건들 그리고 우리의 관계적이고 영적인 환경들로 인해 생겨나는 한계들과 하나로 합쳐서 생각하는 것이라고 말한다. 매이는, 우리가 정직하고 용기있게 우리의 운명을 그 한계와 마주할 때, 또 우리가 그것을 유용성과 자기실현을 위해 변화시키겠다고 결심을 할 때 자유가 발현된다고 말한다. 노튼이 말한 운명이 약속과 독특한 잠재성이었던 반면, 매이에게 있어서 운명은 우리가 다루어야 할 가능성들과 한계들의 지평이다. 이 지평은 우리가 삶을 감당해 나가려 노력함으로써 주장해야만 하는 것으로 "주어진 것들"로 구성된다.

우리가 앞에서 인간의 소명에 대한 기독교적 관점에 대해 고려했던 것에 비추어, 이제는 에우다이모니즘과 운명, 그리고 자기성찰에 관한 이 논의가 지닌 일련의 함의들을 생각해보자. 운명에 대한 이 두 관점 모두, 노튼의 낙관적 생득주의든 아니면 매이의 금욕주의적 실존주의든지 간에, 자아에 대한 영웅적인 관점에 초점을 맞춘다. 자아의 성취는 거의 전적으로 행위자의 자원의 풍성함, 용기, 그리고 단호함에 의존한다. 하나는 자신의 다이몬의 안내를 따르는 것에 대한 전폭적인 헌신을 포함하고, 다른 하나는 자신의 재능에 의해, 그리고 자신의 환경적 제약과 지원들에 의해 부여받은 가능성들과 한계들의 균형을 현실적으로 직면하는 것을 의미한다. 두 경우 모두에서, 영웅주의는 분명히 개인주의적인 유형이다. 사람은 자신의 운명을 타인들에 대한 반대로부터 인식하거나 타인들과 무관하게 자신의 운명을 인식한다. 기껏해야, 자신이 다른 사람을 도와주는 방법은 통합과 자기 책임성의 한 가지 예로 존재하는 것뿐인 것으로 보인다. 노튼은 기록하기를, "에우다이모니즘은 타인에게 사람이 줄 수 있는 최고의 도움은 그의 통합과 자기 책임성에서 살아가는 것임을 가르쳐주며, 에우다이모니즘은 통합과 자기 책임성이 붕괴된 데에서 단정될 수 없다"28)고 한다.

운명과 자아실현의 이 두 버전은 모두가 우리가 자기-기반적 개인self-grounded persons이면서 그렇게 될 수 있다고 가정하는 개인주의적인 가장 심각한 현대적 이단이 되는 방향을 향하게 된다. 이 가정은 우리가 성취감을 느끼고 자아실현을 하는 삶을 창조할 수 있게 하는 모든 자원을 우리 안에 소유하고 있다고-그리고 우리가 우리 자신에게 속한 것으로부터 생산되어야 할 전적인 책임이 있다고-믿는 것을 의미한다. 내가 인간 소명의 기독교적 비전에 관한 우리의 논의로 돌아가고자 하는 것은, 유혹적이지만 결국에는 환상에 불과한 것과는 대조적인 전략이다. 나는 이웃을 대신하여 하나님과의 동반자 관계로의 요청으로 보이는 소명이, 우리의 특별함, 영재성, 그리고 탁월성의 가능성의 문제를 바라보는 더욱더 생산적인 방법이라 생각된다고 주장하고 싶다.

소명에 대한 기독교적 관점은 운명의 개념이 이해하는 모든 것을 이해한다. 이 관점은 우리 각자의 특별함과 독특성을 인정한다. 이 관점은 우리에게 탁월성을 요구하고, 때로는 비범한 용기와 헌신을 필요로 하는 자기희생을 요구하기도 한다. 소명에 거하려면 엄중한 훈련과 일종의 금욕주의 같은 것이 필요하다. 그러나 이 모든 확언들과 자아를 맡겨야 하는 힘든 요구들에서 보면, 소명의 근본적인 동기들이나 전략들은 자기 운명을 인식하기 위한 전략들의 동기들과 요구들과는 구별된다. 후자-자기 운명의 추구-에서는 자기완성과 자아실현의 작업이 삶의 최우선적 이유와 노력을 기울일 모든 목표를 설정한다. 완성의 전략은 "좋은 것들"의 요새에 직접 공격을 시도한다. 그것은 자신의 풍성함과 완성을 보장하는 자질들과 상품들을 최대한 축적하는 것을 의미한다. 그리고 역설적으로, 다니엘 얀켈로비치가 아주 분명하게 보았던 것처럼, 바로 이 추구의 전략은 우리를 공동체와 친밀감의 유대로부터, 그리고 우리의 것을 초월하는 가치들과 진정한 완성이 의존하는 원인들에 대한 헌신들로부터 멀어지게 한다[29].

인간 소명의 기독교적 관점이라는 견지에서 보면, 에우다이모니스트의 "내포된 황금 조각상"은 결국 우상이다. 소명의 관점에서, 우리는 관계 안에 있는 개인성을 요구받는다. 공동적 성취의 일부가 아닌 개인적인 성취는 없다. 우리는 우리 자신을 내어줌으로써 우리 자신을 발견한다. 우리는 우리 자신을 보편적 선의 추구에 바침으로써 더 큰 사람이 된다. 소명의 관점에서 보면, 성취와 자아실현과 존재의 탁월성들은 하나님과 이웃에 대한 봉사에 속한 계약적 충실함과 행동의 부산물들이다. 내포된 황금 조각상보다는 오히려, 기독교인들은 우리의 인간으로서의 잠재력을, 에베소서 4:13에 제시된 것처럼 본다. "성숙한 인간이 되어서 그리스도의 완전함에 도달하게 되는 것이다." 그것이 우리 잠재력의 비밀이고, 우리의 발달의 목표다. 그것은 선물이고, 하나님의 충실한 사랑에 대한 충성스런 응답의 부산물이다.

  소명의 측면에서 우리의 삶을 이해하는 몇 가지 결과를 언급해 보겠다. 첫째, 소명에서 우리는 타인들과의 경쟁에 근거하지 않은 탁월성을 요청받는다. 이 탁월성은 타인들을 앞지르려는 동기에 기인한 것이 아닌, 하나님이 우리를 부르신 것의 결과다. 하나님은 우리들 각자의 독특한 은사의 영역과 독특한 양식의 한계를 지닌 우리를 부르셨고, 다른 이의 소명과 구별되는 소명의 탐험으로 부르신다. 우리는 그 탁월성을 타인과의 경쟁에서 세워갈 필요가 없다.

  둘째, 이러한 소명의 이해는, 우리의 특정한 운명을 우리가 도달하기 전에 누군가 다른 사람이 성취하게 될까, 또는 누군가가 우리의 삶을 규정해 준 유일한 성과를 빼앗으려 우리를 공격하지 않을까 하는 걱정으로부터 우리를 자유롭게 한다. 만일 우리가 우리의 소명적 관계인 하나님과 이웃과의 관계에 충실하다면, 그런 걱정은 자연히 해결될 수 있다. 세상에는 하나님의 일에 동반자 관계를 이룰 수 있는 어마어마하게 많은 기회가 있고, 신의 활동의 일부가 되기 위한 중요한 방법들은 모자라지 않다.

셋째, 소명 안에 있으면 타인의 은사들과 은혜들을 함께 즐거워할 수 있을 만큼 자유로워진다. 소명 안에서 우리는 타인들의 재능들에 의해서 위축되거나 위협받기보다는 오히려 더 고양된다. 소명 안에서 우리는 그들에게 중요한 공동선에 이바지할 수 있는 자유와 권한을 주는 상보적 분업에서의 "천부성의 생태학"에 동참하는 것을 즐기게 된다.

넷째, 질투와 부러움으로부터 자유로워지고, 타인들의 은사를 축하할 수 있게 되면서, 우리는 모든 사람을 향한 모든 것이 되어야 한다는 생각으로부터도 자유로워진다. 소명 안에서 우리는 우리의 부르심에 고유한 것들을 잘 수행할 수 있는 자유를 얻는다. 동시에, 우리는 하나님처럼 대단한-혹은 모든 방식의-숙련도를 소유하려는 시도의 인플레이션뿐만 아니라, 우리가 실패하거나 우리의 한계를 발견했을 때 필연적으로 나타나는 디플레이션으로부터도 자유로워진다. 소명 안에서 우리는 우리의 은사들을 자비로움으로 경험하는 것과 마찬가지로, 우리의 *한계*를 자비로움으로 경험할 수 있다. 광범위하기는 하지만, 소명 안에서 우리의 책임감은 결국 한계가 있다. 하나님과의 그리고 다른 계약적인 이들과 우리의 동반자 관계는 결국 유한한 법적 책임 관계다. 하나님이 최고의 왕이시기 때문이다.

다섯째, 소명 안에서 우리는 우리의 시간과 에너지를 쏟는 일에 대해 책임감 있는 균형을 찾아야 할, 요청과 자유를 함께 지닌다. 소명은 일 중독의 반대다. 전통적인 루터교의 윤리는 가족, 교육이나 문화, 경제, 통치체제, 그리고 교회의 영역들에서의 "창조의 질서"를 말했다. 소명은 이 영역들 각각에 적절히 참여하는 충실함의 양식을 의미한다. 그것들 중 일부에 관련되는 것의 정도와 강도는 우리 삶의 나이나 단계에 따라 달라지고, 우리의 부르심이 갖는 특정한 형태에 따라서도 달라진다. 그러나 우리 고유의 가치 기반을 형성하거나 정당성을 입증할 의무로부터 자유롭게 되면서, 소명 안에서 우리는 이 영역들 중에 하나 혹은 그 외의 것에 우리 자신을 내어주는 데에서 균형을 잃을 필요가 없다.

여섯째, 소명 안에서 우리는 시간의 폭력으로부터 자유로워진다는 중요한 개념이 있다. 만약 내가 내 안에 있는 황금 조각상을 인식해야만 한다면, 그리고 만일 내가 살아온 삶을 정당화하기 위해서 이것을 제한된 시간 안에 성취해야만 한다면, 그럴 때 시간은 나의 적이 된다. 시간은 영원히 멀어지는 상품이 되고, 부족하고 또 부족한 것이 되며, 나는 더욱더 나의 필요를 위해 시간을 들이는 일에 집중하게 된다. 반면에, 소명은, 우리가 시간으로 초대되고, 우리가 삶을 부여받는다고 말한다. 충실함 속에서 우리는 언제든 다가올 수 있는 죽음 또한 주어져 있다는 것을 이해한다. 우리가 소명 안에 있을 때, 시간은 우리의 친구가 된다. 신앙발달 센터에 소속한 동료 앤 R. 매이유크Anne R. Mayeaux는 소명 안에서 살아온 삶의 궤도는, 우리가 부여받은 삶의 부분이나 타인에게서 볼 수 있는 삶의 어떤 부분에서든지, 전체의 통합을 드러낸다는 것을 이해하는 데에 도움을 주었다.

마지막으로 우리는 소명에 관한 우리의 논의를 우리가 초반에 다룬 성인 발달에 관한 생각과 연결시켜야 한다. 우리는 소명을 역동적인 것으로써, 그 초점과 계속되는 양식이 변화하는 것으로 보아야 함과 동시에, 변하지 않는 것으로써 계속되면서 부르심을 심화시키는 것으로써 보아야 한다. 이 점에서, 우리는 다니엘 레빈슨의 개인적 삶의 구조에 대한 발달적 개념을 기억하는 것이 좋다. 우리가 2장에서 본 것처럼, 레빈슨의 이론은 이 개념에 따라서, 개인들과 제도들과 모든 주어진 시기에서 우리 삶의 특징을 나타내는 원인들-우리가 세계와 여가와 신앙과 공적/사적 생활과 주고받는 상호교환의 배치-과의 관계의 패턴이 진화하고 변화함을 의미한다. 우리의 삶의 구조들은 시간이 흐르면서 변화하고 발달한다. 우리가 우리 삶의 한 계절에서 다른 계절로 이동하는 것처럼, 변화무쌍한 유행 속에서 우리 삶의 구조가 되는 환경설정은 모양과 복잡성이 달라진다. 인간 소명의 기독교적 관점에서 볼 때, 하나님의 활동과의 동반자 관계는 우리의 변화하는 성인의 삶의 구조들을 오케스트라를 지휘하듯 조직화하기 위한 원칙을 찾는 데에 있어서 유일하면서도 가장 유익한 방법이 될 것이다.

---

1) Daniel Bell, The Cultural Contradictions of Capitalism (New York: Basic Books, 1978), xx-xxi, 146-171.
2) Ibid., 169.
3) David Tracy, *Blessed Rage for Order* (New York: Crossroad-Seabury Books, 1975).

4) David Tracy, *The Analogical Imagination* (New York: Crossroad, 1981).

5) Ibid., chaps. 3-5.

6) David Tracy, public lectures, Boston College, summer 1979.

7) Tracy의 주장에 대해서는, David Tracy, *Analogical Imagination*, chaps. 6-7.을 보라.

8) Alasdair MacIntyre, *After Virtue* (Notre Dame: University of Notre Dame Press, 1981), 15.

9) Werner Jaeger's massive three-volume work *Paideia: The Ideals of Greek Culture*, trans. Gilbert Highet (New York: Oxford University Press, 1939-1944)를 보라.

10) Gabriel Fackre, *The Christian Story* (Grand Rapids, Mich.: Eerdmans, 1978). 그러나 나의 주장은 파커의 주장과 매우 많은 면에서 다르다.

11) 이 메타포들에 대한 니버의 예일에서의 수업과정에서의 사용에 대한 상세한 기술을 보려면, James W. Fowler, *To See The Kingdom: The Thological Vision of H. Richard Niebuhr* (Nashville, Tenn.: Abingdon Press, 1974)를 보라.

12) Walter Brueggemann, *The Prophetic Imagination* (Philadelphia: Fortress Press, 1978).

13) Walter Brueggemann, "Covenanting as Human Vocation," *Interpretation* 33, no. 2: 115-129.

14) Ibid., 125.

15) Ibid., 126.

16) Carlyle Marney, "How to Be a Human Being" (audiotape) (Nashville: Broadman Press, 1976).

17) Dennis M. Campbell, *Doctors, Lawyers, Ministers* (Nashville, Tenn.: Abingdon Press, 1982), 18.

18) Karl Barth, *Church Dogmatics*, Vol. 3:4 (Edinburgh, Scotland: T & T Clark, 1961), 599.

19) Marney, "How to Be a Human Being."

20) Bell, *The Cultural Contradictions of Capitalism*, 3-30.

21) David Norton, *Personal Destinies: A Philosophy of Ethical Individualism* (Princeton: Princeton University Press, 1976).

22) Ibid., ix.

23) Ibid.

24) Ibid., 5-6.

25) Ibid., 14.

26) Ibid., 16.

27) Rollo May, *Freedom and Destiny* (New York: Norton, 1981).

28) Norton, *Personal Destinies*, 14.

29) Daniel Yankelovich, *New Rules: Searching for Self-Fulfillment in a World Truned Upside Down* (New York: Random House, 1981), chaps. 3-5.

chapter 5

기독교 공동체와 성인기
CHRISTIAN COMMUNITY AND ADULTHOOD

자아와 타인들: 운명에서 소명으로

수년 전 동료 한 사람이 매력적인 말을 했다. "교육 기관에는 두 종류의 사람들이 있습니다. 기관을 위해서 봉사하는 사람이 있고, 기관이 그들을 위해서 일하게 만드는 사람이 있지요." 우리 두 사람이 그 당시에 함께 하던 환경들은 자기-이해를 하려는 나에게 그의 말에 담긴 함의를 성찰하게 했다. 나는 그 말을 잊어본 적이 없다. 그러나, 내가 지금 소명과 운명의 질문을 생각할수록, 내 동료의 유형론이 너무 단순하다는 생각이 강해지는 것 같다. 이 두 개념에 대한 4장에서의 논의들에 비추어 볼 때, 우리는 자기-기반성에서 소명으로, 그리고 성인에서 기독교인으로서의 성인으로의 변화의 역동성을 분명하게 하려는 노력에 유용할 수도 있을 것으로 보이는 방법으로 그의 유형론을 풍성하게 할 수 있을 것이다.

우리가 봉사하는 기관들과 공동체들을 향한 동기와 성향들을 요약한, 표 5.1.을 생각해보자.

표 5.1. 동기들과 성향들의 매트릭스

운명	A. 기관을 위해서 봉사하는 사람들(자신을 위해)	B. 기관이 그들을 위해서 봉사하게 하는 사람들(자신을 위해)
소명	C. 기관을 위해서 봉사하는 사람들(소명을 위해)	D. 기관이 그들을 위해서 봉사하게 하는 사람들(소명을 위해)

물론, 이것도 너무 단순하다. 그래도, 이 분류는 성인 발달이론들과 인간 소명의 기독교적 비전을 통해 얻은 통찰들을 한데 모아 심화시키면서 만나게 된 일련의 중요한 이슈들을 명확하게 보여주고 집중할 수 있게 한다는 장점이 있다. 예를 들어, 내 친구의 단순한 모델은 외견상으로는 헌신과 자기희생을 보여주지만, 기관으로부터 지원과 보호와 인정과 승인을 받기 위한 주된 이유로 기관에서 일하는 사람들이 있다는 것을 관찰하는 데에는 실패했다. 이런 사람들(A)은 기관에 자신들의 관심들을 수용해 주도록 요구하기에는 자신의 계획들이나 능력들을 충분히 믿지 못하지만 않는다면, 운명과 관련된 자기-기반성에 대한 일종의 신념을 보여줄 수 있다. 그래서 그들은 기관의 프로젝트-또는 그 일부-를 자신의 것처럼 선택하고, 기관의 공동체에 속한 동료들과 다른 사람들은 그들을 사심없이 공동의 선에 헌신하는 것으로 여긴다. 하지만, 이것은 놀라운 일이 아니다. 이 사람들은 보이지 않는 부분에서나 무의식적

인 수준에서 기관이 자신들의 희생을 알아주지 못할 때면 억울함을 느끼게 되고, 자신의 것으로 실행하지 않았던 프로젝트의 결과에서 거리감과 공허감을 느끼게 되면 분노하기도 한다. 이와 비슷한 생각에서, 내 친구의 유형론은 기관이 어느 정도는 자신들의 프로젝트들을 위해서 봉사하게 하는 데에는 성공했으나, 그렇게 하는 것이 자기 강화의 목적보다 앞서지 않는 사람들(D)도 있을 수 있다는 것을 생각하지 못했다. 오히려, 그들의 부르심과 재능들을 실행하게 하는 책임감의 힘은 기관을 우선으로 생각하는 데에 충격을 주거나 기관의 집단적 사명감을 결정하는 데에 성공적인 도움을 주었다. 공동체에 속한 다른 사람들은 자신의 소명에 응답했고, 그들 자신을 기관 자체의 존속과 일함에 대한 요구에 필수적인 요소로 생각했다.

이 동기부여에 관한 유형론은 교육기관들을 넘어서 우리 삶의 다른 영역들까지 확장/연장될 수 있다. 공적/사적 생활에, 일/전문성/가족의 영역에, 종교적 공동체/자발적 대행단체들 등에서 봉사하려는 우리의 주된 동기들은 다른 것들 보다도 이 네 가지의 위치 중 하나에 빠지기가 더 쉽다. 한 가지 영역에서 다른 영역으로 이동해가는 것처럼 이 동기부여의 유형이 한결같다고 가정하기에는 근거가 약하다. 진짜 문제는 동기들의 구조와 봉사의 원천들이 종종 우리뿐만 아니라 타인들에게서도 분명하지 않다는 것이다. A영역과 C영역은 모두 기관-또는 집단성-에 대한 자신의 종속 관계를 포함한다는 점에서 매우 유사하게 볼 수 있다. 이 영역들의 행동을 아주 정밀하고 일관되게 동료나 동지의 행동으로서의 특징이 있다고 정의하는 데에는 수개월 혹은 수년 동안의 지속적인 관찰이 필요하다. 그리고 이 점에 있어서 우리 자신의 동기들을 분명하게 하는 데에도 수년이 걸린다. 이와 유사하게, B영역과 D영역은 그들이 다른 사람들을 바라보는 방법과 우리 자신에 대해 느끼는 방식에 관한 많은 것을 공유한다. 한 사회 속에서 일원이 되고 그 사회와 관련된 삶을 살아가면서, 그 사회의 공동성을 결정하는 데에 영향을 끼치려는 노력을 설명하려 하기보다, 좀 더 자기 기반의 지배를 받으려 하고 자기 잇속만 차리는 자기합리화에 의지하려는 유혹을 받는 곳에서는, 잠재적인 자기 이해의 영역이 없을 확률이 높다. 마찬가지로, 특권이나 평범하지 않은 제도적/도덕적 자유 또는 타인들의 존경을 받고자 하는 우리의 동기들에 관한 것 보다, 우리가 타인들에게 좋은 인상을 만드는 것을 중요한 문제로 생각하는 영역도 거의 없다.

이 동기부여의 행렬에는 두 개의 축이 깔려있다. 하나는, 데이빗 베이칸David Bakan을 따라, *대행자*와 *참여communion*1)의 축이라고 부를 것이다. 다른 하나는 월터 부르지만을 따라서, *자기-기반성과 계약*2)의 축이라고 부르겠다. 물론, 이들은 우리 논의에서 새로운 주제는 아니지만, 그들을 이런 식으로 한데 모아 봄으로써, 우리의 성향을 운명의 개념을 지향하는 지배적인 성향에서 소명에 대한 헌신을 지향하는 성향으로 변형시키기 위한 모든 고찰의 성패가 달려있음을 볼 수 있게 된다. 대행자와 참여는 우리의 사회적 존재로서의 진정한 양극성을 보여준다. 우리는 타인에게 의존하지 않고, 자신의 생각만으로 개념적인 한 측면을 생각해낼 수 없을 때, 우리가 진정한 양극성을 다루고 있음을 알게 된다. 폴 틸리히는 "*일부분*이 되는 용기"(참여하는, 예속되는, 친밀해지는)를 말하면서, 그것이 "*분리*될 용기3)"(홀로서기, 자신의 책임을 다하기)와의 극적인 긴장 안에 존재한다는 것을 보여준다. A영역으로 가장 잘 묘사되는 사람도 어느 정도는 B영역의 목표를 성취하고 있다는 것을 보여주는 운명-소명 행렬에서 이런 극단성의 모습을 볼 수 있다. 이와 같은 진술을 C영역과 D영역들을 고려하는 데에서도 만들 수 있다. 우리의 삶을 운명/소명의 측면에서 접근하느냐의 여부와 관계없이, 자아의 자주성과 흥미로서의 *대행자*와 집단성의 복지와 선에 자신의 흥미를 종속시킨 *참여* 사이에서는 어느 정도의 상부상조가 분명하게 이루어진다.

우리의 행렬에 관련된 다른 축이 극단성-*자기 기반성*과 *계약*의 축-을 보여준다는 것은 처음에는 그리 분명하게 보이지 않는다. 그 둘을 연결하는 것과 그들의 극적 긴장을 유지하는 요소들은 우리가 그 두 가지 성향이 신앙의 형태라는 것을 알아차리게 될 때 눈에 보이게 된다. 이 두 가지는 모두 우리의 가장 깊은 신뢰와 충성을 투자하는 것에 관련된다. 자기 기반성에서 보면, 우리의 가장 깊은 신뢰와 충성들은 자아의 지휘를 받는 자원들과 잠재력들과 힘에 투자된다. 자기 기반성이 우리의 신뢰들과 충성들의 위치결정을 지배할 때, 관계와 집단들에 대한 우리의 소속감과 우리가 수행하는 역할들, 우리의 은사들과 재능들, 그리고 우리가 속해 있는 기관들의 힘들은 모두 *도구적인* 것이 된다. 이 모든 것들은 생존, 안전, 그리고 자아와 자아가 속한 세상의 중요성을 위해 봉사하게 되어야 한다. 그것들은 우리의 가치를 수립하고, 정당성을 입증하며, 영속시켜야만 하며, 자아를-그리고 우리의 관계들, 소유들, 그리고 성과들에서의 자아의 확장들을-중심에 있도록 유지시키는 의미의 구조를 위해 헌신해야 하고, 그 구조를 유지해야만 한다.

대조적으로, 계약적인 존재에 있어서, 신뢰와 충성심은 3중 양식에 맡겨진다. 계약적 존재는 삶을 타인들과 창조자로부터 주어지는 선물과 신뢰인 것으로 인식한다4). 계약적 존재는 가치와 중요성은 수여 받는 것이고, 존재로부터 정당화와 정당성이 입증된다는 것을 사실로 받아들인다. 계약적 존재는 자신의 잠재력과 헌신을 포함하지만, 그들의 목적과 의도성으로 이루어진 직조물과 같은 관계속에서 타인들의 잠재력과 헌신들에 참여한다는 의미의 구조안으로 초대된다는 것을 알고 이를 받아들인다. 따라서 관계들, 소속감들, 역할들, 재능들, 은사들은 자아의 정당성을 입증하는 데에는 별로 기능적이지 않다. 오히려 그들은 누구나 발달하고 즐기는 일에 독특하게 자유로워지고 힘을 얻게 되면서도, 또한 충실함과 고마움으로 보편적인 선을 대신하는 실천에 헌신해야 한다고 믿는다.

운명은 자기 기반성에 대한 헌신에 관계되는 만큼, 대행자와 참여의 축을 왜곡한다. 대행자는 지배해야만 하고, 참여는 (미묘하고 뻔뻔스럽기는 하지만) 자아의 실현에 종속되어야만 한다. 소명적 존재는 계약에 대한 헌신에 관계되는 만큼, 대행자와 참여의 균형을 회복하게 된다. 소명적 존재는 자기의 정당성을 입증하기 위해서 타인들을 조종하거나 제어하지 않으면서, 공동체 안에서 자기 자신이 될 수 있도록 사람을 자유롭게 한다. 그리고 그 존재는 사람에게 자신을 초월하는 중요성을 갖는 원인들과 의미들을 발전시키는 것과 그러한 참여들에 수반되는 자신을 향한 위험들을 수용하는 데에 헌신할 수 있는 힘을 강화시킨다.

내가 이 책을 끝내갈 무렵, 아틀란타 지역은 모어하우스 대학의 명예 총장이며 아틀란타 교육위원회의 명예의장인 벤자민 E. 매이스Benjamin E. Mays의 죽음을 애도했다. 90세의 나이에, 매이스 박사는 장수했다는 사실보다 그의 삶이 훨씬 더 주목받으며 회고되었다. 젊은이에서 중년 남성/여성, 흑인과 백인, 정치 경제 교육과 예술 분야의 지도자들 등의 놀라운 집단이 그의 영성, 진실성, 그리고 탁월함을 향한 변함없는 헌신에 그들이 받은 강력한 인상을 증언했다. 그가 28년간 운영했던 대학은 국내 최고의 고등교육 기관들 사이에 자리 잡았다. 공립 학교들로부터 인종차별 폐지와 중산층의 비행이라는 비판적인 이슈들을 다뤄야만 했던 도시 학교의 구조는 성장하는 안정성과 우수성, 그리고 탁월성에 대한 실제적인 약속으로 살아남았다. 매이스는 필라델피아나 스위스의 제네바, 그리고 다른 많은 지역에서 일할 가능성과 기회들이 주어질 수도 있는 자리들에 앉을 수도 있었을 것이다. 그는 자신의 삶에서 보여준 대로, 자신을 남부지방에 투자하기로 "선택했다." 그가 말하기를, "이 지역은 매우 침체되어 있어서, 나는 이 지역의 회복과 이 지역의 위대함을 성취하는 일에 한 부분을 감당하기를 원했습니다. 나는 New South를 건설하는 일에 참여하기를 원합니다"라고 말했다.

　매이스 박사는 자수성가한 사람은 아니었다. 그의 어린 시절의 약속 때문에, 그는 배우고자 하는 의지와 준비로 정말 최선의 기회를 부여받았고, 물질적인 자원들은 부족하나 신앙과 투지가 풍부한 사람들을 지원했으며, 비전을 제공할 수 있었다. 그의 삶이 어린 나이부터 하나님과 그의 사람들을 위한 봉사에 헌신했고, 성령이 그 자체로 주변에 모이는 중심이 되었던 것처럼, 시련들과 투쟁들을 통해서, 어두운 밤과 햇빛이 비치는 수평선들을 통해서, 그의 존재는 구원하고 힘을 주는 에너지를 위한, 화해시키고 변화시키는 힘을 위한 기회가 되었다. 매이스 박사를 아는 사람들은 어설픈 유명인사들의 감정적이거나 감상적인 말이 없이, 그 남자의 투명한 선함을 증언하고, 타인의 복지를 위한 자기 비움적인 헌신을 증언하며, 정의와 평화가 이루어진 새로운 세상의 현재적 가능성에 대한 그의 신념과 그의 기쁨의 전염성에 대해서 증언한다.

알 수 없는 방법이지만, 그 외의 난해했던 신약 구절의 진리들이 우리의 운명-소명 행렬에 대한 생각과 벤자민 E. 매이스의 삶에 대한 생각의 조명에서 분명해지기 시작한다. 나는 공관복음서의 세 권 모두에서 예수의 이야기들을 본다(마태와 누가에서는 두 번씩 나온다). "그러므로 너희는 조심해서 들어라. 가진 사람은 *더* 가질 것이요, 갖지 못한 사람은 그가 가진 것으로 생각하는 것 마저 빼앗기게 될 것이다"(눅 8:18, 또한 마태 13:12와 25:29, 막 4:25, 그리고 눅 19:26). 이 말의 의미는 그 밖의 잘 알려지지 않았고 이상한 갑절의 열매들과 선함들을 지적한다. 이것들은 하나님이 주시는 은사들(*카리스마타*)을 감사하며 받고, 후히 사용함으로써 나타나게 되는 열매들과 선함들이다. 내가 믿기로는, "가지지 못한" 사람에 관해 말하기 어려운 점은, 은사들을 감사하지 않으며 공동의 선에 대한 봉사로 자신의 은사들을 확장하지 않고 오히려 은사들에 기초하여 자기 자신을 위한 특별한 특권을 요구하고 자신을 강화하고 보호하려고 하는 데에 관해서만 집중하고 있는 사람들(기관, 기업, 국가)과 관련이 있다. "그가 무엇을 생각한다 할지라도, 그는 그로부터 빼앗겨버리게 될 것이다."

자기 기반성의 요구 혹은 절망에 기반을 둔 운명은 개인주의를 암시한다. 계약의 3중 구조적 신앙에 기초한 소명은 공동체를 암시한다. 이제 공동체에 속한 소명적 존재의 우선 사항을 고려해볼 차례다.

소명적 실존과 기독교 공동체

여러 이야기 가운데서, 앞에 이야기된 부분은 동기부여와 탁월성에 대한 우리의 관심을 운명의 개념과 부르심의 확신 모두에 내재하는 자기기만의 가능성만큼이나 모호하게 만들었다. 우리가 고려한 사항들에는 운명의 개념과 소명의 헌신이 모두 제도적 정치적 경제적 사회적 힘의 자원들이 될 수 있다는 인식이 내포되어 있다. 힘과 연합하는 곳에는 필연적으로, 설명할 수 없는 강력함의 상태와 순전한 무기력의 상태 모두에 수반되는 타락의 잠재성들이 있다. 그에 더해, 성격과 삶에 대한 질투, 분리, 분함, 경쟁, 혐오, 폭력적인 공격, 그리고 필사적인 권력 다툼에 인간의 힘과 열정을 극심하게 낭비하는 것들처럼 보이는 유형의 잠재성들이 있다.

맥퍼슨C. B. Macpherson이 "소유욕이 강한 개인주의5)"(홉스, 로크, 그리고 아담 스미스)라고 불렀던 정치적이고 경제적인 전통은 우리 각 사람을 "그 자체의 바닥에 앉아 있는 통"-일, 소유의 취득, 그리고 자급자족의 형식으로-인 것처럼 생각함으로써 앞 문단에서 언급했던 문제들을 해결하려고 했다. 이 전통 안에서 우리의 경쟁력과 은사의 불평등, 그리고 우리의 서로에 대한 위험의 해결법은, 작은 사회들의 형성이나 계약적인 사회들의 형성에 달려있다. 그런 사회들에서, 우리 각자는 우리의 자유와 권한에 대한 어떤 처분을 소외시키고, 권리 보호를 위한 통치와 모든 구성원의 안전과 평화에 관심을 갖는 신뢰받는 권력자나 통치 주체의 권위에 우리의 자유와 권한을 맡긴다. 소유적 개인주의 정치 철학은 각 개인의 그/그녀의 선의 개념 추구를 위한 자유의 극대화를 지향하지만, 반면에 그 과정과 결과를 위한 안전을 제공하기 위해서 인간의 적대감과 해로움을 충분히 규제하기도 한다.

"해결책"으로써 공동체를 말하는 것은 이미 우리가 근본적으로 사회적 창조물들이라는 것을 잊어버리려는 우리의 성향에 반대하는 것이다. 공동체로부터 분리된 자아는 없고, 공동체에서 분리된 신앙도 없으며, 공동체에서 떨어져 있는 운명과 소명은 없다. 그러나, 인간의 소명으로서의 탁월성과 헌신을 위해 기대와 희망을 집중시키는 공동체는 "선에 대한 얄팍한 이론"을 지닌 홉스-로크-스미스의 전통이 마음에 그린 계약사회와는 매우 다르다. 이것을 살펴보기 위해서는, 약속에 대한 계약과 권리에 관한 최소한의 개념으로부터, 이 지구상에 사랑과 정의가 연합된 국가를 세우려는 하나님의 의도를 충족시키는 삶의 질에 대한 공유된 비전으로 나아가야 한다. 소명에 대한 깨우침, 양육, 긍정과 계속되는 의무를 위해서, 우리는 신앙 공동체들을 생각해보아야 한다. 그러나, 운명과 소명을 일으키는 힘의 타락과 무기력함처럼, 운명과 소명의 모호함을 받아들이는 법을 배울 수 있게 하지 않는 한, 공동체들이 소명을 깨닫고 지원하는 방법을 고려하지 않는 것이 더 나을 수도 있다.

내가 말하려는 신앙 공동체는 그리스도로서의 예수의 주변에 형성되었다. 이 공동체는 그리스도의 삶과 죽음 그리고 부활의 충격 아래에서 정체성을 형성했으며, 그리스도의 영의 강력한 현존과 은사와 함께 나오는 엄청난 양의 에너지를 취하는 공동체다. 4장에서 소개했던 고전을 공유하는 생각에 이어서, 나는 그 공동체의 자기 이해와 의미의 지평, 온전함을 지닌 사명에 대한 공동적/개인적인 사명의 형태를 제시하려는 기독교 공동체의 *내부*로부터 이야기를 할 것이다. 그렇지만, 기독교 공동체의 인간 소명의 개념을 제공하는 구조적이고 역동적인 특징들은 내가 나중에 그려보려 하는 다른 신앙 공동체들에도 동일하게 적용될 수 있다.

신앙 공동체들이 개인들과 집단들을 소명적 실존으로 형성하는 데에는, 서로 관계되고 통합되면서도 분석적으로 분리 가능한 의미와 성향의 수준들이 있다. 비록 나는 이 다섯 가지의 수준들을 기독교 신앙과 공동체의 입장에서 논하겠지만, 독자들이 다른 전통들에 대해 참조하는 적용 가능성을 심화해 볼 수 있기를 바란다.

1. *공유된 핵심 이야기의 제공과 예시화.* 공동체 구성원들의 소명들을 일깨우고 정보를 제공하기 위해서는-또 그 소명에 책임을 유지하게 하기 위해서는, 신앙의 공동체는 공동으로 유지하는 이야기 구조와의 관계 속에서 그 정체성을 형성해야만 한다. 이것은 내가 4장에서 주장했던 것처럼, 하나님이 화해를 시작하고 인간의 동반자 관계의 가능성을 다시 시작하실 때, 하나님의 창조와 폭로-은폐의 순간들에 관계된 역사와 형식을 설명하는 것과 관련이 있다. 우리가 잠시 더 자세하게 보면, 두 가지 중요한 소명적 정체성의 매개체들이 사람의 개인적인 이야기와 종교 전통의 중심적인 열정 이야기 사이에서 창조적으로 변화시키는 상호작용으로 구체화된다.
2. *공유된 핵심 이야기의 중심적인 열정에 참여하는 것과 삶의*

우선순위를 동일시 하는 것. 나중에 더 분명해지겠지만, 기독교의 핵심 이야기의 중심적인 열정은 예수의 가르침과 파고 들어온 성육신, 이미-그러나-아직-아닌 사랑과 정의가 연합된 국가, 그리고 그의 고난과 죽음에 대해서, 왕국을 위한 구원과 화해의 필요성이 결정적으로 시작되었다는 점에 주목한다. 기독교의 소명은 이 *그리스도의 열정의 이중적인 의미와의 관련에서 자신의 삶의 목적을 발견하고*, 그에 참여하는 것으로써 깨달아지며 구체화 된다.

3. *공동체의 중심적인 열정과의 동기화에 부합되는 애착-깊게 빠져드는 개인의 감성들, 그/그녀의 동기화의 원천-의 형성*. "성령의 열매들"과 "자비로운 애착들"이라고 다양하게 불려진 인격의 특성들, 마음의 깊은 성향들은 하나님의 사랑과 활동에 대한 사람들의 응답의 결과이며 부산물들이다.

4. *덕들의 발생-도덕적 능력들과 행동기술이 모순되지 않게 되는 것, 개인적 행동과 협동적 행동을 구성하는 차원들*. 이것들은 신앙 공동체의 중심적인 열정에 기여하고, 그 애착들로 연장될 수 있는 성격을 부여하는 인식, 판단, 그리고 활동의 힘들이다.

5. *공동체 내에 속한 각자의 삶에서 나타나는 광범위한 소명의 실제적이고 특별한 형태와, 통일되어 있으나 상당히 다양화된 소명의 생태학으로써의 그들의 사명과 상호간의 지원 속에서의 밀접한 관계*. 4장에서의 신의 활동과 인간의 동반자 관계에 관한 논의에서 제안된 다양한 경기장에서, 공동체의 구성원들은 자신의 삶 속에 소명적인 실존의 구조를 형성하고 재구성한다. 자신과 타인들이 자신이 소유하고 있다고 여기는 은사들과, 그들과 공동체가 파악하고 있는 인간의 필요의 형태와 봉사의 기회들을 따라가면서, 이 세상 속에서의 하나님의 목적들의 일부인 자신의 삶에 대한 목적들에 구체적인 형태를 부여한다. 이런 방법으로 신앙 공동체는 드러나는 *신적인 프락시스*에 대한 의도적인 협력의 위험을 감수한다.

기독교 이야기, 열정, 그리고 애착들

이 다섯 가지 수준의 성향들 각각의 적합한 발달과 신앙 공동체-여기서는 기독교 공동체들-가 소명적 존재를 일깨우고 형성하며 유지하는 것을 통해 이루는 의미 형성은 다른 책에서 다룰 것이다. 이 맥락에서는 각각에 대한 아주 약간의 개론적인 관찰들만으로도 충분할 것이다.

공동체의 핵심 이야기

내가 기독교의 핵심 이야기에 관해서 말하고자 했던 내용의 댑분은 이미 기독교 고전의 이야기적 구조에 관한 4장에서의 논의에서 말한 바 있다. 그 설명은 니이버의 세상 속에서의 하나님의 활동에 대한 생각과 응답을 나타내는 세 가지 메타포들-창조주 하나님, 통치자 하나님, 그리고 해방자요 구원자인 하나님-에 대한 논의와 중복될 수 있을 것이다. 전통의 핵심 이야기는 우리의 궁극적인 환경 안에서의 가치와 권위의 성격에 관한, 그리고 우리에 대한 그 전통의 마음가짐에 관한 가장 이해할만한 설명을 제시한다. 종교적인 핵심 이야기는 하나님의 삶과 역사와 의도와의 관계 속에서 우리의 삶을 바라보고 이해할 수 있게 한다. 그 핵심 이야기는 우리의 삶의 사건들과 관계들이 지닌 궁극적 의미들의 컨텍스트를 제공하며, 우리가 어떤 고통을 겪고 있는지를 설명하고 우리가 희망하는 것을 유지하고 인도하는 데에 필요한 결정적인 이미지들을 제공한다. 기독교의 핵심적인 이야기는 피조물들을 향한 창조의 사랑과, 피조물과의 관계를 회복하려는 창조주의 결정적인 활동들과,

옳음, 사랑, 그리고 평화의 궁극적인 공동체에 관한 비전의 영광스러운 완성을 가져오려는 창조주의 중요한 활동들에 초점을 맞춘다. 통치하시는 하나님의 활동을 보는 것은 동반자 관계로의 부르심을 받는 것이다. 이것은 사랑의 동반자요, 희망의 동반자이며, 구원적이고 해방적인 고통의 동반자이고, 하나님과 모든 창조물들과의 연합에서 경험하는 비교할 수 없는 기쁨과 풍부함에서의 동반자 관계이다.

공동체의 중심 열정

고대 그리스어와 거기에서 깊은 영향을 받은 초기 기독교에게, 열정들passions은 일반적으로 어울리지 않는 욕구나 필요에 대한 만족감을 위해 애쓰는 과정에서 일어나는 감정의 강한 표출로 생각되었다. 열정은 합리적인 삶의 결연함을 위협했다. 그리고 열정은 서약된 수도원 생활의 규율들을 위협했다. 물론, *passions*(그리스어에서 보통 육체적인 고통에 대한 고통을 겪는 것을 의미하는 *pathos*와, 견디다, 고통받다 의미인 *patior*, *passus*에서 유래한 라틴어 *passio*)는 긍정적일 수도 있고, 부정적일 수도 있는 강한 감정들일 수 있다. "마음에서 일어나는 강한 느낌 혹은 감정은 야망, 탐욕, 복수, 두려움, 희망, 기쁨, 슬픔, 사랑, 미움과 같은 것으로 흔들린다." 언급된 의미들의 더 오랜 조각들에 더 일치하는 것은 "강하고 깊은 느낌으로, 마음의 폭력적인 동요 혹은 흥분과, 폭력적인 분노, 열성, 열정, 격렬한 갈망" 등이다.

기독교의 전체적인 이야기의 중심 *열정*이라고 말할 때, 나의 의도는 기독교 복음의 심장에 해당하는 핵심 요소들의 일부를 하나의 수렴점 안에 모아내는 하나의 상징을 주장하려는 것이다6). 첫째, 그것은 몸을 갖게 된-*성육신*-하나님의 고난을 의미하는 *passio*를 말한다. "인간과 동등해 짐을 감당하시고, 사람의 형체로 나타나시며, 자기를 낮추시고, 죽기까지 복종하셨으니 곧 십자가에 죽으심이라"(빌립보서 2:8). 둘째, 그것은 하나님의 열정을 나타낸다. 이 하나님의 열정은 하나님의 형상대로 지음 받은 사람들과의 연합과 그들을 완전하게 함을 조화시키기 위해서 창조로 처음 표현되었고, 그다음으로 다양한 계약으로 표현되었으며, 가장 결정적으로는 그리스도의 사건으로 표현된 열정이다. 셋째, 그것은 예수의 설교와 가르침에 의해서 생동감을 얻고, 예수가 신앙적이고 보편적인 이스라엘로 막을 내리게 하려는 새로운 세대의 개막으로써 바라보았던, 사랑과 정의가 연합된 국가(전통적으로, 하나님의 왕국)를 향한 열정을 말한다. 이것은 모든 사람이 지닌 헌신적인 열정과 열광적인 선천성의 개념에서의 열정이다. 그리고 넷째, 그것은 동일화에 의해 교회의 *존재이유raison d'être*가 되는 앞에 언급된 *모*든 개념에 속한 그리스도 안에서 이루어지는 하나님의 열정과의 동일화를 말한다. 디트리히 본회퍼Dietrich Bonhoeffer는 "교회는 그리스도가 진정으로 보여주었던 인간애의 한 부분에 불과하다7)"고 쓴 적이 있다. 이 맥락에서 그것은 그리스도의 열정에 의해서 형성된다는 것을 의미한다. 이 말은 너무 심오해서 우리의 개인적이고 협동적인 삶의 중심에 생기를 더하며 우선순위를 매기게 되는 그리스도의 열정과의 동일화에 참여하고 그 동일화를 감당하게 되는 것을 의미한다.

기독교의 애착 형성

내가 여기서 사용하려고 하는 *애착affections*이라는 용어는, 20세기보다는 18세기적 성격에 더 가깝다. 그것은 "감정들"을 뜻하지만, 현대의 감정들-느낌의 일시적인 조각들이나 불안정한 분위기의 피상적 개념인-을 의미하지는 않는다. 오히려, 그것은 *깊이 유지되고, 배어있으며, 오래 지속되는 마음의 근본적인 성향들이라는 개념에서의 감정들*을 의미한다. 기독교 신앙의 중심 열정에 대한 우리의 앞선 논의와 관련하여, 기독교의 애착들은 중심을 향한 자신의 헌신으로부터 생겨난 마음의 깊은 성향들이며 감정적인 흔적들이다. 기독교의 애착들은 사도 바울이 갈라디아서 5:22~25과 다른 몇 구절에서 성령의 열매에 관해 "그러나 성령의 열매는 사랑과 기쁨과 평화와 인내와 친절과 선함과 신실과 온유와 절제입니다. 이런 것들을 금할 법은 없습니다. 그리스도 예수께 속한 사람은 정욕과 욕망과 함께 자기의 육체를 십자가에 못 박았습니다. 우리가 성령으로 삶을 얻었으니, 우리는 성령이 인도해 주심을 따라 살아갑시다. 우리는 허영에 들뜨거나, 서로 노엽게 하거나, 질투하거나 하지 않도록 합시다"라고 말했던 것과 가깝다.

사도 바울은 여기서 18세기까지 서구 신학과 철학에서 지배적인 흐름을 보여주었던 심리학에 기초하여 말하고 있다. 성 어거스틴과 루터, 칼빈, 조나단 에드워드, 그리고 많은 사람의 저작들이, 사람의 지성, 이성, 그리고 다른 능력들과 재능들이 그/그녀의 처분에 따라 자신의 주된 사랑이나 헌신에 종사하도록 명령을 받게 될 것이라고 보는 사도 바울의 관점을 따른다. 조나단 에드워드가 다루듯, "의지는 그 자체로 가장 강한 동기가 되는 것과 같다." 마틴 루터는 그것을 더 노골적으로, "이성은 아무 주인을 위해서나 봉사하려 하는 매춘부다"라고 했다. 이런 심리학에서, 감정들은 중심적인 역할을 수행한다. 깊은 감정들은 가치들, 목적들, 그리고 인간 지성과 에너지가 활동하게 되기 위한 목적들을 결정한다.

사도 바울의 성령의 열매들이라는 전통적인 목록에 기반하여, 현대 신학자들은 신앙생활에서의 감정들의 중심성을 회복하고 다시 강조하려는 노력을 해왔다. 나의 동료 돈 셀리어스Don Saliers는 자신이 기독교의 감정들의 패턴이라고 분명하게 생각한 것의 형태에 관하여 많은 것들을 가르쳐주었다. 그의 책 *쉽게 풀어 쓴 영The Soul in Paraphrase*"에서, 셀리어스는 기독교의 애착들의 네 가지 중요 조각들을 정의한다. 감사와 고마움, 거룩한 공포와 회개, 기쁨과 고통, 그리고 하나님과 이웃에 대한 사랑8). 우리가 갈라디아서에서 인용한 바울의 구절들 중 하나를 강조하는 것은 중요하다. "이런 것들을 금할 법은 없습니다." 이런 것들과 같은 애착들은 하나님의 자비로운 사랑에 대한 의지의 끌림과 헌신에 따라오는 것들이다. 그 애착들은 성령의 힘으로 일깨워진 사랑으로 행하는 인간의 응답으로 표현되는 "마음의 습관들"을 보여준다.

*감사와 고마움*은 세상과 우리의 삶, 그리고 타인들의 삶이 자애로우신 선물이라고 하는 것을 깨닫는 데에서 생겨나는 깊은 성향을 묘사한다. 아름다움과 우주의 비교할 수 없는 복잡함과 확장성에 의해 만들어지고, 우리를 비롯한 다른 모든 것까지도 *존재*할 수 있다는 신비에 의해서 만들어졌기 때문에, 감사는 *모든 것*이 은혜라고 확신한다. 이것은 우리가 주로 유년기를 한창 보내고 있을 때나 우리 삶의 봄날에 과장되게 감정을 표현했던, "주님이 얼

마나 선하신지"에 관한 의미 없는 수다와 혼동되어서는 안 된다. 배어있는 감정으로써 감사를 드리는 것은, 절망, 재난에도 불구하고, 그리고 죽음 그 자체 앞에서조차도 하나님의 선하심을 확고부동하게, 그리고 밝게 고백한다.

*거룩한 두려움과 회개*는 하나님의 장엄하심에 대한 우리의 자각과 하나님으로부터의 무한한 거리에 대한 자각을 성찰하는 깊은 감정들을 포착한다. 나는 언제나 이사야 6:5에 기록된, 성전 안에서 이사야가 하나님의 장엄하심이 나타나는 곳에 대해 말했던 이 부분을 생각한다.

재앙이 나에게 닥치겠구나! 이제 나는 죽게 되었구나!
나는 입술이 부정한 사람인데,
입술이 부정한 백성 가운데 살고 있으면서,
왕이신 만군의 주님을 만나 뵙다니!

이사야는 여기에서 나의 동료교수인 성서학자 바니 존스Barney Jones가 말한 "가치론적 소외"로 고통받는다. 가치론은 *가치*와 관계가 있고, 소외는 *분리*와 *떼어내는 것*과 관계가 있다. 이사야는 하나님의 영광과의 관계에서 자신을 보았다. 모든 가치의 무한한 중심과 근원의 현현 속에서 그는 자신의 관계상의 무가치함과 자신을 그러한 선함으로부터 소외시키는 무한한 질적인 거리를 느꼈다. 이러한 지각의 충격 아래에는 대안이 없고 회개만 있고, 사랑과 빛의 근원으로의 돌이킴과 하나님께로 참여하는 존재로서의 선물을 달라는 절박한 애원밖에 없다.

돈 셀리어스에 의해서 정의된 세 번째 기독교 애착의 조각은

*기쁨과 고통*이다. 그는 우리에게 "기독교 신앙은 고통과 기쁨의, 그리고 십자가와 부활의 긴장 속에서 태어났다. 우리가 성경에서 얻는 기쁨과 즐거움의 언어는 항상 고통스러운 삶의 배경을 반대 되는 것으로 읽혀야만 한다"는 것을 일깨워준다[9]. 게다가, 요한 세바스찬 바흐가 아주 기뻐하고 축하하는 크리스마스 오라토리오의 한 가운데에, "오 거룩하신 머리가 지금은 상처를 입었네"라는 우렁찬(그렇지 않으면 불길한) 선율들을 포함시켰을 때에도, 그것은 완전히 틀림없는 사실이었다. 그 왕국을 위한 예수의 기도 형식을 따르는 기독교인들의 기도가 종말론적이라는 것을 우리에게 일깨워주면서, 셀리어스는 말하기를, "그 기도는 우리를 세상에서의 우리의 과도한 사랑과 갈망들로부터 구원시켜줄, 그리고 절망과 고통, 그리고 우리 실존의 수난들에서의 불행함과 절망들로부터 우리를 자유롭게 할 왕국에서의 완전한 기쁨을 기대한다"고 말한다. 그리고 나서 셀리어스는 기독교 신앙에서의 기쁨과 수난의 감정들의 사실성에 대한 강한 글을 한 문단으로 제시한다.

이러한 종류의 기쁨은 인간 실존을 이해하기 위한 조건이다. 그것은 우리의 평상시의 즐거움과 기쁨들과는 다르게 설정된다. 예수는 세상 속에서 그를 따르는 사람들이 고난을 받게 될 것이지만, 그럼에도 불구하고 그들은 좋은 칭찬을 듣게 될 것인데, 그 이유는 "내가 세상을 이겼기" 때문이라고 한다. 이것은 단지 용기로 되는 일이 아니다. 용기는 신앙의 실천에서 요구될 수 있는 것이지만, 기쁨은 의지로 되는 것이 아니다. 오히려 우리는 고통과 고난이 함께 있는 세상을 기꺼이 받아들여야 한다. 왜냐하면, 하나님의 영광은 종의 형태로 온다는 것이 그 세상 속에 있기 때문이다. 감사함과 기쁨의 이름으로 세상의 고통을 잊으려고 하는 것은 기독교의 메시지를 어기는 것이고, 그 메시지를 하찮아 보이게 만드는 것이다. …… 부활의 기쁨은 겟세마네의 극심한 고통과 십자가의 실재성이 없이는 가짜가 된다. 삶과 죽음의 힘들이 싸우는 곳인 세상에서 괴로움을 당하는 것은 분명 그리스도 안에서 이루어지는 하나님의 구원적이고 고난받는 사랑과 우리를 동일시하는 일이다. …… 이것은 우리를 세상이 알 수도, 줄 수도 없는 기쁨으로 이끌어주는 이상하고도 끔찍한 아름다움이다.10)

나는 우리의 기독교적 감정의 형성에 대한 생각들을 샐리어스가 특별히 기독교적 애착들의 네 번째 조각으로 보았던 *하나님과 이웃에 대한 사랑*에 관한 연구로 결론을 맺고자 한다. 여기서 우리의 해석은 기독교 공동체의 *프락시스*에 요구되는 *덕목들*에 관한 논의가 어떻게 이어질 것이냐의 문제로 전환된다. 하나님을 사랑하는 것과 이웃을 사랑하는 것은 나사렛의 예수를 만든 기독교와 유대교에서 매우 중심적인 것이어서, 해설과는 거의 관계가 없다. 어쨌든, 마치 그 감정들을 공식화하는 자신이나 타인의 내면에 있는 칸트의 지상명령에 상응하는 것처럼, 그 감정들을 애착 곧 기독교적 애착으로 생각하는 것은 그 애착들이 도덕적 원칙들의 상태를 축소 시킬 수 없다고 보는 것이다. 하나님에 대한 사랑과 이웃에 대한 사랑이 자애로운 감정이라고 말하는 것은, 그 감정들이 기독교 공동체가 독실할 때 그 공동체 안에서 그 애착을 지닌 사람들을 하나님이 사랑하시는 모든 것들을 향한 위임받은 사랑으로 인도하는 사랑의 신적 자주성과 보편성이 배어있는 깊은 *습관*habitus과 성향이 된다는 것을 확증하게 될 것이다. 구스타프 윙그렌 Gustav Wingren은 그의 책 *소명의 루터*Luther on Vocation에서, "사람이 어려운 모든 사람을 돕고, 그의 적들을 용서하고, 모든 이를 위해 기도하고, 의지적으로 잘못된 것을 감수하는 것이 기독교의 사랑이다. 사랑은 소명에 의해서 요구되어지는, 모든 것을 실천하고 감당하겠다는 내적인 의지이다. 이 의지는 그 모든 요구를 기쁘게, 그리고 저항 없이 실천하며, 게다가, 그것은 의지적으로 요청받은 것을 초월한다11)"고 기록한다.

다음의 짧은 글은 기독교적이든 유대교적이든 간에, 인간 존재의 핵심들을 변형시키는 종교 생활의 감정의 힘에 대해서 내가 아는 가장 가슴을 뭉클하게 하는 묘사를 보여줄 것이다. 2차 세계대전 말미에 독일의 나치 강제수용소의 내부 장벽에서 발견된 이 기도문은 익명의 손에 의해서 긁혀진 채 쓰여 있었다.

> 오 주여, 내가 당신의 왕국에 영광스럽게 들어가게 될 때, 선한 의지를 가진 사람만을 기억하지 마시고, 악한 사람들도 기억하여 주소서. 그들은 이 수용소에서의 잔인한 행동들에서만 기억될 수도 있겠지만, 그들이 우리 수용자들에게 행했던 악행들만 기억될 수도 있겠지만, 그들의 잔인성에 대해 균형을 맞추어, 우리가 압박과 고통 아래에서 거두었던 동료애, 용기, 마음의 위대함, 그리고, 우리가 그들의 손에 의해 고통을 받았으므로 인하여 우리에게서 태어나서 우리 삶의 일부가 되어버린 인간애와 인내의 열매들을 기억하소서.
> 우리에 대한 기억이 그들이 심판대 앞에 서게 될 때, 악몽이 되지 않게 하소서. 우리가 경험한 모든 고통이 당신에게 그들을 위한 몸값으로 드려지게 하소서.

그 후 그 글은 "밀이삭이 땅에 떨어져서 죽는다고 할지라도…"라고 끝을 맺는다12).

이것은 기쁨과 수난이고, 이것은 하나님과 이웃을 위한 사랑이다.

덕과 소명

지금까지 이 장에서 우리는 기독교 공동체가 사람들에게 소명을 일깨우고 형성하게 하는 것에 대한 다섯 가지의 상호관계적인 수준들 중 세 가지를 논의해왔다. 우리는 공동체의 핵심적인 이야기를 연구했고, 공동체의 중심 열정을 연구했으며, 기독교적 감정의 형성을 연구했다. 내가 기독교 공동체에서의 이러한 성향과 형성과정의 수준들을 설명하는 것뿐만 아니라, 기독교의 성인기와 성숙함의 구성에 포함되는 요소들을 정의하고 정교하게 설명해오기도 했다는 것을 알 것이다. 이 장에서는 이제 나머지 두 수준과 요소들을 살펴보면서 결론으로 나아가보자. 그 두 가지는 공동체의 프락시스에 의해서 요청되는 덕목들과 개인적인 소명의 형성과 재형성이다.

공동체의 프락시스에 의해 요청되는 덕목

알라스데어 맥킨타이어Alasdair MacIntyre는 그의 주요 저서 *덕의 상실After Virtue*에서 덕목들이 특정한 사람들이나 문화들의 *사회적인 프락시스*와의 관계 속에서 형성되고, 가치있는 것으로 드러나게 된다는 것을 밝힌다13). 내가 앞서 설명했던 것처럼, *사회적 프락시스*라는 용어는 사회 집단이 그 집단의 일들을 수행하고 그 집단의 사명을 추구해나가는 행동과 반응의 특징적인 유형들을 나타낸다. 따라서, 이 개념에서 덕들은 도덕적인 중요성을 지닌 인간성-의 강점들-선구안, 판단, 그리고 행동을 위한 능력들과 배우는 것, 협동하는 것, 리더십을 위한 능력들-이다. 도덕적 중요성에 따라, 두 가지를 제안하려고 한다.

1. 질문의 힘들은 이미 개인들의 일관된 수준들이거나 일관된 수준들이 될 것이며, 그러므로 그 힘들은 그들의 성격들의 구성 요소가 되고, 그들의 정체성들의 고유한 것이 된다.
2. 질문의 힘들은 프락시스를 공유하는 공동체에서 평가된다. 왜냐하면, 그 힘들은 공동체의 공동적 소명에 대한 헌신의 열매인 것으로 받아들여지고, 공동체의 주된 열정에 대한 효과적인 봉사에 중요한 것으로 여겨지기 때문이다.

기독교적 감정들의 경우에서와 마찬가지로, 소위 말하는 기독교적 덕들의 고대와 근대의 목록들 사이에는 주목할만한 변화들이 있다. 기독교적 프락시스에 필수적인 개인들의 도덕적인 힘들을 정의하는 데에는, 다양한 시대들과 문화적인 환경들 속에서, 기독교 공동체의 노력들에 영향을 주어왔던 덕에 대한 오랜 종교적/비종교적 개념들이 있다. 성 어거스틴은 이러한 관점에서 볼 때, 기독교적 프락시스에 의해 요청되는 도덕적 힘의 특성을 나타내는 그리스와 스토아학파의 고전적 덕의 개념들로의 "회귀"를 위한 노력으로 돋보이는 사람이다.

우리를 행복한 인생으로 이끌어주는 덕에 관해, 나는 하나님의 완전한 사랑 외에는 다른 어떤 것도 아니라는 덕 이해를 유지한다. 덕의 네 가지 구분에 대해서, 나는 사랑의 네 가지 형태에 기인한 구분인 것을 받아들이고 있다. 이 네 가지 덕으로 인해서(모든 사람이 자신의 입에서 자신의 이름을 갖는 것처럼, 자신의 마음에서 자신의 영향력을 느낄 수 있는 덕들), 나는 그것들을 정의하는 데에 주저하지 않을 것이다. 절제는 사랑받는 대상에게 자기 자신을 완전히 내어주는 사랑이고, 불굴의 용기는 사랑받는 대상을 위해서 모든 것들을 순조롭게 감당하는 사랑이며, 정의는 오직 사랑받는 대상에게만 봉사하는 사랑이기 때문에 올바르게 통치하는 사랑이다. 신중함은 그것을 방해하는 것과 그것을 도와주는 것 사이를 현명함으로 구별하는 사랑이다. 이 사랑의 대상은 다른 어떤 것도 아니고, 오직 하나님, 최고의 선, 가장 높으신 지혜, 완벽한 조화이신 하나님 그 자체일 뿐이다. 그래서 우리는 이렇게 정의할 수 있을 것이다. 절제는 하나님을 위해 그 자신을 완전하고 청렴하게 유지하는 사랑이고, 불굴의 용기는 하나님을 위해 모든 것을 순조롭게 감당하는 사랑이며, 정의는 오직 하나님께만 봉사하기 때문에 모든 것들-사람에 대한 조건으로서-에 대하여 바르게 통치하는 사랑이고, 신중함은 하나님께 도움이 되는 것과 방해가 될 수 있는 것을 바르게 구별할 수 있는 사랑이다14).

전통적으로, 여기에 세워진 네 개의 고전적인 덕은 기독교 신학과 도덕 철학에서 기본 덕목인 것으로 지정되어왔다. 가톨릭 전통에서, 이 덕목들은 하나님이 창조하면서 인간에게 주었던 잠재적인 것들에 대한 깨달음의 일부로써 "자연발생적인 것natural"으로 취급되었다. 이것들은 "신학적인 덕목들"-믿음, 소망, 사랑으로 불렸던 것들과 대조된다. 전자가 자연적인 성장과 발달의 열매들인 것으로 다뤄지는 반면에, 후자는 성별함 안에서 신의 형상의 회복을 경험할 수 있는 인간의 잠재력을 변형시키고 완성시키는 초자연적인 은혜의 일하심인 것으로 생각되었다. 소위 말하는 신학적인 덕목들, 은혜와 성령의 일하심의 열매는 기본 덕목들을 변형시켰고, 재건했으며, 다른 방향으로 사용했다15).

더 최근에는, 예수의 가르침과 설교의 종말론적인 취지가 회복됨에 따라, 그리고 그의 메시지 속에 침투해서 들어오는 하나님 나라 선언의 중심성이 고려됨에 따라, 신학적 윤리학자들은 좀 더 기독교의 덕목들을 종말론적인 특징의 용어들로 말하게 되었다. 이러한 설명들은, 종종 죄의 과격성에 대한 개신교적 이해의 영향 아래에서, 인간의 "자연스러운" 덕목들과, 침투해오는 사랑이 연합된 국가에서 눈에 보이게 되는 새로운 세대가 열리는 것에 대한 신앙인의 응답에서 나오는 그 인간성의 강점들과의 *비연속성*을 더 강조한다. 이 맥락에서, 기독교의 덕목은 "종말론적 덕목"이 된다. 종말론적 덕목은 도덕적 힘, 기술과 능력과 같은 성질들인데, 이들은 공동체가 용기와 풍부한 지략과 세계를 변화시키는 영향력을 갖고 새로운 세대의 초대와 명령에 응답할 수 있게 하는 능력들이다.

버나드 해링Bernard Häring의 종말론적 덕목에 대한 설명은 *애착들*과 *덕목* 사이의 구분을 고려하는 데에 혼동을 보여준다16). 그의 목록은 내가 샐리어스와 다른 사람들을 따라서 기독교적 애착들이라고 지명했던 것들과 상당히 중복된다. 고마움(겸손), 소망의 창조성, 조심함, 평정과 기쁨이 그것들이다. 어쨌든, 해링이 이 덕목을 기독교의 "근본적인 선택"-전통적으로 가톨릭적인 방식으로 말하자면 삶을 결정짓는 신앙에의 헌신을 말하는 방식으로서-을 고려하는 맥락에서 논했다는 것이 강조되어야만 한다. 이 근본적인 선택은, 우리가 성 어거스틴에서 본 것처럼, 하나님의 하나님을 위한 뒷받침하며 스며드는 사랑을 포함하고, 그 사랑 위에 세워진다.

비록 덜 전통적이기는 하나, 더 도움이 되는 것은 개신교 신학자 다니엘 젠킨스Daniel Jenkins가 다룬 접근이다17). 그리스도인의 성숙의 본질을 기술하려던 장에서, 그는 산상 수훈과 사도 바울의 편지들을 모두 다뤘다. 그는 다음의 목록을 만들었다.

1. *온화함*, 온화한 힘의 성질을 의미한 것으로, 하나님을 사랑하는 것과 의로움에 대한 배고픔에 의해서 통제되는 온화함.
2. *중재자가 되는 것*, 건강을 위해서 헌신하는 사람들과 공동체 안에 있는 그러한 본질들을 향한 경향성을 의미하는 것으로, 평화를 만들기 위하여 공동체와 공공성 안에서 관계들을 인도(보호)하는 중재자, 그리고 세상 속에서의 폭력의 증상들만이 아니라, 그 근원을 찾아가는 중재자가 되는 것.
3. *너그러움*, 한편으로는 자신은 불안하지 않기 때문에, 다른 한편으로는 감사함으로 가득하여, 타인들을 위해서 소비하거나 소비되는 본성들을 의미하는 너그러움.
4. *관대함*, 그리스어(바울이 사용한) 에피에이케이아Epieikeia로, "광대한 영"을 의미함. 젠킨스는 여기서 사소함과 별로 중요하지 않은 일들에 대한 지나친 관심을 넘어서는 것을 의미하는 것으로 보인다. 이 모든 덕목들이 이해되지 않으면 안되는 종말론적인 컨텍스트에서, *Epieikeia*는 저돌적으로 다가오는 새로운 세대의 초대와 명령의 조명에서, 관용과 아량, 정말 중요한 주제들에 활동적으로 집중하는 것을 의미한다.
5. *즐거움*, 여기서는 우선적으로 즐거움의 기분이나 감정을 나타내는 것이 아니고, 기쁨으로 삶을 살아갈 수 있는 능력, 축하함을 *만들 수 있는* 능력으로 나타나고, 자유함과 자발성, 그리고 새로운 세대의 즐거움에 대한 기대로써 *즐길 수 있는* 능력(자유와 기술)이고, *아직 까지*는 씨름 중이고 고통스럽고 희미한 이 세상에서 일하면서 그 세상을 돌볼 수 있기 위한 축제와 놀이의 이러한 본질들을 수행할 수 있는 능력이다.

젠킨스의 논의가 덕을 개인의 본질로서만이 아니라 공동체들의 본질로써도 다루고 있다는 것을 알아야 한다. 그의 관점은 대단히 가치 있다. 왜냐하면, 이 장의 첫 부분에서 논의했던, 운명의 동기화와 자기-기반성이 소명과 계약의 동기들과 혼합되는 공동체들 안에서 공동체와 개별적 개인들에게 일어나는 주제들을 심각하게 다루기 때문이다. 젠킨스의 논의는 공동체를 세우고 유지하는 기술과, 의사 결정과 갈등 해결을 조직화하는 기술, 그리고 호의와 공공 정책 형성의 기술들이 오늘날의 기독교 신앙 공동체들에서의 덕목들과 밀접하게 관련이 있고, 그들에게 요구되는 것이라는 것을 우리가 볼 수 있도록 도와준다. 나는 6장에서 성인 발달이론들과 기독교 공동체의 덕목들에 대한 고려가 서로 연결될 수 있다는 상호간의 풍부함을 고려함으로써, 이러한 내용에 관해 좀 더 말할 것이다.

개인적인 소명의 형성과 재형성

결론적으로, 나는 간략하게 소명의 개념으로 돌아가려고 한다. 소명은 기독교적 실존을 일깨우고 형성하는 신앙 공동체들로부터 정보를 받는 성향들과 의미들의 다섯 번째와 마지막 단계를 보여준다. 신앙 공동체의 각 구성원의 삶 속에서 소명은 어떻게 말해져야 할까? 그리고 그들의 *소명적 생태학에서의* 상호관계성에 대해 무엇이 언급되어야 할까?

워싱턴 D.C.의 구원 교회의 매리 코스비Mary Cosby는 그녀의 신앙 공동체에서의 사역의 원칙적 의무들 중 한 가지는 은사들에서 밖으로의 통찰과 부르심이라고 말한다[18]. 그 공동체에서는, 개인적인 소명의 형성은 특정 개인이 관련되어있는 관심인 것 만큼이나, 공동의 통찰과 상상력의 문제다. 앞에서 우리는 우리들 각자가 부르심을 받았던 "소명적인 모험"에 관해 말했다. 사람의 소명을 미래의 어디에선가 우리를 기다리고 있는 이상적 형태의 일종으로 생각하기보다는 오히려, 소명에 대한 질문에 이런 식으로 접근하는 것이 솔직히 "협상하는" 입장을 취하도록 우리를 설득한다. 거기서 내가 의미하는 것은, 필요들의 구조에 대한 역동적인 관계에서와 주변을 둘러싼 세계로부터 얻어지는 기회들 모두에서 자신의 은사들과 의향들에 주의를 기울이는 것과 기독교적 이야기와 비전을 주의 깊게 듣는 것을 연결하는 접근이다. 이 경우, 소명은 "찾아지는" 것도 아니며, *협상 되는 것*도 아니다. 우리는 제안과 반대제안의 도움으로, 신적인 부르심의 의향과 찔러보는 것 혹은 진짜 같은 유혹이나 떠미는 것의 도움으로 하나님의 목적들의 일부가 되는 삶으로써의 우리의 삶의 목적을 형성한다. 공동체는 이 과정에서 우리가 개인적으로(언제나) 알려지고 심각하게 취급되며 공동체의 "문서"와 핵심 이야기에 의해서 수정 혹은 확정하기 위해 신뢰하게 된 타인들을 향한 우리의 소명들과 우리들 자신의 이미지들을 수정하도록 초대된 장으로써의 관계적 컨텍스트들을 제공함으로써, 이 과정에서 비판적인 역할을 수행한다. 최선의 상태에 있는 신앙 공동체는 하나의 "소명들의 생태학"이다. 소우주적인 방식에서, 기독교 공동체는 우리의 부르심이 상호보완적인 것이 될 것이고, 우리의 재능들과 에너지들, 열정들, 감정들, 그리고 덕목들이 하나님에 대한 찬양과 봉사 안에서 더 큰 덩어리로 합쳐지게 되는 곳으로써의 보편적인 공동체의 지표이며 예측인 것이다.

---

1) David Bakan, *The Duality of Human Existence* (Boston: Beacon Press, 1966), 특히 102 ff.

2) Walter Brueggemann, "Covenanting as Human Vocation," *Interpretation* 33, no.2: 115-129.

3) Paul Tillich, *The Courage to Be* (New Haven: Yale University Press, 1952), chaps. 4-5.

4) 나는 이 통찰들에 있어서는 H. Richard Niebuhr와, 그를 통해 Josiah Royce에게서 도움을 받았다.

5) C. B. Macpherson, *The Political Theory of Possessive Individualism: From Hobbes to Locke* (New York: Oxford University Press, 1962).

6) 이 주제들을 내가 다룬 방식이 그의 것과 상당히 다름에도 불구하고, Jürgen Moltmann의 다양한 그이 저작들에서의(가장 주목할 것으로, *The Trinity and the Kingdom of God* [San Fransisco: Harper & Row, 1981]) 하나님의 *pathos*에 대한 연구들은 나에게 중요한 것들이었다.

7) Dietrich Bonhoeffer, *Ethics*, 6th ed., trans. Neville Horton Smith (New York: Macmillan 1955), 83.

8) Don Saliers, *The Soul in Paraphrase* (New York: Crossroad-Seabury Books, 1980), 특히 chap. 4.

9) Ibid., 68.

10) Ibid., 69-70.

11) Gustav Wingren, *The Christian's Calling: Luther on Vocation*, trans. Carl C. Rasmussen (Edinburgh, Scotland: Tweaddale Court, Oliver and Boyd, 1958), 64.

12) From a personal communication from Ruth Rosenbaum. 근거 미상.

13) Alasdair MacIntyre, *After Virtue* (Notre Dame: University of Notre Dame Press, 1981), chaps. 10-18.

14) From "On the Morals of the Catholic Church," chap. 15. Quoted in Waldo Beach and H. Richard Niebuhr, *Christian Ethics*, 2nd ed. (New York: Wiley, 1973), 115.

15) Karl Rahner, "Virtue," in *Encyclopedia of Theology: The Concise Sacramentum Mundi*, ed. Karl Rahner (New York: Seabury, 1978), 201-208을 보라.

16) Bernard Häring, *Free and Raithful in Christ*, vol. 1 (New York: Seabury, 1978), 201-208.

17) Daniel Jenkins, *Christian Maturity and Christian Success* (Philadelphia: Fortress Press, 1982). 특히 chap. 2를 보라. 이 책의

유감스러운 제목에도 불구하고, 젠킨스의 책은 그 안에서, 대화들을 위한 풍부한 배경들과 부록들을 제공하고 있다.

18) Mary Cosby, public lecture, Wesleyan College, Macon, Georgia, summer 1979.

chapter 6

인간의 성숙과 그리스도인의 성숙
BECOMING ADULT, BECOMING CHRISTIAN

소명학

나는 얼마 전에 명문 사립 사우스웨스턴 대학에서 방문 교수와 컨설턴트로 3일을 보냈다. 그동안, 나는 다양한 학과의 교수 몇 사람과 만나 꽤 깊이 있는 대화를 나눴다. 우리는 정규과정과 비정규과정, 신앙 발달, 그리고 학생들에게 성장의 컨텍스트인 대학에 관한 관심을 나누었다. 특별히 기억에 남는 것은, 유능한 역사학과 부교수와의 대화였다. 그는 잘 준비된 30대 후반의 남성이었다. 그는 대화의 초반에서, 자신이 가르쳤던 많은 학생이 대단히 부유한 가문의 배경을 갖고 있다고 설명했다. 그들 중 다수는 자신의 연간 수입 전체보다 더 비싼 차를 소유하고 있다고 강조했다. 나는 그에게 이곳에서 십중팔구 졸업 후에 단순히 집으로 돌아가서 자기들 가문의 사업에서 큰 부분을 맡게 될 학생들에게 역사를 가르치는 일의 좋은 점이 무엇인지를 가볍게 질문했다. 나는 그의 대답을 잊을 수가 없다. 그는 자신의 전적인 소명적 존엄의 위엄을 보이면서 말하기를, "나는 역사 선생님입니다. 나의 전공영역은 19세기 영국 노동운동입니다. 내가 여기에서 가르치는 목적은 이 사회 속에서 힘과 영향력이 있는 사람이 될 가능성이 높고, 자신들의 모든 삶이 이 문화의 성공과 힘의 이미지들의 주류를 이루게 되는, 젊은 남성/여성들의 약물 중독 치료의 과정에, 내가 할 수 있는 모든 것을 헌신하여, 내 전공의 주제가 되는 문제들과 나의 훈련방법을 사용하는 것입니다."

4장에서 이야기한 은행장 아담스 씨처럼, 이 사람은 대학에서의 그의 전공 분야보다 더 많은 차원의 삶을 살고 있다. 그리고, 물론, 교사로서의 그의 업무는 교수와 연구를 비롯한 다양한 관심들을 포함한다. 그러나, 어쨌든, 그의 연구의 진실성에 대한 도전에 직면하여 얻은 날카로운 대답에서 나는 그의 소명에 대한 비전과 명쾌한 시야를 얻었다는 느낌을 받았다. 그는 자신의 소명이 자신이 추구하는 신앙이나 종교적인 입장에 어떻게 연관되는지에 대해서는 말하지 않았고, 나도 설명을 요구하지 않았다. 그러나 그 만남과 가르침의 목적에 관한 대화를 통해 그가 보여준 태도를 통해, 우리는 그가 자기 삶의 에너지들을 소비하고 자신의 특별한 은사들을 사용하며 그를 사로잡은 진리의 개념을 위해 봉사하는 훈련을 하고 있다는 것을 알게 되었다. 우리는 다른 사람들도 그 진리에 대한 관심을 깨우칠 수 있다는 것과, 그들이 진리를 조사하고 헌신하는 도구들이 되는 방법과 관점들을 가질 수 있다는 그의 희망을 느꼈다.

내가 몰래 들여다볼 수 있는 특권을 갖고 있었던 다른 "평범한 사람들"에 관해 쓰자면 끝이 없다. 나는 아내이자 할머니이고, 공동체의 교육자이며 지도자였던 은퇴연령의 한 여성에 대해 언급할 수 있다. 그녀는 주 입법부의 인도적이고 적절한 법을 담당하는 부서에서 하루에 열여섯 시간씩 자신의 에너지를 쏟아부었다. 또 우리는 30대의 날씬한 남성을 만날 수도 있었다. 그는 대학의 복사실에서 일하는 친절하고 유능한 일꾼으로 생활했다. 주말과 저녁에는 여행할 수도 있고, 그가 조직하고 이끄는 소울 가스펠 그룹과 공연을 할 수도 있었다. 그가 취입한 음반과 교회나 학교 등지에서의 공연으로 그 비용을 충당했을 것이다. 하지만 내가 판단하기에는 그의 재능들과 신앙을 공유해야 하는 이유를 감당하기에는 그 일들에서 얻어지는 수입은 충분하지 않다. 또, 산지에 편지를 배달하는 우체부가 있었다. 그는 30년이 넘도록 젊은이들을 재난의 끝에서 구해내고 그들이 또 다른 비전을 갖도록 돕기 위해 소유하고 있던 농장과 말들을 위해 자신의 애정을 쏟았다.

더 이야기할 수 있는 것들이 있다. 학생들을 감독하고 상담하며 바쁜 삶을 살아가는 뛰어난 의대 교수이자 관리자인 한 사람은 환한 병원 복도에서 우리를 세심하게 관찰하여 극심한 인간의 취약성의 모습을 일깨워주는 시를 꾸준히 쓰는 일을 병행하고 있다. 부유한 여성 청년연맹 회원이면서 아내이자 십대들의 어머니이며, 자신의 삶을 들여서 교회에서 봉사하고, 자원봉사 활동과 또 많은 공동체에서 봉사하고, 정신건강과 사회변화 기구들 등 내가 셀 수 있는 것보다 더 많은 일을 하는 한 여성은, 중년 초기가 되어 자신의 활동들에 내재되어 있는 소명에 대한 갈급함을 정확히 소개하고 집중해보기로 했다. 이제 영적 지도를 받는 엄격한 연구 프로그램과 견습기간을 마치면서, 그녀는 자신의 소명적 갈급함을 정의하고 분명하게 말할 수 있기를 바라는 다른 여성들을 상담하고 지도해 줄 수 있는 그녀의 은사들을 공유하기 시작했다.

소명에 관한 질문을 다룰 때, 우리는 거대한 신비로움과 성스러움의 영역에 참여하게 된다. 정직하게 말하면, 남성/여성에게 있어서 그/그녀의 삶의 의미와 그/그녀의 존재의 가치나 목적보다 더 성스러운 것은 없다. 분명히, 사람들은 이 주제들에 대해서 생각하는 감각이 마비될 수 있다. 그들은 그러한 장애물들과 패배들을 절망 속에서 포기했던 자신의 소명을 실현시키려는 노력을 함으로써 견뎌낼 수 있다. 게다가 그들은 마취작용이나 또 다른 방법으로 고통을 줄이려한다. 또 다른 종류의 무감각한 상태는 소명의 내적/외적 목소리들에 대한 그들의 예민함을 침묵시킬 수 있는 정도의 부유함이나 권력을 소유하려는 방안을 찾거나, 그러한 방안을 달성하는 일에 집요하게 사로잡혀 있는 사람들을 위험에 빠뜨린다. 우리가 속한 시간과 특별한 문화적 가치들의 연속은 이러한 종류의 "영의 유혹"을 극도로 강하게, 서서히 퍼지게 한다.

하지만, 모든 개인이 계속해서 그녀/그의 소명을 추구해야만 하는 것이 결의이고 헌신이며 운과 용기의 척도라고 말하는 것은 중산층과 상류층의 신화다. 윈스턴 구든Winston Gooden은 자신의 스승 다니엘 레빈슨의 방법을 사용하여, "흑인들의 인생의 계절들the seasons of Black men's lives[1)]"을 연구했다. 15명의 표본이 되는 남성들 중에서, 구든은 중산층이거나 그 이상의 수준을 성취한 사람 10명을 포함시켰다. 또한 그는 다섯 명의 "노숙자"도 포함시켰다.

구든의 훌륭한 연구에 대해서 가장 감동적이고 충격적인 것은 장애물들에 관한 폭로이다. 장애물들은 가난, 인종차별적인 사회, 가족으로부터 물려받은 노예에 대한 잔인성의 유산, 그리고 "노숙자"가 된 사람들의 인생의 과정에 유용한 멘토들과 조력자들이 거의 없었다는 것으로 폭로되었다. 이러한 사람들의 인생의 짜임새에 대한 구든의 연구는 인간의 박탈과 고통을 관용하는 것을 합리화하면서 "그들은 원하기만 했다면 일을 구할 수 있었다. 그들이 곤경에 처한 것은 마땅한 일이다"라고 말하는 감상 덩어리들이 거짓임을 보여준다. 뼈가 시릴 정도로 반복하면서, 구든은 이 다섯 사람이 때로는 그 꿈들을 시작하는 데에 필요한 많은 조각을 맞춰감으로써, 어떻게 하나의 꿈과 그에 이어지는 꿈을 만들어가는지를 보고한다. 하지만 또다시, 결점이 있는 계획과 준비의 조합, 멘토링과 지원의 부족, 그리고 그들의 환경의 무관심과 적대감으로 인해서, 그들의 꿈의 발판은 무너져버렸다. 이들은 두들겨 맞은 권투선수들처럼, 놀랍게도 긴 시간 동안 계속해서 그들의 꿈들을 부활시키고, 수정하고, 그 꿈들과 씨름해왔다.

지금까지 우리는 약간의 오해의 소지가 있기는 하지만 내가 "일반적인 사람들"이라고 부른 사람들의 삶에 있는 소명의 양식들에 대해 생각했다. 우리가 소명을 가진 사람들-자신의 삶의 목적이 하나님의 목적의 일부임을 알게 된 사람들-을 관찰할 때, 우리는 그들이 얼마나 일반적이지 않게 보이는지에만 집착하고 있었다. 그리고 그들의 약속, 소비하고 소비되는 곳에서 느끼는 그들의 기쁨, 그리고 소명을 가진 이런 사람들을 특징짓는 것이 어느 정도는 인간 존재가 되는 것을 의미하는 최선의 방법에 가깝다는 창조성의 특징을 나는 아직 믿고 있다. 왜냐하면, 나는 우리가 *기독교적* 소명의 개념만이 아니라 오히려 *인간의* 소명에 대한 기독교적 개념을 고려하고 있다고 주장하고 있기 때문이다.

내가 여기에서 제시한 간단한 묘사에는, 자신의 소명에 대한 통찰과 소명에 대한 응답과 소명을 형성해가는 과정에 관한 극히 작은 힌트가 있을 뿐이다. 사람의 소명을 일깨우는 것은 동일하지는 않지만, 특별함이나 가치의 개념의 첫 발달에 관련이 있다. 그것은 또한 자아의 미래적인 실용성과 우수함을 고려하려는 욕망들과 성향들을 일깨우는 것을 포함한다. 소명적인 자기 탐색은 재능들과 감성들과 적성들을 일깨우고 형성하는 것과 연관된다. 우리가 우리의 약속과 은사들을 인식하고 확인할 수 있도록 도와줄 수 있는 중요한 타인들의 존재 여부는 소명을 식별하려 할 때 중요하다. 그리고 가장 중요한 사실들 중에서 소명의 개념을 발전시키는 데에 도움이 되는 것은, 우리와 가장 친밀한 사람들에 의해서 전달받거나, 가장 친밀한 사람들이거나 그들의 범위를 넘어선 사람들로부터 모아지게 되는 *많은 것을 우리에게 기대하고 있다는* 느낌이다.

채임 포톡Chaim Potok의 걸작 소설, *내 이름은 애셔 레브My Name Is Asher Lev*[2)]는 1940년대 후반, 브루클린의 래드오버 하시딕 가문 출신이며 특별한 은사를 지닌 유대인 청년의 인생에서, 소명이 인식되고 형성되는 과정을 구체적으로 보여준다. 아름다운 감성을 지닌 사려 깊은 아이가 자신의 세상을 경험하고 해석하는 방법을 말하는 이 이야기는, 본서에서 다루는 다양한 중심 주제들과 초점이 잘 맞는다. 애셔 레브의 부모님과 가족 구성원으로 이루어진 래드오버 하시딕 공동체는 그 구성원들이 자신들의 소명을 일깨우고 형성하도록 하는 신앙 공동체에게 필수적인 것이라고 내가 앞부분에서 특징지어 설명했던 성향과 의미의 다섯 가지 수준들을 강력하게 묘사해낸다. 그 공동체는 진정한 소명들의 생태계다.

애셔 레브의 아버지, 그 아버지의 아버지와 할아버지와 마찬가지로, 아버지는 그 공동체의 영적이고 통치적인 지도자인 랍비 역할을 하는 일종의 대사이다. 훈련된 정치 과학자, 일고여덟 가지의 언어 가능자, 탈무드에 푹 빠진 독실한 예식 참가자, 그리고 남편과 아버지를 사랑하는, 고령의 랍비(아버지)의 열정은 래드오버 예시바스(탈무드식 교육을 위한 학교)를 전후 유럽의 중요 도시들에 재건축하는 것과 소련의 유대인 학살로부터 도망친 래드오버 난민들을 그 학교들에 받아들이는 데에 집중되어 있다. 이 일을 위해서 그는 자신의 삶의 에너지를 쏟아붓고, 아내와 하나뿐인 아들과 오랫동안 떨어져 지내는 것을 감수하려고 한다.

그녀의 언니와 하나뿐인 오빠와 함께 일찍이 고아가 된 애셔 레브의 어머니는 애셔 레브가 4세일 때, 어머니의 오빠의 갑작스러운 죽음으로 매우 깊은 슬픔에 빠진다. 죽음 가까이에서 슬퍼하며 지낸 1년 후, 그녀는 정통주의적인 여성에게는 일반적이지 않은 소명적 단계를 얻게 되어, 랍비에게 대학에 들어가서 러시아학 학부과정과 대학원과정을 마칠 수 있게 허락해달라고 요청하여 결국 자신의 죽은 오빠의 소명을 이어갈 수 있게 된다. 랍비는 이 제안에 대해 동의함으로써, 자신의 비전의 광대함과 지혜와 융통성을 보여준다.

이렇게 강렬한 소명의 도가니 속에서 애셔 레브는 태어났고, 천부적으로 세계적인 수준의 예술가적 재능을 갖고 태어났다. 새긴 형상을 만드는 것을 금지하는 고대 유대주의의 구조들과 유대주의의 우상숭배의 위험에 대한 예리한 지각을 기억한다면, 독자는 애셔 레브의 부모에게, 그리고 래드오버 공동체 사람들에게 그의 특출한 예술가적 은사들이 드러나면서 환영받는 것이 얼마나 문제가 되었을지를 알아차리게 될 것이다. 애셔 레브는 일찍이 예술적인 표현을 하는 눈과 손으로 독보적인 재능을 보인다. 그는 그림을 그리고 색칠을 하는 데에 몰두하는데, 그의 나이 7~8세 때에는 부모님과 선생님들이 제재할 정도였다. 그래서 그 감성적인 소년은 자신의 재능을 수년간 포기한다. 초기 청소년기가 되기 전에 그는 은사를 다시 불러일으키는 경험을 했다. 이 나이에 그는 자신의 재능 해석에서의 지배적인 신학적 주제들을 아주 잘 얻을 수 있었다. 애셔 레브는 그의 아버지가 자신의 예술가적 은사가 우주의 주인인 *리보노 쉘 올롬Ribbono Shel Olom*으로 부터 인지 아니면 악마의 "다른 측면"을 의미하는 시트라 아크라sitra achra로 부터 인지에 대한 진지한 의심을 표현할 때, 그 신학적 이슈들을 깊게 느끼게 되었다.

또 다른 자애롭고 현명한 후원자의 행동으로, 랍비는 애셔 레브가 래도버 공동체에서 자라난 위대한 유대인 화가이고 조각가로부터 예술분야의 가정교육을 받을 수 있도록 주선을 해주었다. 제이콥 칸Jacob Kahn은 의례적 관습과 주의를 기울여 유대교 율법에 따르려는 형식적인 의무들이 없어지는 것을 허용했다. 신념에 따라, 그는 자신의 삶의 중심에서의 예술적인 진리들의 경험과 그에 대한 헌신을 만들어왔다. 소설의 극적인 이야기는 애셔 레브가 깊어지는 갈등을 경험하면서 엄청나게 격렬해진다. 그 갈등은 그가 포함된 그에 관한 갈등으로, 그의 유대교의 진리에 대한 충실함-토라와 그의 공동체와 가족으로 구현되는-과 그의 재능과 은사, 그리고 진리를 그려야 한다는 의무에 대한 충실함 사이의 갈등이다. 애셔 레브는 그와 마찬가지로 태어날 때부터 종교를 갖게 된 진정한 재능을 가진 많은 사람들처럼, 자신의 영재성이 궁극적으로는 개인적인 운명을 계승하고 영향을 주는 데에 기여하게 될 것인지, 아직 완전히 발달하지는 않았지만 소명에 충실하기 위해 영재성을 사용하게 될 것인지에 대한 질문과 극심하게 씨름한다.

이야기의 절정에 이르면서, 애셔 레브는 표현하려는 극심한 고뇌에 빠지게 되고, 그가 신의 은혜의 선물을 통해 얻게 되는 해결책을 드러낸다. 스무 살 때의 그의 두 번째 큰 전시회는 뛰어난 평가를 받고, 재정적인 성공을 이루었다. 그러나 그 전시회에 포함된 두 개의 그림은 이제껏 애셔 레브와 완고한 그의 아버지 사이를 잇고 중재하고자 노력했던 그의 어머니에게, 마치 그녀가 십자가에 달려있는 것 같은 강렬한 감정적 끌어당김을 느끼게 했다. 이 두 그림에 담긴 십자가에 매달아 죽이는 그림의 힘은 하시드들을 분개하게 만들었고, 그의 부모들을 짓밟았다. 포톡의 본문에서 본 것처럼, 애셔 레브는 슬픔에 빠진 랍비에 의해, 그는 이제 그는 돌아올 수 없는 경계를 건넜다고, 그리고 그는 자신의 공동체와 가족을 떠나야만 할거라 이야기되기 시작한다. 그는 파리에 있는 래드오버 공동체로 갈 예정이다. 그 공동체는 최근 몇 년간 프랑스에서 그림을 그리는 동안 관계를 형성해왔던 곳이다. 이런 결정과 모든 불길한 전조들을 받아들이는 법을 배우면서, 애셔 레브는 눈 속을 몇 시간 동안 걷는다.

걸어가던 중에 어느 순간, 나는 눈더미 앞에 멈춰 서서 손가락으로 끊어지지 않는 선으로 내 얼굴의 윤곽을 그렸다. 추운 브루클린 공원길 눈 속에 있는 에셔 레브. 애셔 레브, 하시드. 애셔 레브, 화가. 나는 내 오른손을 보았다. 그림을 그렸던 그 손을. 그 손에는 힘이 있었다. 창조하고 파괴하는 힘. 기쁨을 주고 고통을 주는 힘. 즐거움을 주고 공포를 주는 힘. 그 손 하나에 악마적인 것과 신적인 것이 동시에 존재했다. 악마적인 것과 신적인 것은 같은 힘의 두 가지 면이었다. 창조는 악마적이면서 신적이었다. 창조성은 악마적이고 신적이었다. 예술은 악마적이면서 신적이었다..... 나는 악마적이면서 신적이었다. 애셔 레브, 아리예 레브와 리브케 레브케 레브의 아들은 우주*와* 다른 모든 곳의 주인의 아이였다. 애셔 레브는 좋은 그림들을 그리고, 그가 사랑하는 사람들에게 상처를 준다. 그러면 위대한 화가 애셔 레브가 된다. 그것만이 네가 만들어낸 모든 고통에 대한 유일한 정당화가 될 것이다. 그러나 위대한 화가가 되면 나는 내가 원하든 원하지 않든 다시 고통을 일으키게 될 것이다. 그러면 더 위대한 화가가 되겠지. 그러나 나는 다시 고통을 일으키게 될거야. 그러면 더 위대한 화가가 될 것이고. 우주의 주인이여, 나는 나의 모든 남은 삶을 이런 식으로 살아야 하는 겁니까? 그래, 나뭇가지들로부터 속삭여왔다. 이제 나와 함께 여행을 하자. 나의 애셔. 모든 세상의 괴로움을 그려라. 사람들이 그 고통을 보게 해라. 하지만 너만의 주형을 창조하고 그 고통의 형태에 대한 너만의 작품을 창조해라. 우리는 우주에 균형을 주어야만 한다3).

소명과 우리 삶의 이야기들

이 책이 기독교 성인들에 관한 책이라는 것을 기억하는 일부 독자들은 내가 앞 부분을 결론지으면서 젊은 애셔 레브에 대한 포톡이 다시 만든 이야기로 끝낸 것에 놀랄 수도 있다. 부탁건대, 우리의 관심은 이야기가 진행되는 내내, 인간의 소명에 대한 기독교적 관점을 설명하고 있다는 것과, 그에 더하여 기독교 공동체들이 개인들을 소명에 적합하게 하려고 하는 열정과 애착과 덕목들을 분명하게 하고 있다는 것을 기억하라. 레브 이야기는 이 이중적인 관심을 우리에게 상기시킬 뿐만 아니라, 우리에게 또 다른 중요한 길에서도 도움이 된다. 그것은 우리가 우리 각자의 삶이 그 과정 중에 있는 이야기적 구조로 구성되고 살아가게 되는 이야기라는 것을 볼 수 있게 도와준다. 나는 포톡의 소설이 분명 고전이 될 수 있다고 믿는다. 그 이유는, 그의 소설이 우리의 이야기들을 타인들의 소명적인 이야기들과의 상호작용 속에서 형상화하기 위해 씨름하는 우리의 일상적인 경험들을, 보편적으로 호소하는 방식으로 표현하고 있기 때문이다. 게다가, 가족과 공동체 안에 있는 소명적인 존재들과의 상호적인 삶에 대한 묘사가 더해지면서, 이 소설은 *Ribbono Shel Olom*-우주의 주인과 씨름하며 사는 소명적인 삶의 질감을 드러내기 때문에, 이 소설의 고전으로써의 중요성은 더 깊어지고 확고부동해진다. 하나님과의 씨름이라는 것 때문에, 이 책은 악마적 역동성의 모호함과, 우리의 운명과 소명에 대한 관심의 가능성들을 충실히 유지한다. 비록 그 윤곽이 애셔 레브의 천재성과 그의 공동체의 열정의 엄격함과 명확함에 의해서 첨예해진다

할지라도, 그의 이야기는 우리 모두의 이야기들의 특성을 나타낸다. 그의 씨름은 적어도 우리의 이야기들이 소명과 운명을 주제로 다루는 한에서는, 우리의 진행 중인 이야기들의 필수적인 차원들에 주목한다.

작가 필리스 로즈Phyllis Rose는 그녀의 책 *유사한 인생들Parallel Lives*의 들어가는 말에서 살아온 이야기로서의 우리 인생들의 존재론적 감정을 포착한다.

> 나는 무엇보다도, 삶은 창조성의 활동이라는 것과, 우리 삶의 어떤 순간들에서도 우리의 창조적인 상상들이 다른 것들보다 두드러지게 요구된다고 믿는다. 일정한 시기가 되면, 우리 자신의 삶의 이야기를 결정할 필요성이 특별히 긴급해진다. 예를 들어, 친구를 선택하거나, 경력을 쌓으려고 할 때와 같은 경우다. 그런 결정들은 소급적으로, 과거와 미래에 대한 계획을 이해하고, 과거와 미래를 함께 밀접하게 짜 넣듯 연결시키며, 유예된 과거와 미래라는 둘 사이에서 현재를 창조한다. 나는 왜 이러고 있는가? 혹은 더 기본적인 질문으로 나는 무엇을 하고 있는가? 와 같이 모두 우리에 관해 우리가 제기하는 질문들은 우리의 일상적 경험을 재료로 만든 원시적인 스튜안에서 디자인을 탐색하고 발견하도록 강요하는 방법을 제시한다. 그 방법들에는 일종의 조합하기와 말하기, 자세한 내용을 선택하기 등이 있는데, 이를 요약하면 이야기narration가 된다. 이 이야기란 우리의 하루는 그다음 날의 준비이고, 한 주는 그다음 주의 준비인 것이 되어야 하는 삶의 자세한 이야기들이다. …… 우리가 우리의 삶에 일종의 이야기 형식을 도입하는 것으로 확장으로 이해할 때, 일상적 삶의 과정에 있는 우리 각 사람은 잠깐씩 쓰고는 하는 소설가가 된다4).

로즈는 우리의 이야기들이 타인들의 이야기들과 뒤섞여 있다는 것을 명확하게 인식했다. 그러나 그녀의 설명을 읽으면서, 우리의 갈망함에 따르거나 우리의 개인적인 의미구성에 따라 우리의 진행 중인 이야기들을 충분히 형성할 수 있는 주도권과 능력을 우리가 갖고 있다는 추론을 얻을 수 있었을 것이다. 그녀의 글에서는 우리가 선택한 우리 자신이 살아온 이야기들이 종종 타인들의 의도적인 이야기들과 부딪치고 충돌한다는 것을 명확하게 하지는 않았다. 또 그녀의 주장은 우리의 의식행위에 선행하고, 의미 형성의 의무를 깨닫게 됨을 통해 상징과 이미지와 이야기를 제공하는 우리 전통의 핵심적 이야기들의 존재를 고려하지 않고 있다.

도덕적 대행자로써 살아가는 우리 삶의 이야기적 구조에 관한 알라스데어 매킨타이어의 작품에 포함된 컨텍스트에서 가져온 다음의 부분은, 우리가 삶의 소명적인 이야기들을 형성하기 위한 역동성을 적합하게 취하는 데에 도움이 될 것이다.

> 나는 앞서 대행자를 행위자뿐만 아니라 작가라고도 말했다. 이제 나는 대행자가 할 수 있는 것이 무엇인지를 강조해야 하고, 우리 고유의 이야기들의 공동 작가들보다 그 이상이지 않다는(그리고 때로는 그 이하도 아니라는) 사실에 행위자들이 깊게 감동을 받듯 이해하기 쉽게 이야기해야만 한다. 우리는 오직 환상 속에서만 우리가 기뻐하는 이야기들을 살아간다. 아리스토텔레스와 엥겔스가 주장한 것처럼, 삶에서 우리는 언제나 어느 정도의 제약을 받는다. 우리는 직접 디자인하지 않은 무대에 들어가고, 우리 자신이 만들지 않았던 행위의 일부가 되어있는 것을 발견한다. 우리들 각 사람은 자신의 드라마에서는 주인공이지만, 타인들의 드라마에서는 부수적인 부분을 수행하며, 각각의 드라마들은 타인들을 포함한다. 아마도, 나의 드라마 안에서, 나는 햄릿이거나 아이아고이거나, 적어도 아직 왕자가 되지 못했을 수도 있는 돼지치는 사람이겠지만,

당신에게 있어서 나는 그저 한 명의 신사이거나, 아니면 잘해야 살인 공범일 것이다. 그러나 반면에, 당신은 나의 폴로니우스 또는 나의 무덤을 파는 사람이겠지만, 당신 스스로는 영웅일 것이다. 우리들의 각각의 드라마들은 각각의 타인들의 것에 그 부분들과 다른 전체를 만들어가는 데에 제약을 가하지만, 여전히 드라마틱하다5).

로즈의 통찰에 매킨타이어의 통찰들을 더하는 것은, 우리 삶의 이야기들을 함께 저술해가는 과정에서, 자신이 정의한 헌신과 행동의 중요한 부분들에서의 질문들이 우리 고유의 동기들과 행동들의 분석보다 더 우리를 물러서게 한다는 것을 이해하는 데에 도움이 된다. 우리 자신을 자기가 만들지 않은 무대 위에서, 그리고 자기가 구상하지 않은 행동들의 한 가운데에서 발견하게 되면, "무슨 일이 벌어지고 있는 거지?"라는 큰 질문이 생긴다. 나에 관한 불쾌한 소리들이 발생하는 모든 행동 안에는, 전체를 향한 목적과 의미를 포함하고 명령하며 제공하는 어떤 통일된 행동이 있는 걸까? 만일 그렇다면, 나는 그런 행동의 양식을 어떻게 알아차릴 것이며, 또 그에 *적합하려면* 나의 주도성과 응답들을 어떻게 형성해야 하는 걸까?

이 시점에서, 이 책의 살아있는 목적에 주목할 수 있다. 현재, 개인들과 집단들이 기독교적 이야기와 비전에 따라서 자신들의 삶을 만들어가는 데에 도움이 되는 모든 심각하고 의도적인 접근은 다음의 세 가지 방향으로 의미의 집합점을 조직해야 한다. (1) 그들의 개인적 삶의 이야기들의 역동성과 방향, (2) 그들의 발달하는 삶의 구조들을 구성하는 그 시기의 사회적인 상호교환들의 연결망, (3) 기독교 신앙의 핵심 이야기 안에서 제공되는 신적인 프락시스와 목적에 대한 관점들. *집합점convergence*이라는 단어는 여기에서 이들 세 가지 방향들 사이의 *상호작용, 상호 영향*, 상호간의 창조적인 *상호침투*의 과정을 제안한다는 것을 의미한다. 이 세 가지 방향들은 개인을 독실한 쪽으로 변화시키는 창의적인 하나님과의 동료관계를 증명할 것이다.

이 책에 통일성을 가져다주는 깊은 메타포는 춤과 연극에서 사용하는 메타포로써, 각각은 이야기적 구조를 갖고 있다. 어쨌든 춤과 연극의 역동성은 제약이 없다. 춤과 연극이 공연되는 무대는 불평등한 것들 사이에서 공동으로 창조된 결과물로, 변화무쌍하다. 어떤 의미에서, 최초의 창작자는 극장의 주인이고, 제작자이고, 원작가요 연출가며, 연극에 참여한 동료 참가자이다. 세대 간의 흐름 속에서, 우리는 동작을 배우고 그 과정에 있는 춤과 연극을 깨우기 위해 무대 위에 오른다. 우리는 부차적인 줄거리들과 대항적 이야기들이 뒤섞이는 소용돌이 속에서, 그리고 다른 사람들과의 관계 속에서 우리의 자리를 발견한다. 여기에 영향을 주는 다른 사람들은 더 큰 이야기에 관한 이야기로 우리의 움직임을 만들어 낼 단서를 제공하고, 우리가 살아가는 하루하루와 한 해 한 해의 동작을 일치시키려는 더 큰 행동의 단서를 제공하는 이야기를 가진 사람들이다. 소명으로 산다는 것은 우리의 춤을 핵심 줄거리의 더 큰 움직임에 "은혜 충만하게" 맞춰가면서 성장한다는 뜻이다. 소명으로 산다는 것은 계속되는 드라마의 전개에 작가에 의해 의도된 비전과 대단원에 부합하게 창조적으로 이바지하는 것을 의미한다. 소명으로 산다는 것은 *제한된 범위 안에서 대본에 제시된 절정의 성취를 향해가도록 드라마-춤을 풍성하게 하고 진행하기 위해 자신*

이 부여받은 재능과 은사들을 발달시키는 것을 의미한다. 또한 소명으로 산다는 것은 개인적 재능의 한계와, 무대에 오르는 사람의 첫 등장의 어려움과, 그리고 일부 연기와 우리가 등장하는 부차적 줄거리를 구성할 수도 있는 배우들의 혼돈 또는 파괴적인 잔인성을 받아들이는 법을 배우는 것을 의미한다. 이런 조건들 속에서 소명으로 산다는 것은, 배우 겸 연출가가 가면을 쓰거나 숨겨진 형태로 이 무질서한 구석을 더 큰 실행의 목적으로 구원하고 회복시키는 일을 공유하고 견뎌내며 수행하면서 존재하고 있다는 것 또한 알고 신뢰하는 것을 의미한다.

이 정교한 메타포에 의해서 만들어진 틀 안에서, 우리는 인간의 발달에 관한 관점들과 이 책이 제공하는 기독교 이야기와 공동체에 관한 관점들이 어떻게 내가 앞서 말한 방향들의 집합점에 기여하게 되는지를 생각할 수 있다. 다른 말로, 우리는 개인적인 이야기의 역동적인 상호작용과 공동적-사회적 실존을 명확하게 하기 위해 노력할 수 있고, 자기 기반성으로부터 소명을 향하는 변형의 핵심에 놓여있는 기독교적 이야기와 비전의 이야기적 구조를 명확하게 하려 노력할 수 있다.

발달과 회심

우리가 2장과 3장에서 연구했던 성인 발달 이론가들의 공헌들은 이제 우리가 개인적인 이야기들의 공유된 일부 요소들과 우리의 사회적이고 협동적인 존재로서의 보편적인 특징들을 거론하고 주목하는 데에 도움이 되는 지점까지 왔다. 그 이론들의 공헌들을 우리의 성인기의 경험들에서 어느 정도 예측 가능한 움직임과 변화들에 대한 기술로 받아들인다면, 그 공헌들은 우리의 이야기들과 기독교적 이야기 사이에서 변형되는 변증법적인 사고로 우리를 이끌어주는 데에 유용한 "모든 개인의 이야기들"과 같은 것을 제공한다. 우리가 포착하려는 근본적인 변환은 자기-기반성으로부터 소명을 지향하는 변형이다. 어쨌든, 우리에게 주어진 과업은 변형의 동작 과정에서 회심과 발달을 모두 연결시키는 것을 포함하는 이중적 역동성을 고려해야 할 필요로 인해 더 복잡해졌다. 설명해보겠다.

발달에 관한 에릭슨과 레빈슨, 길리건의 관점에서 보면, 발달은 각 단계나 시기가 적응할 수 있는 성장과 변화를 요구하는 새로운 도전을 가져오는 그 시기에 맞는 자아의 변화를 필요로 한다. 이들은 이 과정에 의해서 자아의 풍성함이 누적될 수 있다고 주장한다. 악단이 악기의 구성범위와 다양성을 확장하려는 노력을 하면서 동시에 지금 가능한 범위 안에서 새로운 곡을 완성하기 위해서 꾸준히 노력하는 것처럼, 한 개인도 그/그녀의 가능성들의 레퍼토리를 확장하면서 그/그녀의 유연성을 증가시킬 수 있다. 이것은 우리가 소명을 지향하는 성인의 변화를 볼 때 기억해야 할 발달적 역동들의 하나다.

성인기의 신앙 발달 관점은 조금 다르면서도 동일한 중요성을 지닌 발달적 역동성에 우리의 주의를 집중시킨다. 앞 문단에서 언급한 심리학적 이론가들과는 다르게, 신앙 단계의 관점은 발달적인 이동을 시간의 흐름이나 신체적 사회적 역할의 변화에 따라 자동적으로나 필연적으로 진행되는 단계적 변화로 생각하지 않는다. 이

건설적이고 발달적인 관점에서 보는 발달은 앎과 헌신과 가치화가 작용하는 가운데, 앞에서 인용했던 필리스 로스가 주장한 일종의 의미의 이야기를 자신이 구성함으로써 얻게되는 질적인 변화를 의미한다. 우리의 기존의 의미 형성의 방법으로는 다룰 수 없는 개인적/공동적 삶에서의 불화의 요소나 분열을 마주하게 될 때, 우리는 신앙에서의 존재 방식을 재구성해야 한다. 새로운 단계의 출현은 이전까지 믿고 이해하던 방식의 변화를 의미하고, 더 포괄적이고 더 내적으로 복잡하며 더 유연성있게 자신의 종교적 전통의 내용들-본질과 이야기의 힘-을 사용하는 법을 세워가는 것을 의미한다.

내가 방금 기술한 발달의 개념들이 *필연적*으로 자기-반성으로부터 물러 나와 소명을 지향해야만 한다는 것을 의미하지는 않는다는 것을 이해하는 것이 중요하다. 심리학 이론들에서 본 유형이나, 신앙 발달이론에서 본 유형 중에 어느 것도 자기 열정의 재중심화, 자기 애착의 재편성, 또는 자신의 덕목들의 재구성을 시도하는 것을 *필연적*으로 요구하지는 않는다. 이 모든 관점이 말하는 발달은 단순히 말하자면, 자기-기반성의 태도의 수준을 높이고, 더 기술적으로 만들며, 더 견고하게 만들어가는 변화일 *수 있다*. 발달은 단순히 자신의 개인적/집단적 운명의 개념을 더 효과적으로 더 외골수적으로 추구하게 되는 것을 의미할 수도 있다.

우리가 말하는 소명을 지향하는 변화에는 발달뿐만 아니라 *회심*도 필요하다. 여기서 내가 말하는 회심은 단순히 한 번의 경험으로 영원히 바로잡히게 되는 유일회적 사건으로써의 회심과 극적인 해방의 경험을 의미하지 않는다. 오히려, 회심을 말할 때, *나는 사람들(또는 한 집단)이 점진적으로 그들의 삶에서 살아온 이야기*

를 기독교 신앙의 핵심적인 이야기와 일치시켜가는 계속적인 진행 과정-물론 관점을 변화시키는 회심들과 깨달음을 얻는 중요한 순간들을 포함하는 과정-을 의미한다. 회심은 자기-기반성의 부담으로부터의 해방을 의미한다. 회심은 진정으로 해방된 마음의 깊이에서, 하나님의 자녀로서의 우리의 존엄과 가치와 존재 기반이 우리에게 생득권처럼 *주어졌음*을 받아들이는 것이다. 우리가 모든 영원성으로부터 우리를 생각하고 우리의 사랑과 우정을 갈망하는 이에게 이해받고 사랑받고 지원받으며, 함께하는 동료로 초대받았다는 모든 신념을 아우르는 것을 의미한다. 회심은 우리의 열정에 다시 집중하는 것을 의미한다. 회심은 우리와 같이 되셨고, 성인이 된 아들과 딸을 대하는 부모처럼 우리를 관계로 초대하고, 그 관계를 강화하려는 하나님과의 사랑에 빠지는 것이다. 그것은 침투해 들어오는 사랑과 정의가 연합된 국가를 감수할 준비가 되어있는 그리스도의 열정에 대한 애착을 형성하는 것을 의미한다. 회심은 우리의 애정들의 재정렬과, 덕목들의 재구성, 그리고 세상에서의 하나님의 일하심에 대한 우리의 분명한 동반자 관계와 힘 안에서 성장하는 것을 의미한다.

따라서, 회심은 우리 인간의 발달을 부인하는 것이라기보다는, 인간 발달의 변형이고 완성이다. 회심은 우리가 성인 됨을 거부하는 것이라기보다, 우리의 성인기가 하나님과의 동반자 관계에 들어가기를 지향하게 하는 해방과 강화다. 회심은 우리가 지닌 특별함과 운명에 관한 개념을 거부하는 것을 의미한다기보다, 오히려 특별함과 운명을 모든 사람이 부여받은 봉사에서의 위대함과 영웅적임의 가능성을 불러일으킬 수 있는 훨씬 더 큰 극적인 동작으로 그려내는 급진적인 재기반화를 의미한다.

자기-기반성에서 소명적인 존재로의 변화에 대한 기독교적인 접근은, 따라서, 발달과 회심 *모두*를 확인하는 것에 관련된다. 기독교 공동체 중 하나인 동방 정교회의 영적인 전통들에는 하나님이 인간의 발달을 바로잡고 재정렬하심으로써 진행되는 회심의 과정을 기술하는 특별한 방법이 있다. 그들은 우리의 가능성들과 그 가능성들의 발달의 총체적인 완성을 연구하고 이끌어내는 신적인 "시너지"라는 은혜로운 은사에 대해 말한다. 시너지는 우리의 자기-기반성을 마비시키고 치유하는 것을 의미한다. 시너지는 신적인 사랑과 우리의 사랑하는 능력이 뒤섞이는 것과, 그것들을 하나님의 은혜 안으로 인도하고 하나님의 은혜 안에 있게 하는 것을 의미한다. 시너지는 우리 안에 하나님의 형상을 지니고 있다는 점에서 하나님을 닮았다는 것을 나타내는 창조성과 에너지의 특성의 해방을 의미한다. 시너지는 우리 존재가 전적으로 살아있어서, 사랑과 정의의 나라의 실현을 위해 우리의 힘과 덕목들의 은사를 사용하는 것을 의미한다. 서방 기독교에서는, 신적인 시너지의 은사와 같은 것들을 말하는 데에 대단한 주의를 기울여왔다. 이유는 우리가 죄로 인한 소외 안에 있는 우리의 타락과 몰입의 깊이와 탈출 불가능성을 충분히 직면할 정도로 실패할 수 있다는 것에 대한 두려움 때문이다. 서구 전통에서, 이 개념을 심각하게 다뤘던 사상가들 사이에서, 그것은 하나님의 은혜를 *신성하게 하*는 하나님의 은혜의 일의 개념으로 가르쳐왔다. 우리는 서방의 강한 원죄의 교리에 뿌리를 두고 있는 "의심의 해석학"을 벗어날 수는 없다. 그러나 인간의 총체와 완성의 이미지를 고민하는 데에 혼란과 동요를 겪는 우리의 지금의 상황에서, 우리는 하나님의 은혜의 시녀지가 우리에게 줄 힘과 유효성을 고려하는 변형과 발달이론에 대해 비판적일 필요가 있다.

인간의 성숙과 그리스도인의 성숙

성인 발달이론들은 어느 정도 우리 삶의 변화를 기대할 만한 시기들을 시사한다. 이 시기들은 우리가 삶의 한 시기에서 다른 시기로 이동하게 되는 시기일 수 있다. 아니면 연령대나 단계와 관련된 특정한 위기들이 우리의 의식적/무의식적 주의를 일으킬 때일 수도 있다. 성인 발달의 관점들은 우리에게, 이 시기적 움직임들과 더불어, 우리가 타인들과 세계와 관계를 맺는 방식들을 시험하고 형성하고 재형성하게 될 뿐 아니라, 우리 자신을 그리는 방식도 변경하게 될 것이라 경고한다. 우리 삶에서의 신앙의 역동성들을 고려할 때, 우리는 삶에서의 각각의 위기 순간에, 그리고 우리 삶에 예상된 혹은 예상하지 못한 터닝포인트들에서, 우리가 의미 형성 방법들과 신뢰와 충성의 방식들에 시험과 변화의 때가 왔음을 느끼게 된다. 우리는 성인기가 고정된 것이 아니라는 생각에 익숙해지고 있다. 또 우리는 변화가 규범적이고 지속적이며 어떤 작용의 결과로 일어난다는 통찰을 받아들여 가고 있다.

우리의 이해와 더 중요하게는 우리의 삶 속에서, 어떻게 하면 소명과 기독교 회심의 관점들을 심리학적이고 신앙적인 발달의 관점들과 통합할 수 있을까? 어떻게 하면 발달과 회심 두 가지 모두의 가능성들을 실제적인 개념으로 조합할 수 있을까? 어떻게 하면 우리의 심리학적인 통찰들과 신학적-윤리학적인 통찰들 모두를 운명과 소명으로, 인간 발달과 신적인 부르심으로 묶을 수 있을까?

성인 초기: 소명적인 꿈을 추구하다

처음부터 말하자면, 성인 초기에는 운명과 소명의 주제들을 정리하고 명확하게 하기가 매우 어렵다. 보스턴 칼리지에서 학부생들을 가르치던 첫해 동안, 나의 260명 가량의 학생들 중에서 자신들에 대해 *진심*으로 특별하고, 재능이 있는지에 대한 감각이나, 운명 혹은 소명의 사람으로써의 그 어떤 감각이라도 가진 사람이 거의 없다는 사실에 익숙해져가는 나를 보면서 눈물을 흘렸다. 그때부터, 나는 성인 초기의 사람들이 확신과 희망을 갖고 성인의 일과 헌신과 관계의 세계로 들어간다는 것이 얼마나 어렵고 놀라운 일인지에 대해 특히 예민해졌다. 우리 공동체들의 일시성과, 고도로 전문화된 기술들의 복잡성, 그리고 그들의 수많은 어르신들이 계획한 소명적 윤곽들의 막연함으로 인해 레빈슨이 말하는 *꿈*을 형성하게 하는 것이 극도로 어렵게 되었다. 당신이 기억하듯 레빈슨이 말한 그 꿈은 젊은 남성/여성을 오늘의 성인의 삶의 구조 안으로 인도할 수 있고, 용기를 내어 나아가게 할 수 있고, 유지할 수 있게 하는 미래로 나아가는 자아가 투영된 비전이다. 꿈의 형성은 오늘의 젊은 성인들이 태생적으로 갖게 된 요인인 핵의 위협이라는 험악한 현실에 의해서 더욱 복잡해졌다. 이 위협은 그들이 40대에 도달하여 큰 뜻을 이룰 수 있을지의 여부에 대한 질문의 심각한 배경이 되는 것 같다.

기독교 공동체가 후기 청소년들과 젊은 성인들에게 제공해야 하는 도전과 초청은 그 공동체들의 젊은 성인의 꿈을 소명의 형태로 형성하게 하는 것이다. 이 도전과 초청을 제공하는 것은 청소년과 젊은 성인들을 일종의 대안적인 의식인 반문화로 에워싸는 것을 의미하게 될 것이다. 그들을 운명적인 꿈들로 초대하는 목소리들은 강력하고 매력적이다. 가장 빈번하게는, 운명적인 꿈들을 제공하는 사람들이 조언해주는 것이다. 그들은 이런 식으로 말한다. "반드시 시장성이 있는 것에서 주류가 되어라. 사업과 컴퓨터 기술의 전문성을 조합한 배경을 갖춰라. 모든 성장이 이 배경을 요구할 것이다. 첫 회사에 취직을 하게 되면, 언제나 이력서를 준비하고 있어라. 만일 최고가 되려고 한다면, 35세가 될 때까지 유효 사거리 안에 들어야만 한다. 꾸물거리거나 다른 가능성들을 살펴볼 시간이 없다. 한 회사에 너무 길게 머물지 말아라. 정말로 최고가 되기를 원한다면, 충성심은 역효과를 낳을 수 있다. 만일 최고의 과학자나 수학자가 되려고 한다면, 자원봉사 활동들에 보낼 시간은 없다. 모든 순간을 유용하게 사용해야 한다. 만일 좋은 의과대학에 들어가기를 원한다면 문학이나 철학 같은 '편안한' 과정들을 들을 시간이 없다."

그와 대조적으로, 소명적인 꿈들로의 초대는 이런 질문들에 더 가깝다. "당신의 은사는 무엇인 것 같은가? 당신이 잘 하는 일은 무엇인가? 당신이 가치 있다고 느끼게 하는 활동이나 봉사는 어떤 것들이 있나? 당신에게 가장 도전적이고 성취감이 느껴지는 것은 어떤 것들인가? 당신은 어떤 활동을 할 때 가장 당신 자신답다고 느껴지는가? 당신이 가장 존경하는 사람들은 어떤 사람들이고, 당신과 관련된 사람 중에서 특별히 손꼽을 수 있는 사람이 있는가?

당신에게 어떤 특정한 방향을 지시하는 것 같은 내적인 찔림이나 부르심을 느끼는가? 당신과 하나님이 우리의 세상에서 선한 일을 위한 차이를 만들어 낼 수 있도록 당신의 삶에서 함께 할 수 있다고 느끼는 일은 어떤 것들이 있는가?"

심리분석가인 오토 케른버그Otto Kernberg는 "중년의 평범한 자기도취Normal Narcissism in Middle Age"라고 불리는 흥미로운 챕터를 썼다6). 이 풍성한 에세이에 있는 그의 중요한 포인트는 중년에 나타나는 필수적인 성장과 갱신을 위해서, 사람은 그/그녀 자신에게 건강한 투자를 해야 하고, 타인들도 마찬가지로 그렇게 하도록 요구해야만 한다는 것을 지적한다. 이와 비슷하게, 소명적인 꿈을 알아차리고 형성하려는 데에 연관된 젊은 성인은 자아도취적으로 볼 수 있고 그렇게 보일 수 있는 자기 투자를 하는 것으로 비춰지기 쉽다. 에릭 에릭슨이 훗날 신기원을 이루는 성인들이 되는 사람들(루터, 제퍼슨, 고르키, 버나드 쇼, 간디)의 방황하는 청소년기와 젊은 성인기에 대해서 쓴 책들은 사실 정체성이라기보다는 오히려 *소명*에 관계가 있었다. (계약적인 관점이 모든 정체성의 질문들을 *소명적인* 질문들로 바꾸었던 부르지만의 설명을 기억하라.) 만일 기독교 공동체가 젊은 남성/여성에게 그들의 소명으로의 길을 고민해보도록 요구하고 지원하려 한다면, 기독교 공동체는 운명의 개념에서의 특별함에 관해서만 주로 알고 있는 사회로부터 오는 영의 유혹들과 혼란 모두에 저항할 수 있게 하는 이미지들과 공동의 격려를 제공해야 한다. 그리고 더 다양한 것들을 제공해야만 할 것이다. 공동체의 신앙에 대한 증거와 공동체의 구성원들의 소명을 통한 공동의 충실함을 기반으로, *진심으로 자신의 부르심에 응답하*

려고 하는 사람들과의 활동적인 동반자 관계로 초대하고, 그 관계를 형성하게 하며, 그 관계에 투자하는 섭리의 하나님의 신실함과 능력을 목격해야만 한다.

소명의 신비는 여기에 있다. 역사를 초월하시는 하나님, 창조자요 통치자이며 우주의 구원과 해방자인 하나님은 그들의 부르심에 온 마음을 다해 응답하려는 남성들과 여성들을 동반자 관계에 포함시키는 것으로 생각될 수 있고, 또 그렇게 약속한다. 여기와 이후의 단계들에서도 마찬가지로, 기독교 공동체는 한편으로 젊은 여성들과 남성들이 용기를 내서 공황과 유혹에 대항할 수 있게 하는 소명의 영성을 제공해야만 하고, 다른 한편으로는 그들이 자신의 소명의 형태를 자신의 은사와 세상의 요구들과 그들에 맞서는 기회와 창조성의 구조들의 빛 안에서 조화를 이룰 수 있도록 하는 소명의 영성을 제공해야만 한다. 각 사람이 자신의 10대 후반에서 30대 초반의 시기에 소명을 인식하고 형성하게 되는 것을 알고 투자하며 지원한다면, 그것은 중년과 노년의 성인들의 소명에서의 매우 중요한 부분이 될 수 있다. 이것은 멘토가 되어주고 지원자가 되어주는 공동체가 되는 것이다. 이보다 높고 더 성스러운 특권은 없다.

중년의 성인: 소명의 정화와 심화

대략 28세에서 40세의 연령에서, 레빈슨은 성인들이 한 번 이상의 혼란의 시기와 소명에 대해 질문하는 시기를 가졌을 것으로 예상할 수 있다고 지적한다. 기억할 것은, 여기서 내가 사용하는 소명은 그저 한 사람의 일이나 직업, 전문성보다 더 포괄적인 의미라는 점이다. 레빈슨과 함께, 나는 개인적인 삶의 구조가 검토되고 재평가되며 또한 수정되고 확장되거나 확정돼야만 할 시기를 말하려고 한다. 소명적인 질문을 하는 이 시기들은 우리 삶의 이야기들을 형성하기 위한 비판적인 순간들이다. 소명에 관련하여 그 시기들을 생각한다는 것은 옷감 같은 우리의 삶이 닳아버리게 되거나 우리 삶의 조직물들이 깨져서 열리게 된 순간들에, 우리는 성령의 부르심이나 찔림을 향한 신선한 방법들을 사용할 수 있게 된다는 것을 알게 되는 것이다. 이 시기들은 우리가 우리의 심장의 갈급함을 들을 수 있게 되는 시기들이 되고, 우리가 동반자 관계의 새로운 특징이나 방향을 위해 고려될 수도 있는 순간들이다.

우리가 50대에 들어서기까지는, 우리는 그렇게 열려 있고 재형성되는 시기들을 수없이 통과하며 살아가게 되기도 하고, 또 소명의 정화와 중대한 만남에 처음으로 참가하게 되기도 한다. 40대는 우리가 마치 우리 삶의 반 이상을 살아온 것 같은 인식을 갖게 한다. 우리는 아주 오랫동안 오즈의 마법사의 커튼 너머로 보아왔던 성인들의 세상으로 들어왔다. 우리 자신이 20년 이상을 성인으로 살아오면서, 한계가 우리의 삶을 거의 제한할 것이라는 점과 어떤 힘과 영향력의 순위가 우리의 열망들에 적합한 것인지를 받아들일 수 있게 될 충분한 기회를 경험했다. 우리는 젊은 성인들의 꿈과 배우자와 친구들의 꿈에 함께 열광하고 고통스러워했다. 그것들 중에 일부는 성취되었고, 나머지는 낡아지고, 무시당했거나 잊혀졌다. 만일 우리가 모든 것에 대해 관찰력이 있고 성찰적이었다면, 우리는 쉽게 20대나 30대에는 알지 못했고 알 수도 없었던 것들-우리 자신에 관한 것과 세상에 관한 것, 우리의 절친한 친구들에 관한 것과 어쩌면 *진정*으로 중요한 것이 무엇인지에 관한 것까지 포함하여-을 지금은 쉽게 알고 있다.

중년의 시기에 소명의 정화와 심화에 대한 갈급함은 다양한 증상들과 형태로 그 모습을 드러낼 수 있다. 우리가 허탈감이라고 부르는 것들은 소명에 대한 기다림들이 너무 오랫동안 무시되고 억압되었거나 침해당했던 사람들의 영혼의 저항까지 추적해 갈 수 있다. "중년의 위기들"의 많은 증상들, 결혼의 불안, 직업의 불만족, 그리고 다른 형태의 이해할 수 없는 동요들을 포함하는 증상들은 우리의 청소년기와 젊은 성인기에 운명의 개념으로 세운 약속들이 실패할까봐 생겨나는 걱정과 두려움으로 거슬러 갈 수 있다. 우리가 생각했던 목표들을 성취하는 데에 실패했는지는 우리의 운명들의 정당성의 입증 여부와 성취 여부와 실패 여부에 상관없이, 우리 삶의 기반이 되기에 자기-기반성의 전략이 부적합하다는 것을 알게 됨으로써 진정한 공허함이 우리에게 밀려온다.

여성들과 남성들 모두에게, 중년은 우리 삶의 영적인 기초들과 초월자와의 동반자 관계라는 주제를 다시 주목하기 위한 영적인 기초들을 심화시키라는 초대로 우리를 이끈다. 통합적 신앙의 양극성과 역설들을 포용하는 영성의 형태들은 우리를 우리 안에 그리고 우리 사이에 계시는 성령의 활동에 대한 길과, 우리 전통들 안에 있는 진리의 활동에 대한 새로운 길에 주목하도록 초대한다. 우리 삶의 기반으로써의 자기-기반성의 한계들을 발견하면서, 이상하게도 우리는 우리 존재의 진정한 기반이 되는 것과 사랑에 빠지는 새로운 방법을 향해 개방된다. 발달과 하나님의 사랑과 연민을 향한 회심은 특별히 중년에 자신이 스스로 성취하고 이루려고 했었던 행동들과 방향들이 자신이 사랑하는 사람들과 자신이 헌신했던 가치들에 파괴적인 손상을 주는 것으로 증명된 것을 알게 된, 부끄럽고 고통스러운 자기 이해를 직면한 사람들의 삶 속에 함께 나타나기가 쉽다. 중년기의 발달은 종종 우리 삶의 초기에 우리의 강점으로 여기던 자기기만의 구조들을 끈질기게 가르쳐온 우리의 간섭들을 요구하기도 한다.

노년기의 성인: 소명의 증인과 보증인이 되다

한 평생을 하나님의 목적의 일부인 목적들을 발견하고 그에 충실하게 살아온 노년기의 성인들의 삶 속에는 인상적인 특징을 가진 존엄성과 용기와 에너지가 있다. 그들은 에릭슨이 말했던 일종의 생산성(후진 양성 욕구)의 열매들을 보여준다. 그들은 진정으로 타인들을 위해서 존재하는 것과 자신의 부르심이 요구하는 신실함이 무엇인지에 대한 건강한 생각 사이를 살아있게 하는 균형을 보여준다. 보이기에는, 그들은 세상 속에서의 하나님의 일하심과의 동반자 관계가 지루하게 이끌어지지 않는다는 것과 소명의 존재가 모든 사람의 삶에서 같은 활동과정을 지나야 하는 것만을 의미하지는 않음을 발견했다. 그들의 삶을 그들의 업적으로 정당화해야 한다는 부담으로부터 자유로워지고, 강박적인 자아실현이 요구하는 자기도취의 주기가 더 격렬해지는 것으로부터 해방되면서, 그들은 새로운 위험을 감수하고, 새로운 역할들과 계획들에 착수할 수 있는 내면적인 자유를 소유한다. 그들 안에서 우리는 우리가 자기-기반성에서 소명으로 회심할 때 우리 삶의 어떤 시기에서나 활기를 지니고 나타나게 되는 특징이 절정에 이른 것을 본다. 그리고 그들 안에서 하나님이 그들을 그렇게 되도록 부르신 사람들을 지켜보는 사람들을 향한 사랑에서 나오는 농담과 유머러스한 면도 보게 된다. 이런 특징은 천재성에 가깝다. 이러한 천재성이란, 깨닫고 이해하는 것에 대한 열정으로 깨닫게 될 것이 발단이 되어 우리를 만나게 되는 데에 필요한 시간을 보낼 수 있는 태도를 말한다.

소명에 있어서 이러한 어른들의 특징들은 그들의 소명의 탐험 이야기들에 신뢰성과 진실성을 부여한다. 이러한 특징들은 소명 안에서 우리를 만나는 하나님의 신실하심에 대한 그들의 증거에 무게를 더한다. 이 특징들은 그들이 소명의 한계점에 있는 사람들이나 소명의 한 가운데에서 씨름하고 있는 사람들에게 확증을 주고 용기를 줄 때 그들을 권위 있게 한다. 따라서 그들은 소명의 증인과 보증인들이 된다. 그들은 변화하는 시너지와 사랑의 구속적 동반자 관계 속으로 우리를 강력하고 은혜롭게 포함시키려는 신실한 신의 준비성을 보여주는 살아있는 지표들이다.

---

1) Winston Gooden, "The Adult Development of Black Men" (Ph.D. diss., Yale University, 1980).
2) Chaim Potok, *My Name Is Asher Lev* (New York: Ballantine Fawcett Crest, 1983).
3) Ibid., 348.

4) Phyllis Rose, *Parallel Lives: Five Victorian Marriages* (New York: Knopf, 1983), 5-6.

5) Alasdair MacIntyre, *After Virtue* (Notre Dame: University of Notre Dame Press, 1981), 198-99.

6) Otto Kernberg, M.D., *Internal World and External Reality* (New York: Jason Aronson, 1980), 121-34.

역자 후기

이 책은 신앙 발달단계에서 성인에 해당하는 부분을 기독교 신앙의 관점에서 정리한 책이다. 미국에서 1984년에 저술된 책임에도 2000년에 재발행될 만큼, 발달이론의 고전이라 할 만하다.

4차 산업혁명이 화두가 되어 미래를 준비하는 사회 전반의 움직임에 비추어볼 때, 어쩌면 본서의 번역이 시대의 흐름에 어울리지 않는다는 생각이 들 수도 있겠다. 하지만, 4차 산업혁명에서 요구되는 인간의 요건을 생각한다면, 오히려 파울러의 발달단계 이론의 성인기 부분은 재조명될 필요가 있다.

현대사회에서 기독교는 제 역할을 감당하고 있는가? 그 많은 그리스도인은 그리스도인다운 삶을 살아가고 있는가? 교회는 교인들을 그리스도인으로 양육하는 일을 바르게 수행하고 있는가? 현대사회에서 그리스도인은 어떤 존재인가? 이런 질문들은 지금의 교회와 목회자, 그리고 생각하는 기독교인들 사이에서 끊임없이 제기되고 있다. 많은 대답이 시도되고 있지만, 그 대답들이 교회의 역할과 기독교인들의 삶을 통해서 실천되고 있는지는 확신하기 어렵다. 종교의 세속화로 인해 현대사회 속에서 교회의 영향력이 감소되고, 그 역할 또한 축소되고 있는 것도 한 가지 이유가 되겠지만, 급변하는 사회의 일부로서의 교회와 그리스도인들이 자신의 정체감을 사회와 구별된 것으로서 파악하려는 데에 더 큰 원인이 있다고 보아야 할 것이다.

기독교의 신앙을 지키기 위한 공동체로서의 교회들은 교회의 교회 됨을 위해 전력을 다하고, 그 안에 속한 개인들의 헌신과 희생을 통해 교회를 세웠다. 교회에 속한 개인들은 교회와 목회자가 가르치는 신앙적 내용을 통해서 그리스도인이 되어갔다. 그 과정에서 교회가 인정하는 좋은 교인이란, 교회의 결정과 목회자의 지도에 순종하는 신앙을 가진 사람이 되었다. 어떤 비판이나 이견을 제시함이 없이 순종적으로 잘 따라오는 사람은 좋은 교인이 된다. 삶의 우선순위에서도, 교회가 최우선이 되어, 가정이나 일터보다 교회의 일에 충성하면, 가정과 일터의 문제들은 하나님이 해결해주신다는 신앙으로 나아가게 된다. 그 결과, 사회와 동떨어진 시간을 사는 '그들만의 교회'를 '성공적으로' 세웠다.

그것으로 우리의 교회는 괜찮은 걸까?

교회가 신앙 공동체로서의 역할을 잘 감당했다면, 교회를 통해 신앙을 가진 사람들의 삶의 모습은 비신앙적인 사람들이 자기만의 노력으로는 도달할 수 없는 경지의 성숙을 이루어냈어야 한다. 신의 가르침과 뜻을 이어받아, 성숙의 목표점을 뚜렷하게 보고 삶을 살아내는 것이 신앙적 삶이기 때문이다. 하지만, 결과적으로 기독교의 신앙으로 성숙했다는 사람들의 삶은 소위 말하는 '세속적 삶'과 경계를 긋고 스스로 거룩하다 구별한 것으로 만족했고, 결국 세상이 비기독교적 영역과 담을 쌓고 말았다.

본서는 저자의 신앙 발달이론을 소명과 성숙이라는 관점에서 다시 정리한 책이다. 그리스도인으로서 성숙한 사람은, 보편적 인간의 성숙의 관점에서 보더라도 그 성숙됨을 인정받을 수 있어야 한다. 저자는 이러한 성숙의 지표를 마련하기 위해서, 기독교적 성숙에서 출발하여 인간의 성숙을 말하려 하지 않는다. 오히려 인간의 성숙을 철학적 발달심리학의 이론을 통해 이해하고 공감하며, 그 성숙의 방향을 함께 바라보는 신앙적 관점을 제시하려 한다. 그래서 저자는 책의 곳곳에서, 기독교적 인간의 성숙을 연구함이 아니라고 말한다. 오히려 인간의 성숙을 기독교적으로 이해하는 것이 본서의 목적임을 밝히고 있다.

이 책은 6장으로 구성되어 있다. 1장에서는 현대인이 직면한 소명의 위기를 지적한다. 급변하는 현대사회에서, 전통적으로 전수되어 오던 성숙한 인간의 상이 폐기되고, 진정한 자아의 발견에 대한 관심이 커졌다. 여기에 자유주의와 종교의 세속화 종교적 권위 구조에서의 역할 변화 등이 원인이 되어, 개인의 신앙적 의미를 개인의 성찰적 판단에의해 형성해가는 시대가 되었다는 것이다. 이때 개인은 변화와 성숙의 경험과 함께 지속성과 안정성에 대한 갈망이라는 내적 현실을 직면하게 된다. 개인이 마주하는 이와 같은 현실 속에서 인간의 성숙을 어떻게 이해할 것인가? 이 질문에 도움이 되는 대답을 얻기 위해 저자는 세 명의 발달심리학자들을 소개한다. 이들의 연구가 현대인의 성숙을 이끄는 안내자요 대부모의 역할을 해 줄 수 있다는 것이다.

이어서 2장에서는 1장에서 소개된 에릭 에릭슨, 다니엘 레빈슨, 캐롤 길리건의 이론이 제시하는 인간의 성숙에 대한 통찰을 살핀다. 에릭슨의 이론은 생애 주기의 각 단계의 과제를 수행하는 개인이 사회 윤리와의 상관관계 속에서 의미 있는 덕목과 능력을 갖춰가는 것을 성숙한 인간으로 본다. 레빈슨은 인생을 과정으로 보게 하며, 과정속에서 자신이 선택과 결정의 책임을 수행하는 주체가 되어가야 함을 강조한다. 길리건은 여성과 남성의 도덕적 관점 형성의 차이를 지적하면서, 인간의 성숙을 지향하기 위해서 자신과 타인을 포함하는 돌봄과 책임의 균형이 필요함을 설명한다.

성숙한 인간에 대한 세 학자의 통찰은 성숙한 인간은 타인과 사회를 위해 공헌함으로써 사회의 유지에 도움이 되는 모습을 갖춰가게 되는 것과, 인간의 삶이 과정 속에서 스스로의 책임을 다하며 각자의 이상적 모습을 이루어가는 과정이라는 것, 그리고 각 사람에게 적합한 완전성은 동일할 수 없기에 자아와 타인에 대한 돌봄과 책임의 감각이 필요하다는 것을 우리에게 알려준다. 사회적 책임과, 타인에 대한 감각, 자신이 속한 사회로서의 공동체에 대한 새로운 인식의 필요성을 깨우쳐 준 것이라고 할 수 있다. 이 세 이론은 종교적/신앙적 이해를 전제로 하고 있지는 않다.

3장에서 파울러는 신앙 발달이론을 소개하면서, 인간의 성숙과 신앙, 소명의 이해의 폭을 넓혀간다. 인간의 성숙을 신앙적으로 이해할 때, 성숙은 획득되거나 이해되는 대상이 아니라, 존재하고 움직이는 방법이 되며, 자신의 이웃을 향한 신뢰와 충성의 관계로 나아가는 것이다. 이러한 신뢰와 충성의 삶을 요구하는 것이 하나님의 부르심이고, 그 부르심에 응답하는 것이 소명이다. 따라서, 소명을 감당하는 완전한 삶을 살아가기 위해서는, 신에 대한 무한한 사랑으로 지금의 삶의 자리에 주어진 신의 부르심에 자신을 무한히 개방하는 태도가 필요하다. 신앙의 성숙은 이 모습에서 발견될 수 있다.

  4장에서는 앞의 모든 통찰을 아우르는 성인기에 대한 이해와 함께, 소명적 이상을 이해할 수 있는 기독교적 이야기들을 다룬다. 하나님은 지금도 인간의 역사 속에서 창조주와 통치자로서 살아서 일하고 계시며, 인간을 그 일을 함께 하는 동료로 초대하신다. 이 부르심에 응답하는 것이 기독교적 소명이며, 그 삶은 신 앞에서의 개인의 응답을 넘어서, 자신이 속한 사회 속에서의 책임성을 포함한다.

  5장에서는 개인의 소명과 기독교 공동체의 역할을 소개한다. 소명으로부터 동기가 부여된 인간은 자아실현을 위해 타인과 공동체를 통제하려 하지 않고, 오히려 공동체 안에서 자신을 발견하려 하며, 공동체 안의 타인들 또한 각자의 자기다움을 추구할 수 있는 자유가 있음을 인정한다. 파울러가 제시하는 신앙공동체는 공동체의 핵심적인 이야기들을 구성원들에게 제시하며, 구성원들의 자발적인 참여를 통해 공동체의 중심 열정이 개인의 소명으로 동화되는 소명의 생태학적 특징을 갖는다. 신앙공동체 안에서 개인은 자기만의 독특한 소명을 자기 삶의 목적으로 형성하며, 공동체 안에서 경험되는 이야기들에 대한 창조적 참여자가 된다. 신앙공동체의 생태학적 특징은 신앙공동체만을 위한 경험으로 끝나지 않는다. 신앙공동체에서의 경험은 모든 삶의 영역에서 경험되는 보편적 공동체를 이해하기 위한 소우주적 경험이다.

마지막 장에서 파울러는 자신의 직업적 역할에 한정되지 않고, 자신에게 주어진 소명에 응답하기 위한 삶을 살아가는 사람들의 이야기로 시작한다. 한 사람이 소명적으로 살아간다는 것은 사회에서 주어진 역할을 수행하는 것 이상을 의미한다. 파울러는 소명을 깨닫기 위해서는 발달과 회심 모두가 필요하다는 생각을 전제로, 성인기를 세 시기로 나누어 설명한다. 성인 초기에는 소명적인 꿈을 꾸는 시기로 하나님의 일하심에 동료로서 응답하기 위한 용기와 격려다 필요하다. 중년의 시기는 소명을 정화하고 심화하는 시기로 자기 기반성의 한계를 인정하면서, 하나님의 부르심에 대한 애착을 형성하는 시기다. 노년기는 다음 세대들을 위해 자신의 삶의 이야기를 정리하는 시기로서, 인간의 삶에 소명이 갖는 의미와 소명이 실체화된 삶을 증명하고 보증해주는 시기다. 소명을 위한 삶을 결단하는 것은 일종의 모험이다. 이러한 모험을 앞둔 세대들에게 소명으로 살아온 성인들의 삶은, 다음 세대의 소명을 향한 결단에 신뢰성과 진실성을 부여한다.

저자가 제시하는 그리스도인의 성숙은 인간의 성숙과 다르지 않으며, 오히려 소명이라는 이름으로 인간의 성숙을 포괄하는 더 큰 성숙을 지향한다. 그리스도인의 성숙을 위해 신앙공동체는 인생의 소우주로서 경험되어져야 하기에 모든 세상을 포함할 수 있는 보편적 경험을 수용해야 한다. 이러한 관점으로 한국교회의 오늘을 성찰해보는 것은, 급변하는 사회 속에서 교회가 제역할을 회복하기 위한 중요한 기회를 제공할 것이다.

여전히 부족한 문장들이 많이 있지만, 모쪼록 본서를 통해 교회와 그리스도인들이 교회와 세상의 경계를 지우고, 하나님이 창조하신 세계를 향한, 하나님의 일하심에 동참하는 신앙공동체와 그리스도인으로 성숙해가는 계기가 마련되기를 소망한다.

한 사람의 그리스도인으로서 성장해가는 과정에 있음에도 언제나 목회자로 신뢰해 주시고 신앙의 동반자가 되어주시는 수유교회의 모든 성도들께 감사를 드리며, 목회의 현장에서 늘 격려와 지지를 보내주시는 동역자들에게 감사드린다. 목회의 여정을 함께 성숙해가는 교육의 과정으로 이해할 수 있도록 살아있는 학문의 길로 이끌어주시는 김현숙 교수님과 연세대학교 신학과의 모든 교수님들께 깊이 감사드린다. 연세동산에서 기독교교육학을 위한 연구의 과정을 함께 하는 연세기독교교육학포럼의 선배 박사님들과 모든 동료들에게도 감사의 말씀을 전한다. 마지막으로, 언제나 기대해주시는 부모님들과, 사랑으로 힘을 더해주는 아내에게 감사의 마음을 전하며, 바쁜 아빠를 늘 기다려주는 사랑하는 태윤이와 하윤이에게 미안함과 고마움을 전한다.

2018년 6월
장윤석

인간의 성숙과 그리스도인의 성숙
성인 발달과 기독교 신앙

초판 발행 / 2018년 7월 14일 초판 1쇄
지은이 / 제임스 W. 파울러
옮긴이 / 장윤석

발행처 / (주)야킨 YKBooks
발행인 / 정아름
편집·디자인 / 장윤석
캘리그라피 / 오수연

출판등록 / 2017년 12월 20일 제25100-2017-000085호
주소 / 서울특별시 서대문구 연희맛로 38
전화 / 02-323-0909
이메일 / ykbooks@naver.com

ISBN / 979-11-964126-1-6 94230
ISBN(세트) / 979-11-964126-0-9 04230
printed in Korea(Pandacom Inc.)
한국어판 저작권ⓒ2018 (주)야킨

* 가격은 뒤표지에 있습니다. 잘못된 책은 구매하신 곳에서 교환해 드립니다.
* YKBooks는 (주)야킨의 단행본 출판 브랜드입니다.